自治体戦略としての
総合計画

職員参加と住民参加を踏まえた
策定・実施に向けて

[編著] 竹内直人　松井　望

[著] 矢口明子　阿部辰雄　荒木一男　西野毅朗
　　　　中村悦大　橘　清司　藤丸伸和　山田賢一

第一法規

目次　自治体戦略としての　職員参加と
　　　　総合計画　住民参加を踏まえた
　　　　　　　　　策定・実施に向けて

序章

第1章　自治体総合計画の実効性確保
－1990年代以降の地方分権改革に伴う取組み－
矢口明子

1　本章の目的 ……………………………………………………… 13
2　総合計画の歴史 ………………………………………………… 14
3　実効性確保に向けた1990年代以降の取組み ……………… 16
　3.1　8つの取組み　16
　3.2　成果指標の設定　16
　3.3　住民参加の促進　19
　3.4　首長マニフェストとの連動　23
　3.5　トータル・システム化の取組み　24
　3.6　条例化　26
　3.7　総合戦略との連動　28
　3.8　SDGsの明記　30
　3.9　未来予測・未来カルテからのバックキャスティング手法　31
4　2020年代前半の自治体の課題 ……………………………… 32
　4.1　2020年代前半の課題　32
　4.2　国による統制　33
　4.3　人口減少下の総合計画　36

i

目　次

第2章　市町村の計画策定業務への都道府県による支援について
―「奈良モデル」の事例研究から考える今後の展望―
阿部辰雄

1　はじめに ……………………………………………………………… 43

2　小規模市町村における総務・企画部門の人員の状況 ……………… 44

3　都道府県による市町村の支援・補完についての議論……………… 48

　　3.1　広域連携が困難な市町村における補完のあり方に関する研究会　48

　　3.2　第32次地方制度調査会　49

　　3.3　小括　50

4　「奈良モデル」の取組みについて ………………………………… 51

5　奈良県まちづくり連携協定の手法 ………………………………… 53

　　5.1　「県と市町村とのまちづくりに関する連携協定」の趣旨　53

　　5.2　県と市町村とのまちづくりに関する連携協定～活用マニュアル～　55

　　5.3　小括　59

6　市町村の計画策定に係る都道府県の支援の課題 ………………… 61

7　市町村の計画策定業務についての都道府県の支援の今後の展望 … 65

第3章　自治体総合計画の発展と展望
竹内直人

1　総合計画の歴史と視点 ……………………………………………… 69

　　1.1　生き残る総合計画　69

　　1.2　総合計画への視点　71

2　制度の視点：官治・集権的統治への批判 ………………………… 72

　　2.1　国と自治体の蜜月時代：1950 ～ 1960年代　72

　　2.2　総合計画の2つの脆弱性　74

　　2.3　国と自治体の緊張関係：1970年代、武蔵野市総合計画の歴史的意義　76

2.4　3層構造の逆機能　77

　　2.5　松下圭一の総合計画理論　78

　　2.6　松下理論の課題　80

3　政治の視点：自治体の政治過程に注目する ……………………… 82

　　3.1　1990年代：政策分野別基本計画の発見　82

　　3.2　包括的地方自治ガバナンス改革とマニフェスト　84

　　3.3　マニフェストの強みと課題　86

4　課題と展望 ……………………………………………………………… 88

　　4.1　国の巻き返し　88

　　4.2　（総合）計画の類型化　90

　　4.3　展望　93

第4章　総合戦略と総合計画の関係
―第2期総合戦略の策定における変化―
荒木一男

1　本章の目的 …………………………………………………………… 99

2　既存研究の視点 ……………………………………………………… 101

3　本研究の方向性 ……………………………………………………… 103

4　福井県内の各市における総合戦略と総合計画の調整 …………… 105

　　4.1　はじめに　105

　　4.2　各市の策定状況と経緯　105

5　考察 …………………………………………………………………… 115

　　5.1　はじめに　115

　　5.2　分析の方向　116

　　5.3　総括的考察　118

目　次

第5章　総合計画の職員参加と人材育成
松井　望

1　計画策定の職員参加と自前主義の希求 ……………………………… 120

2　職員参加による計画策定の3つの効果 ……………………………… 126

　2.1　政策の総合化　126

　2.2　内製化による信頼醸成　128

　2.3　人材育成・活用　129

3　計画策定を踏まえた人材活用：『ふくい2030年の姿』作成者たちの
　その後 …………………………………………………………………… 132

　3.1　『ふくい2030年の姿』の策定目的と内容：長期計画等の策定停止と
　　　将来像の作成　132

　3.2　『ふくい2030年の姿』への職員参加による策定　136

　3.3　『ふくい2030年の姿』作成者たちのその後　138

4　自治体計画作成と職員参加のこれから ……………………………… 144

第6章　総合計画における住民参加
西野毅朗

1　はじめに ………………………………………………………………… 149

2　都市における住民参加方法の変化 …………………………………… 151

3　住民参加における市と町村の違い …………………………………… 154

　3.1　総合計画の立案状況　154

　3.2　計画策定前及び策定段階における住民参加方法の違い　155

　3.3　計画策定後の住民参加の違い　156

　3.4　住民参加の度合いの違い　157

　3.5　住民参加の効果の違い　159

3.6　住民参加の問題の有無　160
4　おわりに …………………………………………………………… 162

第7章 | 総合戦略における住民参加の機能
中村悦大

1　はじめに ………………………………………………………… 167
2　計画と住民参加 ………………………………………………… 167
　　2.1　地方版総合戦略に関する先行研究　168
　　2.2　地方版総合戦略における住民参加　169
　　2.3　計画における住民参加　170
　　2.4　本章の仮説　172
3　参加の様態 ……………………………………………………… 173
　　3.1　住民意見の聴取方法　173
　　3.2　意見聴取の方法の関連性　174
4　住民参加は計画を推進したか? ……………………………… 178
　　4.1　交付金事業　178
　　4.2　計画を推進するその他の要素　180
　　4.3　推定結果　181
　　4.4　分析結果のまとめ　184
　　4.5　二時点パネルデータによる検討　186
　　4.6　二時点パネルデータによる分析結果のまとめ　188
5　まとめ …………………………………………………………… 189

目　次

第8章　福島県総合計画の策定と運用過程の特徴
―災害復興過程にある県づくりに総合計画が果たす役割―
橘　清司

1　はじめに（本章の目的）………………………………………… 193

2　総合計画の実効性の確保をめぐる論点………………………… 195

　　2.1　計画の「実効性」の確保とは　195

　　2.2　現行計画の実効性を確保するための取組み　197

3　現行計画の策定をめぐる福島県の特性………………………… 201

　　3.1　広大で多極分散型の地域構造　201

　　3.2　福島県の将来人口の見通し（地方創生・人口減少対策）　202

　　3.3　総合計画と総合戦略との関係付け　203

　　3.4　東日本大震災と原子力災害からの復興・再生　204

　　3.5　総合計画と復興ビジョン・復興計画との関係付け　207

4　現行計画の概要………………………………………………… 208

　　4.1　現計画の構造　208

　　4.2　現行計画の全体構成　209

　　4.3　策定体制　211

　　4.4　策定の経過　213

5　現行計画の策定の特徴………………………………………… 217

　　5.1　住民参加の取組み　217

　　5.2　将来の姿の実現に向けた取組み　221

　　5.3　SDGsの視点から描いた将来の姿　225

　　5.4　計画の進捗・成果を測る体系（成果指標の増大）　226

　　5.5　職員参加の取組み　229

6　現行計画の運用の特徴………………………………………… 231

　　6.1　PDCAサイクルの全体像　231

　　6.2　出前講座の開催　232

　　6.3　ふくしまSDGs推進プラットフォーム　233

目　次

　　6.4　SDGsにおける福島オリジナルの18番目の目標　233

7　おわりに …………………………………………………………… 234

第9章　みんなで描こう「福井の未来地図」
　　　　　―県民参加プロジェクトとしての総合計画―
　　　　　藤丸伸和

1　総合計画をデザイン ……………………………………………… 239

2　プロセスをデザイン ……………………………………………… 240

　　2.1　県民参加プロジェクトとしてのビジョン　240

　　2.2　将来構想ワークショップ　242

　　2.3　福井の未来を一緒に考えるセミナー　244

　　2.4　策定過程のオープン化「いつでもパブコメ」　245

　　2.5　都市人材の「地方兼業」による広報戦略　245

　　2.6　参加意識と満足度　247

3　コンセプトをデザイン …………………………………………… 248

　　3.1　基本理念と将来像　248

　　3.2　実行プラン　249

　　3.3　政策デザイン　250

4　アクションをデザイン …………………………………………… 251

　　4.1　FUKUI未来トーク　251

　　4.2　子どもたちと福井の未来を考える　252

　　4.3　SDGsパートナーシップ会議　254

　　4.4　県民意識の変化　256

5　未来への扉をひらく ……………………………………………… 256

vii

目 次

第10章 越前市総合計画
―ウェルビーイングという戦略―
山田賢一

1 ウェルビーイングとふるさと ……………………………………… 259
　1.1 現代における「ふるさと」の定義 259
　1.2 ウェルビーイングと幸福 261
　1.3 総合計画とウェルビーイング 261
　1.4 大きな課題と小さな課題 264
　1.5 他と比較できぬウェルビーイング 266
2 「ウェルビーイング」という戦略 ………………………………… 267
　2.1 客観的指標の限界とくびき 267
　2.2 「居場所」と「舞台」 268
　2.3 指標と現実 270
　2.4 ウェルビーイングの第三領域 272
　2.5 DXへの期待 273
3 市政への展望 ……………………………………………………… 274
　3.1 私たちのウェルビーイング 274
　3.2 これからの市政の目標 275

あとがき
索引
執筆者紹介

装丁デザイン　篠　隆二

viii

序　章

（自治体戦略としての総合計画）

　地域社会を取り巻く環境の変化は激しさを増している。人口減少・少子高齢化は、地域交通や建設業をはじめ、教員や公務員も含む多くの分野における人手不足、空き家や所有者不明の山林・農地の増加など具体的な課題となって現れている。働き方改革や女性活躍、定住外国人との共生、AIなど新たな情報化への対応は待ったなしの状況である。外国人観光客の増加は消費を生み、地域に活気をもたらしているが、一部の地域ではオーバーツーリズムが問題になっている。また、外国人旅行者の増加が2024年夏の米不足の一因と指摘されるような、これまでは想像もできなかった新たな課題も生んでいる。地震や温暖化に伴う気象災害の頻発等、住民の生命と生活を守る自治体の最も基本的な役割に関わる事案も増えている。

　これらの変化と課題は、本書の第10章（山田執筆）が生き生きと描写するように、地域ごとに異なる様相をみせる。それは国の一律の政策のみで解決しうるものではなく、地方自治体（以下、「自治体」という）の役割は大きい。課題は住民からもたらされ、議会で協議され、国から方針が示され、関係各課で議論され、政策として練り上げられる。

　自治体の総合計画は、このように多様な参加のプロセスの中で具体化された解決策を示す戦略である。戦略とは、限られた資源の下で目的を達成するための手段と目的のバランスであり（永井 2016）、手段に応じて目的を設定しつつ、目的に応じて手段を開発するという両面性（循環性）をもつ。総合計画の策定や実施に携わる自治体職員の苦労の根幹はここにある。財政状況は厳しい上に、職員の高齢化や人口減少に応じた職員削減が加わり、計画を実現する手段は制約されている。さらに、地方分権の進展により、ローカル・マニフェストが示すように、地方において政治と政策の結びつきが強くなり、総合計画は政治的な意味でも戦略文書として新たな目的をもつに至った。職員の考慮事項や

調整範囲は広がっているように思われる。総合計画は、戦略の実現に向け、自治体間連携、国との新たな関係の構築、職員の能力開発などあらゆる手段を活用するとともに、住民参加の促進をとおして政治的・政策的な正統性を高めることが求められる。

本書の書名『自治体戦略としての総合計画―職員参加と住民参加を踏まえた策定・実施に向けて』は、総合計画が置かれた上記の状況を踏まえて選ばれた。本書は自治体において総合計画やその他の計画の策定と実施に携わる職員の手許にあって、理論と実践の両面で役立つことを目指している。なかでも、政策形成と実施に決定権をもつ管理職の方々に読まれることを願っている。政策形成の実際は、担当者が現場で感じたちょっとした違和感や疑問を調べ、学び、課題を見出すことから始まる。現場の若手職員は「ある時と場所における特定の状況に関する知識」（ハイエク 2008）という体験を基に、事例や理論を調べ、解決案を管理職に提案する。管理職はこれらの提案を受け止め、議論し、判断して提案を政策に結実させる重要な役割を担っている。このような議論をとおして若手の職員が育ち、知識が共有される。総合計画を含む様々な計画は、その延長線にある。一方、編著者の一人である竹内は、課長時代に、当初は提案の重要性を理解できず、後手に回って政策のタイミングを逃した苦い後悔もある。長い経験は貴重な判断の物差しであるが、変化の激しい現在、それだけでは心もとない。本書が、多忙を極める管理職が若手職員との実りある議論を行うための枠組みや事例を提供する参考書となれば幸いである。

本書の執筆者10名のうち7名は自治体職員の経験があり（2名は国から自治体への派遣）、全員が総合計画の策定に携わっている。うち2名は2024年現在市長の職にあり、総合計画の策定と実現の責任者である。7名以外の3名の執筆者も、自治体の委員等として総合計画に関わった経験をもっている。本書は、これらの執筆者が、「総合計画についてこんな本が欲しかった」という観点から、自らが関心を抱いてきたテーマを掘り下げたものであり、実務者の疑問や関心に応えるものであると自負している。読者の関心や必要に応じて自由に活用していただければ幸いである。以下、まずは、総合計画について、現在と今後の論点を示しておきたい。その後、各章の内容を簡単に紹介する。

序　章

（総合計画の現在と展望）

　自治体の総合計画は、自治体の行財政運営に定着している。これが本書全体のいわば通奏低音である。自治体がそれぞれに総合計画をつくり運営してきたことで、いまでは多様な総合計画を生み出している。本書の問題関心に即しながら、近年の総合計画に関する研究成果を踏まえつつ現在の自治体の総合計画をみると、次の3つの論点があるだろう。

　1つめの論点は、「計画を開く」である。総合計画は、当初はハード系の開発整備計画の目的から策定されてきたが、その後、福祉分野の行政需要の高まりを受けて、社会計画の性格をもち始めた（伊藤 2022）。現在では、まさに総合計画の名に相応しく政策横断的なテーマを扱う計画になっている。総合計画は策定に際して、民主的に選出された人々（首長、議会）、地域団体、地域住民の意向の反映を試みてきた（伊藤 2019）。それは、行政の民主性を体現してきた行政手法の一つといえる（松井 2003）（松井 2015）。現在でも行政の民主性に果たす役割は大きい。そして、民主性の拡充、住民参加のためのプラットフォームとしての役割がこれまで以上に大きくなっている。例えば、参加の定着に関する様々な手法が総合計画の策定、管理の中で試みられてきた。団体代表による参加から公募による参加に進み、現在では、ミニ・パブリックスによる無作為抽出（くじ引きによる参加）やデジタル技術による参加の時期や場所を問わない参加と、計画の民主性を拡大してきた（長野 2024）。特定の地域社会の意向から地域社会の属性に沿った意向への転換ともいえる。行政による総合性の確保から住民による総合性の発意と反映といってもよいだろう。現代の論点では、このような時代や環境、そしてテクノロジーが大きく変化する中で、これらに応じた参加手法を計画策定と運営に反映することにあるだろう。総合計画をより開かれた計画として実現することが1つめの論点である。

　2つめの論点は、「計画を動かす」である。総合計画は、現在、行政運営の基盤となっている。毎年度の予算編成の際には要求の根拠となり、予算化された事業は実施後に総合計画に照らして検証される。いずれも総合計画を起点とした行財政運営の実現である（鈴木 2019）。自治体が総合計画を採用しはじめたのは経済成長期であったが、現代の低成長、さらには資源制約・縮減の時代

3

においてこそ、計画的な行財政運営が適合する。資源の増分が想定される中、計画をつくることが優先された時代から、資源制約と縮減の下で、限定された希少な資源を有効利用せざるを得なくなった時代において、総合計画の役割はますます高まる。計画は政策、施策、事業を掲載するだけではなく、いかに有効な成果を生むかが問われており、様々な批判の中で2000年代以降は、計画のマネジメント手法として洗練化が進んできた（若生 2022）。例えば、数値化である。確かに、革新自治体期にはシビルミニマムの指標を作成し、住民に達成すべき目標を明示してきた。この流れに竿をさしたのは、2000年前後からの地方財政の緊縮である。政策や事業の拡張だけではなく、現状を踏まえ、将来像となる目標を数値で提示する取組みは、現在ではすでに標準化した。さらに、近年では、地方創生に端を発した重要業績評価指標（KPI）やウェルビーイングの指標化へと、計画目標を数量的に提示する手法はさらに広がっている。以上による成果の把握は、1つ目の論点と結びつき庁内外に開かれた計画となり、行財政を効率的かつ効果的に動かすことへとつながっている。さらに、SDGsをはじめとした国際的な政策目標に自治体が歩調を合わせ、みずから指標を設定する動きも普及した（高木 2024）（公益財団法人日本生産性本部自治体マネジメントセンター 2024）。これにより、自治体の区域内の問題が、国内、国際的な問題とつながり、マルチレベルでの問題との連続性を明確にしている。総合計画を起点に、いかに行財政運営をより効率的で効果的に動かすことを実現するかが2つめの論点であろう。

　3つめの論点は、「計画を束ねる」である。この論点は先の2つの論点に比べるとやや分かりにくいかもしれない。簡潔に言い換えれば、自治の実践をいかに進めるかといってもよい。自治体はこれまでも様々な計画を策定してきた。総合計画のみならず、まちづくり、福祉・健康、環境衛生、教育、人権等の様々な分野別の計画を策定してきた。それぞれの計画は政策目的と目標を明確にし、各分野の事業を実現してきたのである。他方、現在では自治体が策定する計画が多すぎる現実がある。1960年代にみられた「計画の簇生」が、2000年代に入り再び到来しているのである。しかし、これは何も自治体が自主的に計画を策定した結果ではない。原因は、国側にある。2000年代に入り、国が法

律に基づき計画策定を要請してきたためである（松井 2019）。2023年からは、国ではナビゲーション・ガイド方式（『計画策定等における地方分権改革の推進について～効率的・効果的な計画行政に向けたナビゲーション・ガイド～』（2023年3月31日閣議決定））を用いて、各府省での法律等に基づく計画策定要請の縮減・抑制のために事前誘導を進めている。とはいえ、依然として法律による計画の策定要請が多いことには変わりがない。法律等に基づく計画では、現状では策定形式に選択肢がないことが多い。国からの要請を受け入れることで、自治体独自の政策体系や計画体系の総合化を阻害されているとも考えられる。新たな「計画の簇生」の中では、計画間の分立割拠を避けられない。しかし、自治体がこれをただ受け入れるだけではない現実もある。例えば、個別計画では関連計画を総合化や一元化をする試みもある。その際、個別計画の基幹となる総合計画が他の計画の統合化や一元化を支える自治体もある（松井 2024）。現代の新たな「計画の簇生」の中で、各自治体がそれぞれいかに計画間の関係を調整しながら計画を束ね、自治の基盤としての総合的な行財政運営をするかが3つめの論点であろう。

なお、以上3つの論点からは、本書は、あたかも総合計画万能論を主張していると受け取られるかもしれない。しかし、総合計画は万能であるわけではないことも自覚している。例えば、総合計画には策定の負担が存在する。さらには、総合計画の内容の総花性からは実効性に対する疑念も生じる。総合計画があらゆる事業を含めることで膨大となり、負担の増加も避けられない（山中 2023）。そのため、総合計画は、自治体にとっては、その意義のみならず運用上も重たい計画、いや重すぎる計画であることは、現代でも変わらない論点であるだろう。しかし、自治体、とりわけ市町村では基本構想制度の義務化が廃止となり、現在では基本構想の策定の判断は自由化されている（松井・長野・菊地 2009）。いわば、現代では、総合計画の策定の要否を判断すべき時代でもある。総合計画のような長期計画を維持し続けることの妥当性自体が、現代の論点である。これは、各自治体が漫然と前例踏襲的に総合計画をつくり続けることに立ち止まり、総合計画とは何か、総合計画をつくるのであれば、自らの自治体、そして、住民にとっていかなる目的と効果を生むのかを各自治体が自

序　章

ら考え直すべき、自治における現代の大きな問いであるだろう。

（各章の内容）

　第1章（矢口明子執筆）は、地方分権改革以降の総合計画の実効性確保の取組みを整理し、考察している。地方分権改革の中で進められた「義務付け・枠付けの見直し」により、2011年に市町村の総合計画の策定義務が廃止された（都道府県にはもともと義務はない）。それでも2022年現在、約96％の市及び特別区が基本構想を策定（予定を含む）している。自治体は大きな策定の負担をいとわずに主体的に総合計画を策定している。そうであれば、当然、策定された計画は実効性を求めることになる。

　矢口は実効性確保に向けた取組みを、①成果指標の設定、②住民参加の促進、③首長マニフェストとの連動、④トータル・システム化（予算、評価、組織、人事システム等との連携）、⑤条例化、⑥総合戦略との連動、⑦SDGsの明記、⑧未来予測・未来カルテからのバックキャスティングの8つに整理する。それぞれの項目で多くの事例が紹介され、説得的であり、参考になる。本章は実効性という観点から本書全体を俯瞰したものとなっており、本書全体への導入章である。

　章末では、総合計画は国の下位計画ではなく自治体の独自計画という特性を拡張しているが、国による統制が残っていること、人口減少下における業務の増加や職員数の減少等により総合計画の策定が質・量ともに困難になることが課題として指摘される。

　第2章（阿部辰雄執筆）は、市町村の計画策定に対する都道府県の支援について、「奈良モデル」を取り上げ、詳細に論じている。第1章で矢口が課題として指摘した、総合計画策定に関する資源制約の問題に対する対応策を紹介したものとしても読める。

　平成の市町村合併があまり進まず、小規模な市町村が残ることになった奈良県では、県と市町村の資源を県域資源ととらえ、県が市町村に対して、①広域連携支援、②市町村事務代行、③市町村業務への積極的関与（人的、財政的支援等）という3つの形で支援を行っている。具体的なプロセスは、県と市町村の

6

包括協定の締結から始まり、基本構想の策定を経て、地区単位の基本協定が締結され、より具体的な基本計画、個別協定へと進んでいく。これは、市町村総合計画策定支援であるとともに、両者の密接な関係に支えられ、地域の懸案事業が解決に向けて進捗するという効果を発揮しているという。計画の実効性の点からも優れたしくみになっていることが示されている。県と市町村の連携の方向性を示すものとして注目される。

　第3章（竹内直人執筆）は、総合計画をみる視点及び背景の変化をたどることで、総合計画の発展と課題を整理する。自治体の総合計画は1950年代から1970年頃（高度成長期）には、国の計画の下位計画と位置付けられ集権的な行政制度の一環として機能した。その背景には、国と自治体の政策が復興と発展という点で一致するという強固な経済・社会条件があった。したがって、これに対する批判は、実証的ではなく規範的なものとなる。

　その後、この経済・社会条件が崩れ、総合計画は自立した自治体の社会計画へと発展を始める。1970年頃には自治体独自の政治過程が発見され、30年を経てマニフェストはそれを結実させ、総合計画はその政治的エネルギーを取り込んで発展する。これに対して、国と地方の政策の一貫性を守ろうとする国から反作用が起こる。国の総合戦略が採用した手法は、人口減少という危機を示すことで自治体の意思決定の前提に働きかけ、政策の一体性を確保しようとする戦略であり、現在の総合計画はこのような国の戦略とのせめぎあいの中で理解すべきであると主張する。

　第4章（荒木一男執筆）は、第3章で触れられた国と自治体との関係を、自治体の総合計画とまち・ひと・しごと総合戦略（以下、「総合戦略」という）の策定をとおして検討している。国は、自治体に総合戦略の策定を求める当たり、総合計画とは別立てに策定するように通知したが、どうだったのか。そしてそこから何が分かるのか。

　荒木は、福井県内の9市の事例を詳細に検討し、総合戦略の第1期（2015〜2019年）では、すべての市が両者を別立てとしているが、これは両者の策定の時期がずれることから生じることであり、第2期（2020年以降）では、完全に統合する事例や別立てであるが一体として扱う事例が増えていることを明らか

にした。このことから、国と自治体の関係は、忖度・追従の関係であるよりも、国の基本方針の機能に着目すべきであるという松井望（2017「基本方針による管理」）の主張を裏づけている。現在の総合戦略は、国の基本方針による管理が自治体の自主性とどのように折り合うかの拮抗状態にあるといえるだろう。

　第5章（松井望執筆）は、総合計画の人材育成機能について実証的に明らかにする。松井は、総合計画を自治体職員が自ら作ることには、①政策の総合化、②内製化による信頼の醸成、③人材育成・活用の3つの効果があると指摘する。特に3番目の人材育成機能について、福井県で2000年代に作成された「ふくい2030年の姿Ⅰ・Ⅱ」に参加した若手職員（20代〜40代）のその後を調べている。2005年の計画策定に参加した12名の職員（4名の退職者を除く）のうち9名が2019年時点で課長級以上に昇進していること、16名すべてが、その後計画を所管する部署を経験していること、うち13名が官房系（財務、人事、文書の所管課）部署を経験していることが示され、自治体計画の策定は、人材育成と活用の機能をもっていることが結論づけられている。

　最後に、かつての人材育成は仕事を優先する「自治体の専門家」になることを意味したが、働き方改革が進む現在、「職務の専門家」というあり方を見直すべきではないかという重要な示唆が行われている。

　第6章（西野毅朗執筆）は、1990年代以降の総合計画の策定における住民参加の変遷を考察する。1966年の『市町村計画策定方法研究報告』への記載以来、住民参加が広がるが、1990年代の総合計画策定に関しては、①審議会への団体代表の参加、②市民意識調査、③地域住民代表の参加が上位3つであり、このパターンは2002年も変わっていない。2018年には、行政手続法の改正により導入されたパブリックコメントがトップになる（2番目、3番目は変わらない）が、特徴的であるのは、審議会への公募参加が大きく伸びていることであり、2028年には70％を超えている。一方、計画の事後の進捗管理や評価に関する参加は4割程度にとどまっている。

　多面的な分析をとおして、西野は住民参加の多くは、参加はするが決定は行政が行うというアーンスタインの梯子モデルの「懐柔」の段階にあると評価し、住民をいかに総合計画に巻き込んでいけるかが今後の課題であると結論づ

ける。

　第7章（中村悦大執筆）は、国から基本方針が示され、交付金等による誘導がある中で、自治体は主体的に計画策定に取り組んでいるのかを問う。総合戦略に関する住民参加に関するアンケート結果を厳密な統計的手法で分析し、計画策定における自治体のイニシアティブを明らかにしている。本書の他の章の結論を統計分析により裏づけている。

　具体的には、計画策定に当たっての自治会等へのヒアリングの実施と住民参加型ワーキンググループの設置は、計画の積極的な推進に有意な相関があること、他方、パブリックコメントはマイナスの相関があることが示される。後者について中村は、計画推進に消極的な自治体がいわば隠れ蓑としてパブリックコメントを活用したのではないかという興味深い解釈をしており、第6章（西野執筆）とも整合的である。前者から、計画を推進するのは、住民との深い意見交換であることが示され、また、当選回数の少ない首長は計画策定に積極的であることが明らかにされている。これらの点から、自治体は自らの状況を勘案して、総合戦略の策定を自主的に選択していると結論づけられる。

　第8章（橘清司執筆）は、東日本大震災と原子力災害から約10年を経て、2021年に策定された第10次福島県総合計画の策定記録である。災害復興過程にあって復興の進捗に伴い国の特別措置が段階的に縮小され、復興の責任主体が国から県に移行してくることが想定される時期の総合計画の役割が考察されている。復興の進路を示す総合計画において実効性の確保はとりわけ重要であり、そのため、住民参加と職員参加が計画を支えるテーマとして意識された。本書で扱われる実効性確保（第1章）、住民参加（第6章）、職員参加（第5章）が具体的に記述される。2021年に新たに策定された県のスローガン「ひとつ、ひとつ実現するふくしま」からは実効性の確保への意志が読み取れる。

　住民参加については、対話型ワークショップの初導入のほか、審議会において予定調和を排し、徹底的に議論することが行われた。これは、西野が第6章で指摘する懐柔段階からの脱却を目指す取組みとして注目される。その根底には、いずれ迎えるであろう国の特別措置の終了を見据え、福島県の将来への備えとするという決意がある。

9

第9章（藤丸伸和執筆）は福井県における知事の交替（2019年）に伴い新たに策定された総合計画（長期ビジョン）の策定記録である。総合計画の中心テーマは県民参加とされ、県民が計画を「自分ごと」とすることを目指した。この目的のため、参加プロセスとコンセプト（基本理念）が入念にデザインされた。参加プロセスのデザインとして、有識者セミナー、ワークショップ、世代別意見交換会、職員とのミニ意見交換会、常時型パブリックコメントなど多様な手法が導入され、5千人を超える県民が参加した。また、広報活動を重視したことも大きな特色である。都市部で働く広報の専門人材を兼業・副業の「福井県未来戦略アドバイザー」として採用することや、マスメディアと連携して策定過程を発信するなど斬新な手法が採り入れられた。

コンセプトのデザインとしては、将来構想と実行プランを分け、特に重点的に実施する事業を「新時代スタートアッププロジェクト」としてメリハリをつけるとともに、長期ビジョンを実現する具体案を県民から募る「FUKUI未来トーク」などが継続的に行われている。

第10章（山田賢一執筆）は、市長からみた実感にあふれた総合計画論である。2021年11月に福井県越前市長に就任した山田は、総合計画を策定するに当たり、住んでいる人々にとってのふるさと（地域）を重視し、住民の地域課題を解決するための戦略集としての総合計画の策定を行った。その目的は住民のウェルビーイングの向上である。両者は、課題の発見→政策→課題解決→住民の満足＝ウェルビーイングの向上、というサイクルでつながることが期待されている。ウェルビーイングは主観的な指標であるが、市の総合計画の中では、居場所があること、舞台（役割）があるという視点が設定され、身近になっている。

ウェルビーイングをとらえる指標については、有効求人倍率や住宅の広さという全国一律の客観指標では的外れなことがあること、他方で、個人的要求は、時々の気分に左右される頼りなさがあることが指摘されている。DXを活用して指標の精度を上げ、活用するとともに、両者の中間にある中間的団体とのミーティングから「わたしたちウェルビーイング」を探していくことが今後の市政の目標であるとされる。

序　章

　総合計画は実務で使われる文書であるから、その内容は多様、多面的である。以上みてきたことを簡単にまとめることはできないし、また慎むべきであろう。しかし、一つの方向性として、上に述べたように当初はハード系の開発整備計画として策定されてきた総合計画が、その後、地域の独自の社会計画の性格を持ち始め、さらに地域社会の「生活向上計画」（竹内 2020）の色彩を強めていることが本書各章から読み取れるように思われる。しかし、これは政治がつくる計画はインフラストラクチュアの範囲を超えず、国民／住民一人ひとりが自由に行動するものを計画の対象にしてはいけない（下河辺 1994）という伝統的な見解とどのように関わっていくのであろうか。自治体の総合計画の実践がどのように新しい理論を育てていくのか、各章にはその手がかりがある。

（竹内直人・松井　望）

〔参考文献〕

・伊藤修一郎（2019）「自治体総合計画と政治」『季刊行政管理研究』No.166：4 -17。
・伊藤修一郎（2022）「自治体総合計画にみる政策課題と計画内容の変遷」『都市問題』113巻 5 号：38-46。
・下河辺淳（1994）『戦後国土計画への証言』日本経済評論社。
・鈴木洋晶（2019）『総合計画を活用した行財政運営と財政規律』公人の友社。
・公益財団法人日本生産性本部自治体マネジメントセンター（2024）「令和 6 年度『自治体総合計画に関するアンケート調査』結果・調査票（速報版）概要」（令和 6 年 8 月）。
・高木超（2024）「総合計画にみるSDGs主流化の到達点と課題―東京都内62区市町村を事例として―」『計画行政』47巻 1 号：29-40。
・竹内直人（2020）「自治体総合計画とマニフェスト―マニフェストから政策集への変化を考える―」松井望・荒木一男編『自治体計画の特質および地方分権改革以降の変化と現状』東京大学社会科学研究所研究シリーズNo.70：7 -39。
・永井陽之助（2016）『新編　現代と戦略』中央公論新社。
・長野基（2024）『市民ワークショップは行政を変えたのか―ミニ・パブリックスの実践と教訓』勁草書房。
・ハイエク、フリードリッヒ（2008）「社会における知識の利用」同『ハイエク全集Ⅰ―3 個人主義と経済秩序』春秋社、第 4 章。
・松井望（2003）「総合計画制度の原型・変化・課題」『都市問題』94巻10号：91-112。
・松井望（2015）「県庁内のガバナンス変容と持続 ―マニフェスト導入による政治時間の規律づけ」宇野

序　章

　　重規・五百旗頭薫編『ローカルからの再出発―日本と福井のガバナンス』有斐閣。
・松井望（2017）「『基本方針による管理』と計画化：総合戦略と総合計画を事例に」『公共政策研究』
　　第17号：40-51。
・松井望（2019）「分権改革以降の自治体計画策定―国の〈計画信仰〉と自治体の『忖度・追従』」『都
　　市問題』110巻9号：48-61。
・松井望（2024）「法律による行政計画策定の事実上の『義務付け』―『自由度の拡大』路線のなかの
　　『自由度の縮小拡大』への道程」『年報行政研究59地方分権改革を再考する―文献決議30年』通巻
　　59：54-77。
・松井望・長野基・菊地端夫（2009）「自治体計画をめぐる『基本構想制度』の変容と多様性の展開」
　　『年報自治体学』第22号：83-121。
・山中雄次（2023）『NPMの導入と変容―地方自治体の20年―』晃洋書房。
・若生幸也（2022）「自治体計画と行政評価・マネジメント―総合計画を中心に」『都市問題』113巻5
　　号：58-67。

第**1**章 | # 自治体総合計画の実効性確保
―1990年代以降の地方分権改革に伴う取組み―

1 本章の目的

　自治体の総合計画は、2011年の地方自治法改正で市町村による基本構想の策定義務が廃止されて以降、法定計画ではなくなったにもかかわらず、依然として多くの自治体で策定されている。また、その実効性の確保については、多くの自治体が総合計画を策定し始めた1960年代から続く長年の課題であった。例えば、市町村の総合計画策定の指針となってきた1966年の『市町村計画策定方法研究報告』(国土計画協会)では、市町村の総合計画の実効性を確保するための要件として、「計画を尊重し、これに基づいて行政を執行するという姿勢と体制を整備すること」や「実績を明らかにし、具体的に再評価し、その効果測定を行い、必要に応じて改訂すること」などが挙げられていた(佐藤 2014：51)。また、1970年代にも「実効性の確保」は総合計画を巡る議論の中心的テーマであったという(松井 2003：98)。「実効性の確保という課題は、計画論が内在的にもち続ける性である」(同：98)というように、総合計画の実効性確保のための方策は、これまでも、またこれからも常に希求されていくものなのであろう。

　以上を前提として、本章は、いわゆる地方分権改革が始まった1990年代から本章執筆中の2020年代前半までに日本の自治体が進めてきた総合計画の実効性確保のための主な取組みに焦点を当てる。総合計画の策定に係る法律上の規定の変遷を確認した上で、1990年代以降に自治体が総合計画の実効性確保のために行ってきた取組みを8つに整理する。そして、2020年代前半の自治体が総合計画の実効性を確保するに当たって直面している主な課題を整理することにしたい。

第1章　自治体総合計画の実効性確保

2　総合計画の歴史

　自治体の総合計画は、2011年の地方自治法改正により策定義務が全廃されたが、それ以前には策定に関する法律上の規定が存在していた。

　都道府県の総合計画は、第2次世界大戦後に経済復興を第1の目的とする計画がいくつかの県で策定されたことに端を発する（新川 1995：242）。1950年の国土総合開発法では「都道府県総合開発計画の策定」が定められ、それを受けて1956年の地方自治法改正では都道府県の事務の例示として「地方の総合開発計画の策定」が定められた（旧地方自治法2条6項）。当該規定は、1999年の地方分権一括法による地方自治法改正で都道府県の事務の例示が削除されるまで続いた。

　市町村の総合計画は、1953年の町村合併促進法に基づく新町村建設計画と、それに続く1956年の新市町村建設促進法に基づく新市町村建設計画に端を発する（西尾 1990：239）。新市町村建設促進法は1965年に廃止されたが、この間、都道府県の総合開発計画の策定が進み、市町村の計画策定を指導する都道府県も現れた（西尾 1990、新川 1995）。1966年の自治省調査では、560市中278市（49.6%）が、また2,809町村中876町村（31.2%）が総合計画を策定済み（策定検討中を含む）であった（新川 1995：240）。

　同年に公表された自治省の委託研究「市町村計画策定方法研究報告」（以下、「研究報告」という）は、市町村計画の性格が不明瞭であるなどの問題点を指摘した上で、それらの問題点を克服するため、基本構想―基本計画―実施計画という3層構造の計画体系を提案した（新川 1995：240）。それを受けて、1969年の地方自治法改正で、市町村が「議会の議決を経てその地域における総合的かつ計画的な行政の運営を図るための基本構想を定め」ることが第2条第4項として規定されるとともに、同年の自治行政局長通達で「市町村の基本構想策定要領」（昭和44年9月13日自治振第163号）が示された。法律と局長通達は「基本構想」のみを対象としていたが、「研究報告」は基本構想―基本計画―実施計画の3層構造を提案していたことから、これ以後多くの市町村で3層構造の総合計画が策定されることになった（同：240-241、佐藤 2014：46）。1991年の自治

14

省調査では市町村の67.6%が（新川 1995：245）、また2011年３月に（公財）日本生産性本部が実施したアンケート調査では市区町の76.4%が（佐藤 2014：47）、３層構造による総合計画を策定していると回答していた。

市町村の総合計画の策定根拠となってきた地方自治法２条４項の規定は、1990年代以降のいわゆる地方分権改革の中で見直されることになった。1995年の地方分権推進法により設置された地方分権推進委員会の勧告に基づき1999年に地方分権一括法が制定され、地方自治法をはじめとする475の法律が改正された（第１次地方分権改革）。時限立法であった地方分権推進法の後継として2006年に地方分権改革推進法が制定され、新たに地方分権改革推進委員会の勧告に基づき地方自治法等を改正する体制が整えられた（第２次地方分権改革）。地方分権改革推進委員会は2008年の第２次勧告及び2009年の第３次勧告において、「義務付け・枠付けの見直し」の一つとして「計画等の策定及びその手続」の義務付けの見直しを勧告した。同勧告に基づき、総合計画の策定義務についても見直しが行われ、2011年の地方自治法改正で「市町村は議会の議決を経て基本構想を定める」という同法２条４項の規定は削除された。

以上のように総合計画策定義務はなくなったにもかかわらず、三菱UFJリサーチ＆コンサルティング自治体経営改革室が2023年１〜２月に全国の都道府県・市・特別区の計862団体に実施した「令和４年度自治体経営改革に関する実態調査」（以下、「三菱UFJ自治体経営改革実態調査」という）（回答数420団体、回答率48.7%）によれば、市・特別区の96.2%が基本構想を策定中又は策定済みと回答し、市・特別区の74.2%が３層構造の総合計画を策定と回答している。一方で、総合計画を策定していないと回答したのは、政令指定都市・中核市・特別区では０％であったのに対し、一般市では2.2%であった。一般市など人口規模の小さい自治体では、総合計画（基本構想）策定義務の廃止に伴い計画策定に伴う負担の大きさを考慮した結果、総合計画を策定しないという決断をする自治体が増加してきていることが考えられる。

また、三菱UFJ自治体経営改革実態調査では、都道府県の86.2%が基本構想を策定済みであり、34.5%が３層構造の総合計画を策定しているのに対し、6.9%が総合計画を策定していないと回答している。都道府県では2011年の地方

第 1 章　自治体総合計画の実効性確保

自治法改正以前から基本構想の策定義務がなかったため、市・特別区に比較して、3 層構造ではない総合計画を策定する都道府県や総合計画そのものを策定しない都道府県が多いものと考えられる。

3　実効性確保に向けた1990年代以降の取組み

3.1　8つの取組み

　地方分権改革の過程で総合計画の策定義務は廃止されたが、多くの自治体は策定が任意となった後も総合計画を策定している。さらには労力をかけてでも自主的に策定するだけの意味・意義を総合計画にもたせ、その実効性を確保するための新たな取組みが、1990年代以降地方分権改革が進展する中で多くの自治体で行われてきている。それらの取組みを、以下では順に整理することとしたい。

3.2　成果指標の設定

　1970年代のオイルショックを一つの契機として80年代にイギリス等で実施された民間原理の導入を基調とする「ニュー・パブリック・マネジメント（New Public Management：NPM）」と呼ばれる行政改革が、90年代以降日本でも紹介されるようになった。そして、NPMの重要構成要素である成果指標（アウトカム指標）の設定が、総合計画に対しても行われるようになった。

　日本の自治体でも、総合計画に対し何らかの数値指標がそれまで設定されてこなかったわけではない[1]。しかし、その多くは「行政が何を実行したか」という行政の活動（アウトプット）に関する指標であった。NPMの影響により住民の立場からみた究極の成果（アウトカム）に関する指標が設定され、住民の立場に立った達成度の評価・公表が行われるようになったのは、1990年代以降の特徴であった。

1）1980年代までの都道府県や市町村の総合計画への指標の設定状況については伊藤（2022：41）等を参照のこと。

16

例えば、三重県では当時の北川正恭知事の下で事務事業を目的そのものから見直し、その成果を成果指標により評価する事務事業評価が1996年から開始された。それに伴い1997年11月に策定された総合計画「三重のくにづくり宣言」にも、成果指標が設定された（北川 2004：45、53）。数値目標はそれまでにも総合計画をはじめとする各種計画で設定されていたが、県民に対する成果を生活者の視点で評価する「成果指標」を設定した点と、毎年その達成度を公表することにした点が新しかったという（村林 2012：9-11、37）。

また、青森県では県民代表や専門家により構成される政策マーケティング委員会が1999年に設置され、同委員会は「県民がより満足した人生を送れる青森県」という目標の下、66の評価指標を2000年に設定した（児山 2006：59）。66の評価指標は、地域社会の望ましい状態を表すものとして同委員会が住民ニーズに基づき選定したものであり、成果指標として捉えられる。66の評価指標には、「目標値（めざそう値）」に加え、「分担値」も設定された。分担値とは、目標値を達成する上で、県庁のほか国、市町村、NPO、企業、個人などの果たすべき役割の比率を示したものである（同：60）。分担値を設定することにより、目標は県庁だけでなく様々な主体が参加して達成するものであることが示された。2004年度からの総合計画「生活創造推進プラン〜暮らしやすさのトッププランナーをめざして〜」にも政策マーケティングの指標や考え方は一部盛り込まれたが、断片的な活用にとどまったという（児山 2007b：115-116）。

その青森県の政策マーケティングの指標や考え方を引き継ぎ本格的に総合計画に導入したのが、愛知県東海市である。東海市では、2004年度から始まる第5次総合計画に99のまちづくり指標と「めざそう値」「役割分担値」を公募25人・推薦25人の市民から成る市民参画推進委員会が主導して設定した（仙敷 2014）。そして、同委員会の後継組織であるまちづくり市民委員会が毎年まちづくり指標の進捗状況を評価することになった（後述）。

政策マーケティングによる成果指標の設定は、それが行政ではなく第三者委員会や住民の主導で行われたこと、また「（役割）分担値」を示すことにより成果指標が行政だけでなく地域の各主体が一体となって達成されるものであることを示したことが、新しかったといえよう。

第 1 章　自治体総合計画の実効性確保

　さらに、東京都荒川区では2004年に当選した区長の「区政は区民を幸せにするシステムである」という考えの下、荒川区民総幸福度（グロス・アラカワ・ハピネス：GAH）に関する研究が進められ、2012年に「健康・福祉」「子育て・教育」「産業」「環境」「文化」「安全・安心」の 6 分野46指標から成る荒川区民総幸福度（GAH）指標が公表された（RILAC荒川区自治総合研究所 2012）。これは、ブータン王国が1970年代から唱えている国民総幸福度（グロス・ナショナル・ハピネス：GNH）に着想を得たものである。2013年には荒川区民総幸福度（GAH）に関する区民アンケート調査が開始され、46の各指標について「大いに感じる（ 5 ）」から「まったく感じない（ 1 ）」まで 5 段階で評価した結果が毎年公表されることになった。2017年度からは、総合計画の基本計画に指標として記載された。

　住民の幸福度向上を最上位の目標として行政を運営していこうという動きは、荒川区が発起人代表となり2013年に設立された「住民の幸福実感向上を目指す基礎自治体連合」、通称「幸せリーグ」を中心に広がり、住民幸福度に関する指標を総合計画に盛り込む自治体は増えてきている。荒川区の総合計画では各幸福度指標の「目標値」は設定されず、指標の計測結果を分析し次の施策につなげていこうとするものであったが、幸福度指標を成果指標として「目標値」を設定する自治体も増えてきている。例えば、岩手県滝沢市の2015年度からの総合計画では、「すこやか世代（ 0 ～ 5 歳）」「学び・成長世代（ 6 ～17歳）」「自立世代（18～34歳）」「子育て世代（35～49歳）」「充実世代（50～64歳）」「円熟世代（65歳から）」「全世代」の 7 種類の世代ごとに幸福実感に係る象徴指標と目標値（基準値・ 4 年後・ 8 年後）が設定されている（玉村編著 2021a：121-123）。

　前述の三菱UFJ自治体経営改革実態調査によれば、総合計画等のすべて又は一部の施策に定量指標を設定していると回答したのは93.1％の団体であったが、定量指標のうちアウトカム指標を設定していると回答したのは15.0％の団体であった。総合計画における成果指標（アウトカム指標）の設定が開始されて20余年が経つ2020年代前半においても成果指標を設定する団体が10％台にとどまるのは、その難しさを示すものであるといえる。

　成果指標の導入が始まった当初から、住民起点の成果指標を行政運営の指針

18

とすることの難しさは指摘されてきた[2]。青森県や東海市で「(役割)分担値」を設定したことからも明らかなように、成果(アウトカム)の達成は当該自治体の活動だけでできるものではなく、その他の行政機関や民間団体・個人の活動があって初めてできるものだからである。一方で、荒川区をはじめ幸福度に関する指標を設定する自治体が増加していることは、住民起点の成果指標を設定することの意義や必要性自体は広く認識されてきていることを示すものと考えられる。また、成果(アウトカム)に影響を与える外部要因を明示した上で成果指標を設定しようという動きもある[3]。2020年代前半の状況は、成果指標を行政運営の指針として活用する方策が様々な形で模索されている段階であるといえよう。

なお、後述するように2015年から開始された地方版総合戦略の策定においても、重要業績評価指標(Key Performance Indicator:KPI)としてアウトカム(住民にもたらされた便益)に関する指標を設定することが望ましいとされている(内閣官房デジタル田園都市国家構想実現会議事務局・内閣府地方創生推進室 2022:15)。

3.3 住民参加の促進

市町村による総合計画策定の指針となってきた1966年の「研究報告」においても、総合計画は住民参加を経て策定されるべきことが既に示されていた。具体的には、総合計画の策定に際して「あらゆる機会と手段、方法を活用して住民の参加を求めるべき」(佐藤 2014:51)とされ、審議会や公聴会の開催等がその方策として示された。その後も審議会や公聴会に加え、市民アンケート調査、市政モニター、各種団体への個別ヒアリング、シンポジウム・フォーラム、手紙・ハガキ・インターネット・電子メール等による意見募集、パブリッ

---

2) 例えば、児山(2006:2007a:2007b)は、1999年に青森県庁で始まった政策マーケティングにおいて成果指標(社会指標型ベンチマーク)を行政で活用することが困難であった理由を整理している。

3) 佐藤(2021)は成果指標の設定に際して、資源の「投入」から「成果」までの因果関係を表すロジックモデルを構築し、そこに「影響要因」(成果に影響を与えるような外部要因)を組み込むことにより、行政が制御しがたい不確実性に対処することを提案している。

19

クコメント、審議会における公募委員枠の設定（佐藤 2013：144）など、様々な手法により住民参加が促進されてきた。特に1990年代以降は地方分権改革の進展に伴う「自治」意識の高まりや、1998年の特定非営利活動促進法（NPO法）に代表される「協働」意識の高まりにより、行政主導ではなく市民主導で構成される何らかの市民による会議体を設置し、総合計画を策定しようとする自治体が現れるようになった。「市民会議」とも呼ばれるそれらの会議体の特徴は、①いわゆる「公募委員枠」の設定ではなく、公募の市民が大勢参加していること、②市民から行政への要望ではなく、市民間討議を重視していること、と整理できる（松井・長野・菊地 2009：106、高橋・佐藤 2013a：93）。

　総合計画策定を主導する「市民会議」の先駆けとされるのは東京都三鷹市の「みたか市民プラン21会議」である（高橋・佐藤 2013b：108、齋藤 2014：174）。三鷹市総合計画の第3次基本構想（2001年〜2015年）及び第3次基本計画（2001年〜2010年）の策定に向けて、1999年に「みたか市民プラン21会議」が発足した。公募の市民375人で構成された同会議は三鷹市との協働関係を明確にするため、市と「パートナーシップ協定」を締結した。そして、市が素案を作成する前の白紙の段階から活動を始め、約2年間で全体会や10のテーマから成る分科会など延べ773回の会議を行い、提言書「みたか市民プラン21」を市に提出した。市は同提言書を受けて、第3次基本構想及び基本計画の素案を作成した（齋藤 2014：175）。

　また、三鷹市が第3次基本計画の第2次改定作業を行った2007年には市民討議会も開催された（齋藤 2014：194）。市民討議会とは、ドイツで1970年代に考案されたプラーヌンクスツェレを参考にしたもので、日本では2005年に東京青年会議所千代田区委員会が初めて開催したとされる（高橋・佐藤 2013b：126）。市民討議会は、継続的な活動体である市民会議と異なり単発で開催される会議であるが、市民会議が何らかの意思をもった市民が主体的に集う場である場であるのに対し、市民討議会は住民基本台帳等から無作為で抽出された市民の中から参加者が決まるという違いがある。市民討議会は何らかの意思をもった一部の市民だけではなく、様々な市民の声を広く忠実に表出させることを目的としている（高橋・佐藤 2013a：93-94）。三鷹市の市民討議会は「まちづくりディ

スカッション」と呼ばれ、2006年に初めて開催された後、2007年の総合計画改定時に実施され、以後、総合計画策定・改定時を含む多くの機会に実施されている[4]。

　前述の東海市の第5次総合計画は、計画の策定だけでなく評価についても市民会議が大きく関わった事例である（仙敷 2014）。まず計画の策定に際しては、公募委員25人とコミュニティの代表者・商工会議所・農協・社会福祉協議会・学識経験者等から成る推薦委員25人による市民参画推進委員会が2002年2月に発足し、2004年3月まで約2年間活動した。同委員会は、全体委員会、幹事会、分野別の部会、役割別の部会など合計で186回開催されるとともに、各種団体、小中学生、20代の若者などへのグループ・インタビューや市民3,500人を対象としたアンケート調査を実施した結果、前述のとおり99のまちづくり指標と「めざそう値」「役割分担値」を盛り込んだ第5次総合計画が2004年に完成した。市民参画推進委員会の後継組織であるまちづくり市民委員会は2004年6月に発足し、2006年度からは公募委員のみで構成される組織となった。まちづくり市民委員会は、毎年16歳以上の市民3,500人を対象としたアンケート調査を実施したほか、まちづくり大会を年3回開催した。具体的には7月頃にまちづくり指標の達成度等を確認し意見交換する「評価」の大会を、10月頃に課題の改善策を市民の視点から提案する「提案」の大会を、3月頃に行政の対応状況を確認する「確認」の大会を開催した[5]。

　（公財）日本都市センターが2018年6〜7月に全国の市・特別区の計814団体に実施したアンケート調査（回収数341団体、回収率41.8%）によれば、基本計画策定段階の住民参加の方法として、「市民討議会（無作為抽出方式による市民で構成する会議）」と回答した団体は15.9%、「市民を中心に構成する会議（無作為抽出でないもの）」と回答した団体は30.7%であった（複数回答可）（第7章参照）。また、前述の三菱UFJ自治体経営改革実態調査によれば、66%の都道府県・市・特別区が総合計画の策定プロセスにおいてワークショップ・市民討議会を実施

4）三鷹市ウェブサイト「まちづくりディスカッション」参照。
5）まちづくり市民委員会は、第6次総合計画（2014年度〜2023年度）の策定に関わった後、役割を終えた。

していると回答している。

　以上みてきたように総合計画に住民の立場からみた成果を表す成果指標が設定され、総合計画自体も徹底した住民参加により策定されるようになると、必然的に総合計画は従来の「行政の情報体系」としての計画から、「地域を構成する各主体の情報体系」としての計画、すなわち「地域経営計画」へと進化することになる（公益財団法人日本生産性本部 2011：12-23）。

　例えば、東海市と同様に政策マーケティングの手法により「めざそう値」を導入した岩手県滝沢村（現滝沢市）の2005年度からの第5次総合計画では、同計画が従来の「行政計画」ではなく市民・地域・企業なども含めた皆の「地域社会計画」であることが、明確に打ち出された（熊谷 2014：139、148、158-159）。具体的には、「地域社会計画」たる基本構想と「行政戦略計画」たる基本計画により総合計画が構成された（同：149）。

　当該総合計画では市内10地区ごとの計画である「地域ビジョン」も策定されていた。しかし、全住民を巻き込んだ策定の動きには発展しきれていないという課題があったという（熊谷 2014：159）。そのため2014年1月の市制施行後初めてとなる第1次滝沢市総合計画（2015年度～2022年度）の策定では、徹底した住民参加による地域別計画の策定が目指された。具体的には、地域別計画の策定に向け地域づくり懇談会が地域ごとに設置された。地域づくり懇談会は、「地域ビジョン」の推進主体であった地域まちづくり推進委員会に加え、自治会・PTA・老人クラブ・消防団等の公益活動団体と個人が20～30人参加するもので、月2回程度のペースで開催された（玉村編著 2021a：124-127）。そのようにして策定された11の地域別計画は、総合計画の基本計画の一部として位置付けられた。すなわち、滝沢市第1次総合計画の基本計画は、「市民主体の地域経営計画」たる地域別計画と「行政計画」たる市域全体計画から構成されることになった（滝沢市 2015：8、24）。第1次滝沢市総合計画の地域別計画の取組みは、「地域経営計画」としての総合計画が地域ごとに策定された事例であるとも位置付けられよう[6]。

　（公財）日本生産性本部が2016年3月に全国の市区町計1,558団体に実施したアンケート調査（有効回答数940団体、回収率60.3%）によれば、総合計画に住民・

企業・団体・行政など各主体の役割が記載されていると回答したのは、回答市区町の35.3%であった。それらの自治体では、総合計画を地域の各主体が協力して実現する「地域経営計画」として捉えているものと考えられよう。

総合計画における住民参加の現状と課題については、第6章で取り上げる。

3.4 首長マニフェストとの連動

マニフェストとは、選挙の際、候補者や政党が有権者に公約する政策集のことである。全国で初めて事務事業評価を導入し、後述するように政策推進システムというPDCAサイクルを導入した北川正恭三重県知事（当時）が、政治にもPDCAサイクルを導入しようと2003年の統一地方選の際マニフェストの提示を候補者に呼びかけたことから、マニフェストを掲げて当選する首長が増加した（北川 2004：153、195-196）。それに伴い、首長のマニフェストと総合計画を連動させる事例も増加するようになった。

首長選挙に合わせて4年ごとに総合計画を何らかの形で見直す自治体は、2003年以前にも存在していた。例えば、東京都武蔵野市では総合計画の期間を10年としながらも、1981年策定の総合計画の時代から基本計画を4年ごとにローリングさせていた（小森 2015：42-44、大矢野 2015：117-118、第3章参照）。2003年の統一地方選以降は、総合計画自体の計画期間を4年又はその倍数に変更するとともに、首長マニフェストの中身を総合計画に明確に連動させる自治体が現れてきたことが特徴であった。

例えば、武蔵野市を参考にして総合計画策定に取り組んだ岐阜県多治見市では、2001年度を開始年度とする第5次総合計画の策定に当たって、市長が「市長の任期と計画期間の整合性を図ること」を指示したという（西寺 2014：18、青山 2015：170-171）。その結果、2003年の統一地方選で再選した市長のマニフェストに基づき第5次総合計画の後期計画が策定されるとともに、2007年の統一

6）松井・長野・菊地（2009：13）は、自治体計画に関する今後のシナリオの一つとして「地域計画化」を挙げているが、（公財）日本生産性本部が2016年3月に全国の市区町計1,558団体に実施したアンケート調査（有効回答数940団体、回収率60.3%）によれば、地区別計画を策定している市区町は8.8%にとどまっている。

第 1 章　自治体総合計画の実効性確保

地方選で新たに当選した市長のマニフェストに基づき第 6 次総合計画が策定された（西寺 2014：23-24、福田 2014：77、青山 2015：181、193）。第 6 次総合計画は基本構想 8 年、前期基本計画 4 年・後期基本計画 4 年の計画となり、市長のマニフェストの中身を反映させた総合計画が完成した（福田 2014：77）。

　三鷹市では、2007年に再選した市長のマニフェストに基づき第 3 次三鷹市基本計画の第 2 次改定が行われた（齋藤 2014：180）。そして、2011年度を開始年度とする第 4 次三鷹市基本計画では、計画期間が従前の10年から12年へと変更され 4 年ごとに改定（第 1 次改定・第 2 次改定）されることになった（同：180、183）。

　また、都道府県では、知事が選挙時に掲げたマニフェストを反映した総合計画を策定する事例だけでなく、総合計画を次回の知事選挙のマニフェストに反映させる事例もみられるようになった。例えば、富山県では2012年 4 月に策定した総合計画と2012年 9 月に県知事が再選に向けて掲げた政策集は、ほぼ一致していたという（竹内 2020：28-29）。

　（公財）日本生産性本部が2011年 3 月に全国の都道府県と市区町の計1,613団体に実施したアンケート調査（有効回答数781団体、回収率59.6%（都道府県）・58.3%（市区）・37.1%（町））によれば、総合計画と首長マニフェストの「計画期間が一致している」と回答したのは回答都道府県の3.6%及び回答市区町の4.4%であり、「計画期間は一致していないが関係は整理している」と回答したのは回答都道府県の42.9%及び回答市区町の54.3%であった（佐藤 2014：55）。また、同団体が 5 年後の2016年 3 月に全国の市区町に実施した前述のアンケート調査では、総合計画と首長の任期の「年限が一致している」と回答した市区町は7.4%となり、2011年調査時の4.4%から増加した。

3.5　トータル・システム化の取組み

　総合計画の実効性を確保するためには、予算・評価・組織・人事など自治体の様々なシステムと総合計画とが連動していることが必要である。また、各種個別計画を整理・統合し総合計画と連動させることも重要である。玉村（2021b）は、前者を「行政システムの統合化（トータル・システムの構築）」、後者を「計

画群の総合化」と呼んでいるが、ここでは両者を合わせて「トータル・システム化」と呼ぶ。予算との連動については従前から実施していた自治体もある（伊藤 2022：42）が、予算だけでなく評価・組織・人事・個別計画も含めた「トータル・システム化」を図ろうとする自治体が顕著になってきたのが、2000年代以降の特徴だといえる。

　三重県では2002年4月の総合計画「三重のくにづくり宣言」第2次実施計画のスタートに合わせて、政策推進システムが本格導入された。これは、総合計画・評価・予算・人事・組織を連動させる取組みであった（北川 2004：118）。そして、2004年4月にスタートした新総合計画「県民しあわせプラン」に合わせて、政策推進システムは「みえ行政経営体系」として再構築された。みえ行政経営体系は、総合計画の実現に向けたトータル・システム化の事例として紹介されている（公益財団法人日本生産性本部 2011：5）。

　多治見市では、2001年度を開始年度とする第5次総合計画の策定に当たって、先述したように「市長の任期と計画期間の整合性を図る」という指示が出されたが、同時に「総合計画に掲載されていない事業は予算化しない」という方針も示され、総合計画と予算を連動させる仕組みが採られることになった（西寺 2014：19）。具体的には、総合計画関連経費の枠を確定した上で企画部企画課を事務局とし、総合計画に位置付けられた事業のうちどれを予算化するかを庁議で決定することとされた（同：21）。その後、2007年1月に市政基本条例が施行され、総合計画の「市長の任期との連動」「予算との連動」「計画群の総合化」などが条例化された（後述）。

　三鷹市でも、先述したように2007年から市長マニフェストと総合計画の連動が図られていたが、2006年施行の自治基本条例において「個別計画と総合計画の整合・連動」が規定されたことに伴い、計画期間や改定の時期等について法令等の定めがあるものを除き、個別計画は総合計画の基本計画に目標年次を合わせて策定・改定することとされた（齋藤 2014：181）。具体的には、20を超える個別計画が第3次三鷹市基本計画とともに2010年度で満了となり、新たな個別計画が2011年度からの第4次三鷹市基本計画と同時に策定・改定された。これにより「計画群の総合化」が実現された。

第1章　自治体総合計画の実効性確保

　前述の（公財）日本生産性本部が2016年３月に全国の市区町に実施したアンケート調査によれば、総合計画に予算額が含まれていると回答した市区町は58.0％であった。ただし、そのうち94.4％は実施計画に含まれていると回答しており、実施計画には定性的目標や数値目標を設定していない市区町が大半であるため、当該予算額によって達成されるべき水準は明らかになっていないと同調査では結論づけている（公益財団法人日本生産性本部 2016：13）。

　さらに、同調査では、総合計画と個別計画の目標が完全に一致していると回答した市区町は4.0％、ほぼ一致していると回答した市区町は69.3％であったが、完全に一致していると回答した市区町のうち56.8％、またほぼ一致していると回答した市区町のうち56.3％は個別計画の数を把握していないと回答していた。個別計画の数を把握していなければ総合計画と個別計画の目標を一致させることはまず不可能であることから、実際には総合計画と個別計画の目標が一致しているかどうかはわからない状態になっていると同調査では結論づけている（公益財団法人日本生産性本部 2016：11-12）。

　「トータル・システム化」が実際にどの程度実現し機能しているのかについては、今後とも注意深く把握していく必要がある。

3.6　条例化

　総合計画策定の法令上の根拠は2011年の地方自治法改正で廃止されたが、その代わりに自治体の条例で総合計画の策定を定める自治体が増えてきている。その際、総合計画の策定に議会の議決を要すると定めた上で、総合計画に関して「住民参加」「首長マニフェストとの連動」「トータル・システム化（予算・個別計画との連動）」を条例の中で規定し、総合計画の実効性を高めようとする自治体が増えてきている。総合計画の策定を定める条例には、自治基本条例、議会の議決事件を定める条例、総合計画に関する条例などがある。

　「自治体の憲法」とも呼ばれる自治基本条例は、当該自治体の運営の基本原則を定める条例であり、2001年４月施行の北海道ニセコ町のまちづくり基本条例が最初の事例とされる。ニセコ町まちづくり基本条例では、①町の仕事の計画、実施、評価等の各段階に町民が参加できるよう配慮すること、②総合計画

26

はまちづくり基本条例の目的・趣旨にのっとり策定・実施されなければならないこと、③個別計画等を策定するときも総合計画との整合性に配慮し計画相互間の体系化に努めること、④総合計画には目標、目標達成のための町の仕事の内容、仕事内容に見込まれる費用・期間を明示すること、⑤総合計画を踏まえて予算を編成・執行すること、などが定められ、総合計画に係る「住民参加」「個別計画との連動」「予算との連動」が条例化された。また、多治見市では2007年1月に市政基本条例が施行され、①市が行う政策は、緊急を要するもののほかは総合計画に基づかなければならないこと、②総合計画は市民の参加を経て案を作成し、基本構想と基本計画は議会の議決を経ること、③総合計画は市長の任期ごとに見直すこと、④各政策分野における基本となる計画を策定する場合は総合計画との関係を明らかにし、総合計画との調整の下で進行管理すること、⑤総合計画に基づいて予算を編成すること、などが定められ、総合計画を議会の議決事件とした上で、総合計画に係る「住民参加」「マニフェスト（市長任期）との連動」「個別計画との連動」「予算との連動」が定められた（西寺 2014：24-25）。

　また、2011年の地方自治法改正で「市町村の基本構想は、議会の議決を経て定める」との規定は廃止されたが、同時に「法改正後も、法第96条第2項の規定に基づき、基本構想を議会の議決事件とすることは可能である」との総務大臣通知が発出されたことから、議会の議決事件とする条例に基本構想をはじめとする総合計画を定める自治体が増加した。

　さらには、自治基本条例ではなく、総合計画に関する条例を定める自治体も現れてきた。例えば、北海道栗山町では2013年4月に「総合計画の策定と運用に関する条例」を施行し、①総合計画は町政の最上位計画であること、②総合計画は計画期間を原則8年とする基本構想・基本計画（前期4年・後期4年）・進行管理計画で構成すること、③基本構想と基本計画は議会の議決対象とすること、④総合計画策定に当たっては広く町民の参加機会を保障すること、⑤町が進める政策等は総合計画に基づき予算化することを原則とすること、⑥各政策分野の基本的な計画の策定・改定は総合計画との関係を明らかにし十分な調整の下に行うこと、などを定め、総合計画を議会の議決事件とした上で「住民

第1章　自治体総合計画の実効性確保

参加」「市長任期との連動」「予算との連動」「個別計画との連動」が条例化された。

　前述の三菱UFJ自治体経営改革実態調査によれば、基本構想を議決対象にしていると回答した団体は89.5%であり、そのうち議決の根拠として自治基本条例を挙げたのは、基本構想を議決対象にしていると回答した団体の10.3%、議会の議決すべき事件を定める条例を挙げたのは47.8%、総合計画の策定に関する条例を挙げたのは26.3%であった。また、基本計画を議決対象にしていると回答した団体は38.0%であり、そのうち議決の根拠として自治基本条例を挙げたのは、基本計画を議決対象にしていると回答した団体の8.9%、議会の議決すべき事件を定める条例を挙げたのは51.4%、総合計画の策定に関する条例を挙げたのは15.8%であった。

3.7　総合戦略との連動

　個別計画の中でも、特に地方版まち・ひと・しごと創生総合戦略（以下、「総合戦略」という）と総合計画を連動させようという自治体が増えている。総合戦略とは、2014年5月の日本創成会議によるレポート「ストップ少子化・地方元気戦略」の公表を一つのきっかけとして、同年11月に公布・施行されたまち・ひと・しごと創生法に基づき策定するものである。都道府県は国のまち・ひと・しごと創生総合戦略を勘案して基本的な計画を定めるよう努めること、また市町村は国又は都道府県のまち・ひと・しごと創生総合戦略を勘案して基本的な計画を定めるよう努めることが規定された（同法9条・10条）。努力義務であったが、2016年3月末までに4市区町村を除くすべての都道府県・市区町村で総合戦略が策定された（内閣官房まち・ひと・しごと創生本部事務局 2016：1）。

　国が示した「地方版総合戦略策定・効果検証のための手引き」では、総合計画と総合戦略の目的や含まれる政策の範囲は必ずしも同じではなく、総合戦略は総合計画等とは別に策定すべきとの考えが示されていたが、総合計画が総合戦略としての内容を備えているような場合には総合計画等と総合戦略を1つのものとして策定することは可能との考えが示された（松井 2017：46、荒木 2020：

42)。

　実際に自治体が総合計画と総合戦略をどのように連動させているかについては第4章で取り上げるが、前述の三菱UFJ自治体経営改革実態調査によれば、61.0％の団体が「総合計画と総合戦略は別の計画として策定している」と回答した一方で、31.8％の団体は「総合計画の基本計画や実施計画の全体あるいは一部を総合戦略と位置づけている」と回答している。過年度の同調査と比較すると、年々前者が減少し後者が増加している。後述するように、計画策定に要する労力を少しでも削減するため、総合計画の全体あるいは一部を総合戦略と位置付ける自治体が増えてきていると考えられる。

　国のまち・ひと・しごと創生総合戦略は安倍自民党政権下で策定されたものであったが、岸田自民党政権下の2022年12月に第2期まち・ひと・しごと創生総合戦略は抜本的に改定され「デジタル田園都市国家構想総合戦略」に衣替えした。まち・ひと・しごと創生法に基づき、都道府県・市町村は国の総合戦略を勘案して地方版総合戦略を策定するよう努めることになっているため、2023年以降「デジタル田園都市国家構想総合戦略」に基づく地方版総合戦略の策定・改定が進んでいると考えられる。

　前述の三菱UFJ自治体経営改革実態調査によれば、デジタル田園都市国家構想総合戦略に対応した地方版総合戦略の改定について、できるだけ早く改定する[7]と回答した都道府県・市区が40.5％、現行計画の次の改定時に改定すると回答した都道府県・市区が19.5％、現時点では未定（わからない）と回答した都道府県・市区が36.2％であった。

　なお、総合戦略では政策分野ごとの目標及び政策分野の具体的施策ごとの重要業績評価指標（KPI）として、いずれもアウトカム（住民にもたらされた便益）指標を設定することが望ましいとされている（内閣官房デジタル田園都市国家構想実現会議事務局・内閣府地方創生推進室 2022：13）。また、総合戦略の策定時だけでなくKPIの進捗状況をはじめとする効果の検証時にも、幅広い層から成る住民をはじめ、産業界・関係行政機関・教育機関・金融機関・労働団体・メ

─────────────
7）「令和4年度中又は5年度中に改訂する」との回答を含む。

第 1 章　自治体総合計画の実効性確保

ディア・士業（産官学金労言士）等で構成する推進組織を活用することが重要とされている（同：6、22）。総合計画と同様に、総合戦略の策定時や評価時においても成果指標の設定[8]や住民参加の徹底などが求められていることが分かる。

3.8 SDGsの明記

　ミレニアム開発目標（Millennium Development Goals：MDGs）の後継として2015年9月の国連サミットで採択された持続可能な開発目標（SDGs：Sustainable Development Goals）は、2030年までに持続可能でより良い社会を実現するためすべての国が達成を目指す国際目標である。17の目標の下、169のターゲットと231の指標が設定されている。

　日本においては2016年5月に首相を本部長とする持続可能な開発目標（SDGs）推進本部が内閣に設置され、同年12月の本部会合で持続可能な開発目標（SDGs）実施指針が策定された。そこでは、各自治体が各種計画・戦略・方針の策定や改定に当たってSDGsの要素を最大限反映することが奨励された。また、総合戦略推進の毎年の指針である「まち・ひと・しごと創生基本方針」の2017年版（2017年6月公表）においても、地方公共団体における持続可能な開発目標（SDGs）の推進が盛り込まれた。以後、総合戦略のみならず総合計画においても、SDGsを何らかの形で盛り込むことによりSDGsを推進しようとする自治体が増加するようになった。

　内閣府の自治体SDGs推進評価・調査検討会が2022年10～11月に全国の都道府県・市町村・特別区の計1,788団体に実施したアンケート調査（回答数1,464団体、回答率81.9%）によれば、SDGsを総合計画に反映していると回答したのは60.9%の団体、反映していく予定であると回答したのは31.4%の団体であった。

8）令和元年12月版の「地方版総合戦略の策定・効果検証のための手引き」（以下、「手引き」という）では、「目標には、……住民にもたらされた便益（アウトカム）に関する数値指標を設定する必要がある」「KPIは、原則として、……アウトカムに関する指標を設定するものとする」と記載されていたものが、令和4年12月版の手引きでは「……を設定することが望まれる」という表現にいずれも変更されている。成果（アウトカム）指標設定の難しさを物語るものといえよう。

また、地方版総合戦略に反映していると回答したのは60.9%の団体、反映していく予定であると回答したのは30.9%の団体であった。

　第9章で取り上げる福井県の総合計画にも、SDGsは明記されている。

3.9　未来予測・未来カルテからのバックキャスティング手法

　2014年の日本創成会議の前述レポートの公表以降、人口減少が自治体の重要課題であることが顕在化し、従来のような「右肩上がり」の自治体計画を策定できないことが明らかとなってきた。そこで、自治体の将来の人口などを予測し、そこから逆算（バックキャスティング）する形でなすべき施策を総合計画に盛り込もうとする動きがみられるようになった。従来から「コミュニティカルテ」など地域の現状を数値データで把握し公表する取組みは多くの自治体で行われてきたが、2014年以降は、人口減少など「右肩下がり」の将来であることを大前提として20～30年後の未来を数値データで予測した上で、計画の策定に活かそうとするところが特徴であるといえる。

　バックキャスティング手法の1つ目の取組みは、「未来カルテ」である[9]。2014年11月に開始された千葉大学大学院の倉阪秀史教授を代表者とする研究プロジェクトでは、2017年10月に全市町村の「未来カルテ」を公開した。未来カルテとは、現在の傾向がそのまま続いた場合の2040年の各市町村の産業構造、保育、教育、医療、介護の状況、公共施設・道路、農地などの維持管理可能性など約10分野について予測したものである。未来カルテは、総合計画の検討をはじめとする長期的視野での政策形成に活用されることが想定されている。未来カルテの公表に先立ち、2015年8月からは、中高生が2040年の「未来市長」として現在の市町村長に提言する未来ワークショップが全国の市町村で開催された。2020年7月には、2050年の数値を予測した「未来カルテ2050」が公開された。

　2つ目の取組みは、「地域の未来予測」である。人口減少が深刻化し高齢者人口がピークを迎える2040年頃から逆算し、顕在化する諸課題に対応するため

9）ウェブサイト「脱炭素時代の地域の持続性を考えるOPoSuM-DSS（オポッサム）」https://opossum.jpn.org/参照。

31

に必要な地方行政体制のあり方等について検討した2020年6月の第32次地方制度調査会答申は、「地域の未来予測」を整理することを提言した。地域の未来予測とは、2040年頃に具体的にどのような資源制約が見込まれるのかについて、各市町村がその行政需要や経営資源に関する長期的な変化の見通しの客観的なデータを基にして整理するものである。同提言に基づき、2021年3月には市町村が「地域の未来予測」を整理する場合の具体的手法を、総務省の有識者会議がとりまとめた。「地域の未来予測」は、総合計画等の策定に当たって議論の材料となることが想定されている（地域の未来予測に関する検討ワーキンググループ 2021：7）。

　これらの取組みは、本章執筆中の2020年代前半においていまだ始まったばかりであるといえるが、例えば、滝沢村では2012年度に自治体経営環境診断を実施している（熊谷 2014：147、玉村編著 2021a：103-104）。これは、滝沢村が市制施行に向け初めての市総合計画（2015年度〜2022年度）を策定するに当たり、同村の置かれた経営資源や経営環境の将来予測に関するデータを集めたものであった。「未来カルテ」や「地域の未来予測」が提案される以前の取組みであるが、今後どの程度他の自治体へ取組みが広がるかが注目される。

4 2020年代前半の自治体の課題

4.1 2020年代前半の課題

　以上みてきたように、地方分権改革の一環として自治体の総合計画策定義務が全廃された後も多くの自治体は総合計画を策定することを選択し、実効性を確保するための様々な取組みを進めてきた。松井・長野・菊地（2009：84-85）の言葉を借りれば、これは地域ごとの自己決定に基づく運営を保障するという意味での「地方自治制度としての総合計画」の特性が、地方分権改革の進展に伴い拡張してきていると整理することもできよう。

　一方で、「地方自治制度としての総合計画」という観点からあらためて本章執筆中の2020年代前半における総合計画策定の実状をみた場合、そこには新た

な課題もある。そこで、以下では、2020年代前半の日本の自治体が直面しているそれらの課題をあらためて整理することにしたい。

4.2　国による統制

日本では地方分権改革が始まって20年以上を経た2020年代前半においても、国から自治体に対して様々な統制があること、特に国からの財源に自治体が大きく依存していることが、総合計画の実効性確保、すなわち選挙で選ばれた自治体の首長が住民の声を聞きながら財源に裏打ちされた総合的な計画を主体的に策定することを難しくしている。

このことは、第1次地方分権改革が行われた2000年以降、自治体の策定する個別計画が急増している問題に端的に表れている。松井（2019）、全国知事会（2020）、今井（2022）はそれぞれ独自の調査により、第1次地方分権改革が行われた2000年頃から自治体に計画等の策定を求める法令の規定が大幅に増加していることを指摘している[10]。2007年以降の第2次地方分権改革により自治体に対する「計画等の策定の義務付け」は廃止されることになり、総合計画策定の法定義務も2011年に廃止されたが、代わりに努力義務規定や任意規定（以下、「できる」規定という）により個別計画の策定を法律で求める省庁が増加しているのである（全国知事会 2020、内閣府 2021、今井 2022）。努力義務規定や「できる」規定の場合、自治体は計画を策定しないという選択も可能なはずであるが、計画の策定が交付金等の財政支援の要件とされている場合が多い[11]。自治体は財源を獲得するために、省庁から「縦割り」で示される数々の計画の策定に忙殺される事態となっているのである[12]。

多種多様多数の行政計画がされていくという行政計画の「簇生」現象や、補

10）例えば、全国知事会地方分権推進特別委員会・地方分権改革の推進に向けた研究会（2020）によれば、地方自治体に計画等の策定を求める法令の規定は1992年の157件から2019年の390件へと増加した。

11）前掲注10）2020によれば、計画の策定が国庫補助金交付等の要件となるケースは増加傾向にあり、2019年には計画策定規定390件のうち約28％（109件）がそれに該当している。また、内閣府（2021）においても、財政支援等の要件とされている計画の策定に関する規定は増加傾向にあり、努力義務規定のうち約3割、「できる」規定のうち約7割がそれに該当している（嶋田 2021：29-30、勢一 2022：140）。

第1章　自治体総合計画の実効性確保

助金の支給を前提条件として自治体の計画を国の承認にかかわらしめる問題
は、西尾（1972）により古くから指摘されていたことであった。つまり、これ
らの問題は古くて新しい課題であり、2000年以降は量的にさらに拡大したこと
が問題になっているのである（松井 2019：52）（第3章参照）。

　財政支援の要件となっている計画の策定に多くの自治体が忙殺されることが
総合計画の実効性確保に与える影響は、次のとおり整理される。第1に、総合
計画の策定に十分な労力を割くことが困難になる。第2に、国から様々な交付
金等を獲得することが目的化し、住民の立場に立ち総合的な視点から施策目的
を達成するという総合計画策定の意義が見失われがちになる（大森 2021：15、
今井 2021：18、嶋田 2021：31）。第3に、財源を国に依存しているため、財源を
獲得できなければ総合計画で住民に約束した政策を実行することが困難にな
る。国から財源を獲得できなければ、「首長マニフェスト」や「住民参加」に
より住民の意見を反映した総合計画を策定したとしても実現することができな
いし、国から財源を獲得できるかどうかによって自治体の予算が左右されるた
め、総合計画の実効性を保証する予算との「トータル・システム化」も困難に
なる。

　第2次地方分権改革により「計画等の策定の義務付け」が廃止された代わり
に、計画の策定が努力義務や「できる」規定であるにもかかわらず、財政支援
の要件とされることによって実質的に義務付けられてきたのは、皮肉な結果に
もみえる。一方で、第1次地方分権改革により国の地方への関与がルール化さ
れたことによりもたらされた帰結であるとも捉えられる（松井 2019：54）。つま
り、ルール化により従前のような関与が困難となった省庁が引き続き地方へ関

---

12) 全国知事会（2021）によれば、都道府県が策定主体となっている296計画のうち107計画（36.1％）
について何らかの支障や課題等を感じ見直しを求める回答が都道府県からあり、うち最も多かっ
たのが「策定に多大な人役や予算を要する」との回答であった（87件（44.8％））。また、市町村
が策定主体となっている221計画のうち83計画（37.6％）について何らかの支障や課題等を感じ
見直しを求める回答が市町村からあり、最も多かったのは「策定に多大な人役や予算を要する」
との回答であった（87件（42.2％））。なお、まち・ひと・しごと創生総合戦略の策定についても、
「職員が忙殺された」という自治体アンケート結果が複数示されている（中村 2021、早川・金
﨑・北山 2021など）。また、省庁から「縦割り」で示される業務に自治体が忙殺される事例とし
ては、「調査・照会事項の増加」の事例もある（今井 2022：68-69）。

与し続けるために、努力義務や「できる」規定でありながらも財政支援を要件とすることによって計画の策定を促しているのである[13]（全国知事会地方分権特別委員会・地方分権改革の推進WT 2021：7、嶋田 2021：31）。

国は、全国知事会報告書（2020）による問題提起の後、令和3年度の地方分権改革に関する提案募集の重点募集テーマとして「計画策定等」を設定した。しかしながら、計画は1つも廃止されず、記載事項や策定手続の簡素化にとどまった（地方分権改革有識者会議 2022）。そのため、「計画策定等」は引き続き令和4年度の重点募集テーマとして設定されるとともに、2022年6月には「経済財政運営と改革の基本方針2022―新しい資本主義へ～課題解決を成長のエンジンに変え、持続可能な経済を実現～」（以下、「骨太の方針2022」という）の中で、①国が自治体に法令上新たな計画等の策定の義務付け・枠付けを定める場合には必要最小限のものとすることに加え、努力義務や「できる」規定、通知等によるものもできる限り新設しないようにし、真に必要な場合でも計画等の内容や手続は各団体の判断にできる限り委ねること、②計画等は、特段の支障がない限り、策定済みの計画等との統合や他団体との共同策定を可能とすること、が基本原則として明記された。そして、今後の対応方針として、①各府省が制度を検討する際「骨太の方針2022」の基本原則に沿った対応をとるようナビゲーション・ガイドを作成すること、②計画策定等を含む法律案等を内閣府へ事前相談させることに加え、地方自治体の全国的連合組織へ早期に情報提供をすること、が2022年12月に閣議決定された（閣議決定 2022b）。「計画策定等における地方分権改革の推進について～効率的・効果的な計画行政に向けたナビゲーション・ガイド」は、2023年3月に公表された。

今後は、ナビゲーション・ガイドに基づき「骨太の方針2022」の基本原則に沿った対応がなされ、個別計画策定に係る自治体の負担が減少していくのかが、注目される。

13）今井（2022：73）は、国が計画策定要請により自治体を統制することを「計画統制」と呼んでいる。

第1章　自治体総合計画の実効性確保

4.3　人口減少下の総合計画

　打越（2004：272）は、政策横断的な基本計画を策定するには相当の労力を要するという。総合計画はその典型であり、前節でみたように「地域の未来予測」をしながら適切な「成果指標」を設定し、「首長マニフェスト」や「総合戦略」と連動させながら予算や個別計画との「トータル・システム化」を「条例化」により実現し、「住民参加」を徹底して総合計画を策定するのは、相当な労力を要することは明らかである。労力を節約するために外部機関に業務の一部を委託しようにも、財政状況の厳しい自治体ではそれも困難なのが実状である（第5章参照）。

　前項で示唆したように「財政支援の前提条件としての計画策定要請」を見直すことは、自治体の労力を節約し総合計画策定に従事する職員を確保するのに貢献すると考えられる。さらに、国からの財源獲得を目的とした個別計画策定業務よりも、住民のために主体的に総合計画を策定する業務の方が職員のやりがいは大きいと考えられる。つまり、「計画策定要請」の見直しは、職員数の確保という「量」の面からだけでなく「質」の面からも能力の高い職員を自治体に惹きつけるのに寄与することが期待される。「計画策定を要件とする財政支援」に限らず、地方分権を進め国からの様々な統制を弱め自治体の決定権を強めることは、自治体の業務の魅力を増すものであり、自治体の職員確保によい影響をもたらすであろう。

　しかしながら、たとえそれらが実現したとしても、自治体が総合計画策定に必要な職員を「量」と「質」の面から確保することは次第に困難になることが予想される。第1に、人口減少に合わせて職員数も減らしていくことが要請されるからである。第2に、職員数は減少するのに、感染症対策業務やデジタル化関連業務など自治体に課される新たな業務は増えてきているからである。第

14）総務省「令和2年度地方公共団体の勤務条件等に関する調査」によれば、地方公務員試験の競争試験の受験者数は2011年度の618,734人から2019年度の440,126人へと減少し、競争率は2011年度の8.8倍から2019年度の5.6倍へと低下している。それを受けて、2021年12月に総務省からは、有為な人材確保のために自治体は職員採用方法を工夫するよう通知（総務省自治行政局公務員部公務員課長「地方公務員の職員採用方法の多様化について」令和3年12月24日総行公第152号）が発出されている。

3に、人口減少に伴い民間企業との人材獲得競争も激化しており、自治体は職員の採用難という問題に直面しているからである[14]。特に、東京一極集中が進み都会への人材流出が大きな問題となっている地方の自治体においては、「民間」と「都会」という二重の競争相手との人材獲得競争に直面している。

　そのような状況を克服し自治体が必要な職員を確保・維持していくのに有効な策の一つが、国・自治体間の人事交流の不均衡を是正することである。内閣人事局が毎年公表している「国と地方公共団体との間の人事交流の実施状況」によれば、2023年10月1日現在の国から自治体への出向者数は1,769人、自治体から国への受入者数は3,320人で、1,500人以上も多く自治体は国へ職員を送り出しており、その不均衡は年々増大している。国の採用昇任等基本方針（平成26年6月24日閣議決定、令和2年一部変更）では「国・自治体間の人事交流は相互・対等交流を原則」としており、人数の不均衡は早急に是正される必要がある。

　その上で、人口減少が進む中、自治体がどのようにして総合計画策定に必要な職員を「量」と「質」の面から確保していくのかは、自治体それぞれの判断と創意工夫にかかっているといえよう。既述したように、小規模な自治体を中心に総合計画を策定しないという判断をしたところも出てきており、それも一つの選択肢である。第2章で検討するように、都道府県から何らかの支援を受けることも一つの選択肢であろう。

　さらには、「右肩上がり」の時代は終了し、自治体は人口減少という「右肩下がり」の時代にあることを、自治体自身がより一層認識することも必要であると考えられる。多治見市では2001年度を開始年度とする第5次総合計画の策定に当たって、武蔵野市の計画策定に深く関わった行政学者の松下圭一を講師とする講演会を1998年8月に開催した。その講演の内容は、「財源の自然増を想定した『量充実』の段階は終わったので、90年代末以降の自治体計画づくりは『夢』を描くのではなく政策・組織・職員のリストラ計画と理解すべきであり、計画策定の意義はその合意づくりにある」というものだったという（青山2015：170）。武蔵野市を目標に総合計画策定に取り組んだ当時の多治見市長であった西寺雅也は、多治見市の取組みを紹介する自らの論文において、右肩

第1章　自治体総合計画の実効性確保

「下がり」の時代にこそ総合計画の策定は必須であるという考え方を示している（西寺 2014）。

　松下の講演会や多治見市第5次総合計画策定から20年以上を経た本章執筆中の現在、右肩「下がり」の時代であることを十分認識した上で自治体職員は総合計画策定に取り組んでいるであろうか。右肩「下がり」の時代に実効性のある総合計画を策定していくためにも、まずは右肩「上がり」の総合計画の策定に慣れ親しんできた自治体職員自身の意識改革が不可欠であるといえよう。

（矢口明子）

〔参考文献〕
・青山崇（2015）「多治見市における総合計画の理念と手法（総合計画に基づく自律的な自治体運営；市政基本条例と第6次計画；総合計画における重層的な議論の重要性）」神原勝・大矢野修編著『総合計画の理論と実務—行財政縮小時代の自治体戦略』公人の友社：163-223。
・荒木一男（2020）「総合計画と総合戦略の関係」松井望・荒木一男『自治体計画の特質および地方分権改革以降の変化と現状』東京大学社会科学研究所研究シリーズNo.70：41-54。
・伊藤修一郎（2022）「自治体総合計画にみる政策課題と計画内容の変遷」『都市問題』113巻5号：38-46。
・今井照（2021）「国法による自治体計画策定要請の現状と対処法」『月刊ガバナンス』2021年10月号：17-19。
・今井照（2022）「『分権改革』の高次化に向けて—国法による自治体への計画策定要請から考える」『都市問題』113巻5号：68-78。
・打越綾子（2004）『自治体における企画と調整—事業部局と政策分野別基本計画』日本評論社。
・大森彌（2021）「自治体の総合計画と新型コロナ禍対応」『月刊ガバナンス』2021年10月号：14-16。
・大矢野修（2015）「総合計画の原点としての『武蔵野市長期計画』」神原勝・大矢野修編著『総合計画の理論と実務—行財政縮小時代の自治体戦略』公人の友社：89-162。
・閣議決定（2020）「採用昇任等基本方針」。
・閣議決定（2022a）「経済財政運営と改革の基本方針2022」。
・閣議決定（2022b）「令和4年の地方からの提案等に関する対応方針」。
・閣議決定（2023）「計画策定等における地方分権改革の推進について」。
・神原勝・大矢野修編著（2015）『総合計画の理論と実務—行財政縮小時代の自治体戦略』公人の友社。
・北川正恭（2004）『生活者起点の「行政革命」』ぎょうせい。
・熊谷和久（2014）「地域計画と行政経営の融合—滝沢市における総合計画—」玉村雅俊監修・著　日本生産性本部編『総合計画の新潮流—自治体経営を支えるトータル・システムの構築—』公人の友社：

135-166。

・RILAC荒川区自治総合研究所（2012）「荒川区民総幸福度（GAH）に関する研究プロジェクト第二次中間報告書」。

・公益財団法人日本生産性本部自治体マネジメントセンター（2011）「地方自治体における総合計画ガイドライン―新たな総合計画の策定と運用―」。

・公益財団法人日本生産性本部（2012）「『地方自治体における総合計画の実態に関するアンケート調査』調査結果報告書」。

・公益財団法人日本生産性本部（2016）「基礎的自治体の総合計画に関する実態調査調査結果報告書（市町村総合計画に関するアンケート調査結果）」。

・公益財団法人日本都市センター（2019）「都市自治体におけるガバナンスに関する調査研究―第6次市役所事務機構研究会中間報告書―」。

・小森岳史（2015）「『武蔵野市方式』の継承と発展―第五期長期計画にみる」神原勝・大矢野修編著『総合計画の理論と実務―行財政縮小時代の自治体戦略』公人の友社：15-87。

・児山正史（2006）「青森県政策マーケティング委員会の7年（1）―自治体行政における社会指標型ベンチマーキングの活用」弘前大学人文社会論叢（社会科学篇）』第16号：57-77。

・児山正史（2007a）「青森県政策マーケティング委員会の7年（2・完）―自治体行政における社会指標型ベンチマーキングの活用」弘前大学人文社会論叢（社会科学篇）』第17号：131-153。

・児山正史（2007b）「青森県の政策マーケティングと総合計画策定―自治体行政における社会指標型ベンチマーキングの活用」弘前大学人文社会論叢（社会科学篇）』第18号：107-118。

・齋藤大輔（2014）「市民参画に基づく総合計画の策定―三鷹市における総合計画」王村雅俊監修・著日本生産性本部編『総合計画の新潮流―自治体経営を支えるトータル・システムの構築―』公人の友社：167-209。

・佐藤亨（2014）「総合計画とは何か―総合計画を巡る経緯と現状―」王村雅俊監修・著　日本生産性本部編『総合計画の新潮流―自治体経営を支えるトータル・システムの構築―』公人の友社：43-68。

・佐藤徹（2013）「総合計画策定過程における市民参加」高橋秀行・佐藤徹編著『新説市民参加（改訂版）』公人社：141-159。

・佐藤徹（2021）「行政計画の実効性とエビデンス・評価」『月刊ガバナンス』2021年10月号：23-25。

・持続可能な開発目標（SDGs）推進本部決定（2016）「持続可能な開発目標（SDGs）実施指針」。

・自治体SDGs推進評価・調査検討会（2022）「令和4年度SDGsに関する全国アンケート調査結果」。

・嶋田暁文（2021）「計画策定等の（実質的）義務付けと地方分権」『月刊ガバナンス』2021年10月号：29-31。

・勢一智子（2022）「地方分権時代における計画行政の諸相」後藤・安田記念東京都市研究所編『都市の変容と自治の展望：公益財団法人後藤・安田記念東京都市研究所創立100周年記念論文集』公益財団法人後藤・安田記念東京都市研究所：133-158。

・全国知事会地方分権推進特別委員会・地方分権改革の推進に向けた研究会（2020）「『地方分権改革の推進に向けた研究会』報告書」（令和2年10月）。

・全国知事会地方分権推進特別委員会・地方分権改革の推進WT（2021）「地方分権改革推進WT　中間報告書」（令和3年5月）。

第 1 章　自治体総合計画の実効性確保

・仙敷元 (2014)「総合計画に基づく地域経営―東海市における総合計画―」玉村雅俊監修・著　日本生産性本部編『総合計画の新潮流―自治体経営を支えるトータル・システムの構築―』公人の友社：99-133。
・総務省 (2021)「令和 2 年度地方公共団体の勤務条件等に関する調査」。
・総務省自治行政局公務員部公務員課長 (2021)「地方公務員の職員採用方法の多様化について」。
・高橋秀行・佐藤徹 (2013a)「行政参加の手法」高橋秀行・佐藤徹編著『新説市民参加 (改訂版)』公人社：65-104。
・高橋秀行・佐藤徹 (2013b)「どのようにして市民を巻き込むのか」高橋秀行・佐藤徹編著『新説市民参加 (改訂版)』公人社：105-139。
・高橋秀行・佐藤徹編著 (2013)『新説市民参加 (改訂版)』公人社。
・滝沢市 (2015)「滝沢市第 1 次総合計画」。
・竹内直人 (2020)「自治体総合計画とマニフェスト―マニフェストから政策集への変化を考える―」松井望・荒木一男編『自治体計画の特質および地方分権改革以降の変化と現状』東京大学社会科学研究所研究シリーズNo.70：7-39。
・玉村雅敏監修・著　日本生産性本部編 (2014)『総合計画の新潮流―自治体経営を支えるトータル・システムの構築―』公人の友社。
・玉村雅敏編著 (2021a)『自治体経営の生産性改革―総合計画によるトータルシステム構築と価値共創の仕組みづくり―』公人の友社。
・玉村雅敏 (2021b)「総合計画の実効性確保―自治体経営の生産性向上を支援するシステム構築」『月刊ガバナンス』2021年10月号：20-22。
・地域の未来予測に関する検討ワーキンググループ (2021)「地域の未来予測に関する検討ワーキンググループ報告書」。
・地方制度調査会 (2020)「2040年頃から逆算し顕在化する諸課題に対応するために必要な地方体制のあり方等に関する答申」。
・地方分権改革有識者会議 (2022)「計画策定等における地方分権改革の推進に向けて」(令和 4 年 2 月28日)。
・内閣官房まち・ひと・しごと創生本部事務局 (2016)「地方人口ビジョン及び地方版総合戦略の策定状況」。
・内閣官房デジタル田園都市国家構想実現会議事務局・内閣府地方創生推進室 (2022)「地方版総合戦略の策定・効果検証のための手引き」(令和 4 年12月版)。
・内閣官房内閣人事局 (2024)「国と地方公共団体との間の人事交流の実施状況」。
・内閣府 (2021)「計画の策定等に関する条項の整理について」。
・内閣府地方創生推進室 (2019)「地方版総合戦略の策定・効果検証のための手引き」(令和元年 12 月版)。
・中村悦大 (2021)「『地方創生』は競争淘汰的かバラマキか?―東海地方における市町村アンケート調査と交付金データから―」『政策科学』28巻 3 号：233-251。
・新川達郎 (1995)「自治体計画の策定」西尾勝・村松岐夫編『講座行政学　第 4 巻政策と管理』有斐閣：235-269。

・西尾勝（1972）「行政と計画—その問題状況の素描」日本行政学会編『年報行政研究第9号』勁草書房。
・西尾勝（1990）『行政学の基礎概念』東京大学出版会。
・西寺雅也（2014）「総合計画の課題と展望」玉村雅俊監修・著 日本生産性本部編『総合計画の新潮流—自治体経営を支えるトータル・システムの構築—』公人の友社：15-41。
・早川有紀・金﨑健太郎・北山俊哉（2021）「地方創生政策の特徴と課題—関西2府4県自治体アンケート調査をもとに」『法と政治』72巻2号：743-766。
・福田康仁（2014）「総合計画に基づく行政経営—多治見市における総合計画の運営—」玉村雅俊監修・著 日本生産性本部編『総合計画の新潮流—自治体経営を支えるトータル・システムの構築—』公人の友社：69-98。
・まち・ひと・しごと創生本部（2017）「まち・ひと・しごと創生基本方針2017」。
・松井望（2003）「総合計画制度の原型・変容・課題」『都市問題』94巻10号：91-112。
・松井望・長野基・菊地端夫（2009）「自治体計画をめぐる『基本構想制度』の変容と多様性の展開」『年報自治体学』第22号：83-121。
・松井望（2017）「『基本方針による管理』と計画化：総合戦略と総合計画を事例に」『公共政策研究』第17号：40-51。
・松井望（2019）「分権改革以降の自治体計画策定—国の〈計画信仰〉と自治体の『忖度・追従』」『都市問題』110巻9号：48-61。
・松井望・荒木一男編（2020）『自治体計画の特質および地方分権改革以降の変化と現状』東京大学社会科学研究所研究シリーズNo.70。
・三菱UFJリサーチ＆コンサルティング自治体経営改革室（2023）「令和4年度自治体経営改革に関する実態調査報告書」。
・村林守（2012）『こうすればできる自治体改革—三重県の行政改革に学ぶ』和泉書院。

第2章 市町村の計画策定業務への都道府県による支援について
―「奈良モデル」の事例研究から考える今後の展望―

1 はじめに

　「まち・ひと・しごと創生総合戦略」「都市計画マスタープラン」「空き家等対策計画」「景観計画」「立地適正化計画」……、これらは、市町村が策定している行政計画の例である。市町村は、非常に多岐に、そして私たちの暮らしに直接関わる業務を行う一方で、市町村独自の、又は国の法令や要請に沿った形で多くの計画を策定している。中でも、本書の主な研究対象である自治体総合計画（以下、市町村が策定する自治体総合計画を「市町村総合計画」という）は、自治体が将来を見通してどのように今後の行政運営を進めていくかという基本方針・目標・講ずべき施策の方向性等がまとめられたものであり、市町村の屋台骨ともいうべきものである。

　一方で、複雑多様化する現代社会において、行政の提供するサービスも多様化の一途をたどり、市町村の行う業務は増えることはあっても、減ることは決してない状況であるが、地方公務員数はそうした状況と対照的な動きをみせている。総務省が発表した「令和2年地方公共団体定員管理調査結果の概要（令和2年4月1日現在）」によると、全国の地方公共団体の総職員数は、約276万人であり、平成6年の約328万人をピークとして、対平成6年比で約52万人減少（▲16％）している。部門別にみると、平成31年と令和2年との比較では、「国土強靱化に向けた防災・減災対策や、地方創生、子育て支援の対応などにより」、これまで減少を続けてきた一般行政部門の増加がみられるなど、状況改善の兆しはあるものの、今後の人口減少社会を見据えると、大幅な職員数増は困難であり、また当面は、新型コロナウイルスやデジタル化への対応などに多くのマンパワーが割かれることが予想される。

　このような環境下において、市町村は種々の計画策定業務に、十分な人員を

第 2 章　市町村の計画策定業務への都道府県による支援について

割くことができるだろうか。仮に、計画策定に十分な人員を割くことができず、不十分な計画が策定され、絵に描いた餅になってしまうのであれば、計画策定の意味がないどころか、政策決定の誤りを招く恐れすらある。とりわけ、人材確保の面で課題を抱える小規模自治体においては、各種の計画策定そのものが重荷になっているとの声もある[1]。こうした負担感の改善は大きな課題である。

　そのような中、第32次地方制度調査会答申（地方制度調査会 2020）においては、2040年頃にかけて顕在化する変化・課題への対応策の 1 つとして、「都道府県による市町村の補完・支援の役割の強化」という方向性が打ち出されている。

　本章では、こうした状況を踏まえ、市町村総合計画をはじめとした市町村の各種の計画策定業務の内容・質が、当該市町村の将来に資するものになることを担保する手段として、都道府県による市町村の支援について、先行事例として「奈良モデル」の事例研究を通じて、検討を行っていく[2]。

2　小規模市町村における総務・企画部門の人員の状況

　まずは、計画策定に関する業務とりわけ市町村総合計画の策定など分野横断的な方向性を定める業務を行っていると考えられる、総務・企画部門の人員の状況についてみていく。令和 2 年地方公共団体定員管理調査結果によると、全職員数908,378人に対し、総務・企画部門[3]の職員数は75,129人である。これを、職員数の規模で区分し平均職員数をみると、職員数が1,000人超の団体では平均126.6人、101〜1,000人の団体では平均36.4人、100人以下の団体では平均10.5

---

1 ）内閣府地方分権有識者会議ヒアリング資料「『分権がもたらす豊かさ』とは」（2014年 5 月16日）
　　https://www.cao.go.jp/bunken-suishin/doc/kaigi13shiryou03.pdf
2 ）本章は、筆者が2021年 4 月〜2023年 3 月まで一橋大学大学院法学研究科在籍時に執筆したものである。
3 ）地方公共団体定員管理調査中、部門別の分類で、「総務企画／総務一般／総務一般」に計上される職員と、「総務・企画／企画開発／企画開発」に計上される職員を合算した数。

44

2 小規模市町村における総務・企画部門の人員の状況

図表2-1 総務・企画部門職員数の推移

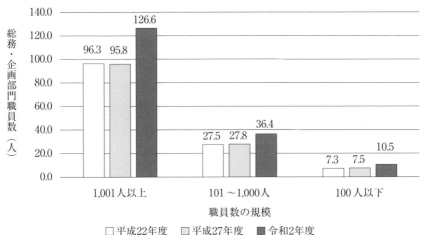

(出典：令和2年地方公共団体定員管理調査結果に基づき筆者作成)

人となっている。平成22年から5年ごとに区切り変化をみたものが**図表2-1**である。いずれの規模の団体においても、直近5年において増加がみられる。職員数が1,000人超の団体では、96.3人から126.6人と約30人の増で約1.31倍、101～1,000人の団体では27.5人から36.4人と約9人の増で約1.32倍、100人以下の団体では7.3人から10.5人と約3人の増で1.45倍となっている。全職員数でみるといずれの区分においてもほぼ横ばいである（図表2-2）ことを考えれば、自治体全体としては職員数の増加局面に至っていないものの、他部門の縮減等により、総務・企画部門の人材を捻出しているものと考えられる。

　このように、総務・企画部門が増強の傾向にあるのは、地方版まち・ひと・しごと創生総合戦略の策定をはじめとした、地方創生関連事業による負担増等が背景にあるものと推測できるが、地方創生関連事業における計画策定業務は、市町村の規模等による必要記載事項等の内容の差異はなく、面積・人口や事務の量などの差があったとしても、小規模団体も大都市も大枠として同様の計画策定を行う必要がある。また、先に述べた近年増加傾向にある国の制度による法定計画においても、策定主体は市町村と一括りにされ、記載が必要な事

第2章 市町村の計画策定業務への都道府県による支援について

図表2-2 全職員数の推移

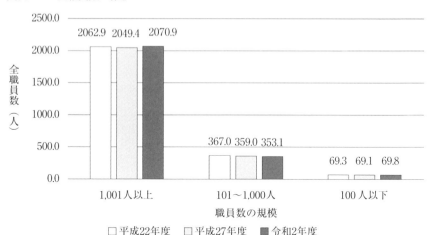

(出典：令和2年地方公共団体定員管理調査結果に基づき筆者作成)

項（事務負担）に大差がないものが多い。こうした点を踏まえると、職員数100人以下の団体と、1,000人超の団体とを比較すると、その人員体制に相当の格差があることは明らかであり、小規模団体における計画策定業務の手薄さが目立つ[4]。

さらに、この100人以下の団体の総務・企画部門職員数をさらに細分化したのが図表2-3である。10人以下の団体が151団体であり、そのうち5人以下の団体が20団体と、非常に限られた人員で種々の計画策定業務に追われている実態が浮かび上がってくる。

こうした状況を改善する手法として、外部委託を進めて、職員の負担を軽減するという考え方もあるが、財政上の制約や、外部機関への不信、職員の人材育成などの課題もあり（松井 2020：93-94）[5]、これを急激に進めていくことは想像しがたく、また、それが正しい道であると断言することも難しい。

4）第7章で言及する「住民参加」について、町村の実施率が低いことは、こうした人員の手薄さも関連しているとも考えられる。
5）計画策定業務の外部委託が進んでいない背景については、第5章において詳細に言及している。

2 小規模市町村における総務・企画部門の人員の状況

図表2-3 職員数100人以下の団体の総務・企画部門職員数の分布

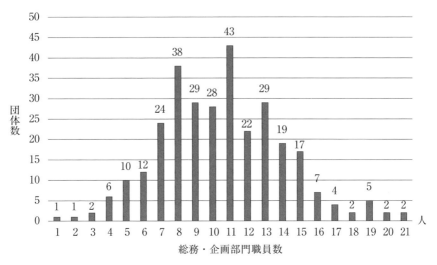

(出典:令和2年地方公共団体定員管理調査結果に基づき筆者作成)

　そこで、本章の主題である、市町村の計画策定業務に係る都道府県の支援について考えてみることにしたい。すなわち、都道府県からすれば、市町村はその管轄エリアを構成する存在であり、地域課題を共有する存在である。また、都道府県自体が各種計画策定に関しノウハウを有するのはもちろんのこと、福祉や土木などの各専門分野においても知見を有する職員を有している。また、住民や議会、民間企業といった考慮すべきアクターの存在も共有する面がある。こうしたことを踏まえると、小規模市町村の各種の計画策定に当たって、それを支援する主体として都道府県以上に適任はいないと考えられるのである。

　そこで以下では、地方制度調査会等における都道府県による市町村の支援・補完の議論を概観し、また、都道府県と市町村とが連携・協力しながらまちづくりを行っている「奈良モデル」の事例についての詳細に分析を行い、都道府県による市町村の計画策定業務の支援の可能性を探っていく。

第 2 章　市町村の計画策定業務への都道府県による支援について

3　都道府県による市町村の支援・補完についての議論

3.1　広域連携が困難な市町村における補完のあり方に関する研究会

　都道府県による市町村の支援・補完については、これまでも地方制度調査会等で度々議論が行われてきたが、近年、その検討に更なる進捗がみられている。

　平成の合併後も、全国には小規模な市町村がなお相当数存在しており、そうした地域において持続可能な行政サービスを提供していくことは重要な課題となっていることから、「都道府県による補完」にアプローチすることとして、「広域連携が困難な市町村における補完のあり方に関する研究会」が2017年に開催された。

　同研究会は報告書において、「市町村事務の中には、処理義務や処理方法等が法定されず、市町村と都道府県が重畳的に実施しうる、重要な事務も広く存在する。これらの事務に対する支援は、2つの理念からは十分には導かれてこなかった。」と現状を分析する。

　そして、「補完事務」の位置付けと都道府県の果たしうる役割・事務の変化について、「都道府県の『補完事務』の考え方は、地方分権一括法による地方自治法の改正により、『本来は市町村が処理する事務』として再構成された。また、実態を見ても、『平成の合併』、地方分権改革による権限移譲の進展、大都市等の増加による市町村の規模能力の全体的な拡大、行政改革の進展により、都道府県の事務の範囲・リソースは縮小……射程はいまや限定的となっている。さらに、『平成の合併』後の市町村の規模・能力は一層多様となり、個々の市町村の規模・能力に応じた個別的な補完・支援が求められるようになった。」と整理している。

　その上で、「小規模市町村が多い都道府県を中心に、県と市町村がそれぞれ有する総資源を活用し、都道府県と市町村が一体となって行政サービスを提供する取組（『協働的な手法』）」について、「『役割分担論』や『基礎自治体論』からは十分に導かれなかった支援の仕組み、また簡素で効果的な支援の仕組み」として評価している。

48

3.2 第32次地方制度調査会

　第32次地方制度調査会は、「人口減少が深刻化し高齢者人口がピークを迎える2040年頃から逆算し顕在化する諸課題に対応する観点から、圏域における地方公共団体の協力関係、公・共・私のベストミックスその他の必要な地方行政体制のあり方」について諮問を受け、2018年から2020年にかけて開催された。

　同調査会の答申「2040年頃から逆算して顕在化する諸課題に対応するために必要な地方行政体制のあり方等に関する答申」（令和2年6月26日）は、「2040年頃にかけて生じる変化・課題、そして大規模な自然災害や感染症等のリスクにも的確に対応し、持続可能な形で地域において住民が快適で安心な暮らしを営んでいくことができるようにするためには、地方公共団体がそれぞれの有する強みを活かし、それぞれの持つ情報を共有し、資源を融通し合うなど、地域の枠を越えて連携し、役割分担を柔軟に見直す視点が重要となる。」との認識の下、公共私の連携の重要性を訴え、その1つとして「都道府県による市町村の補完・支援の役割の強化」を挙げている。

　具体的には、「都道府県は、特に地方圏において、広域の地方公共団体として、市町村間の広域連携が円滑に進められるよう、市町村の求めに応じ、連携の相手方、方法等の助言や、調整、支援の役割を果たすことが求められているが、市町村間の広域連携が困難な場合には、自ら補完・支援の役割を果たしていくことも必要である。」「都道府県は、市町村による『地域の未来予測』の整理の支援等を通じて、地域の変化・課題の見通しを市町村と共有した上で、個々の市町村の規模・能力、市町村間の広域連携の取組の状況に応じて、これまで以上にきめ細やかに補完・支援を行う役割を果たしていくことが必要である。」「都道府県による補完・支援の手法については、事務の委託、事務の代替執行、過疎地域における道路の代行整備等、市町村に代わって事務を行う手法に加え、小規模市町村が多い一部の県で積極的な取組が見られるように、法令上の役割分担は変更せず、都道府県と市町村が一体となって行政サービスを提供する、協働的な手法が考えられる。」とされ、都道府県の支援・補完について、かなり踏み込んだ記述がなされている。

　一方で、「市町村による行政サービス提供体制の確保に際しての都道府県と

市町村の関係は、市町村が自ら行財政能力を充実強化し、あるいは市町村間の広域連携等により行政サービス提供体制を確保し、都道府県は、市町村の自主性・自立性を尊重することが基本である。」「他方、この場合、市町村の権限と責任が不明確になり、自主性・自立性を損ねることのないよう、都道府県と市町村の間の役割分担の合意を明確化しておくことが重要であり、連携協約の適切な活用も考えられる。」と、あくまで基礎自治体が主体であるという原則を維持するための記述もなされている。

3.3　小括

　以上でみてきた2つの検討から、2040年頃に迎える少子高齢化・人口減少のピークに向け、市町村行政の持続可能性については現在大きな課題があるとの認識があり、その対応策としての都道府県の支援・補完は1つの解となりうる一方で、これまでの地方分権改革の流れの中での市町村優先の原則の考え方との整合性をどう図っていくかということが議論されてきていることが分かる。

　筆者はこれまで、国と都道府県の行政現場での勤務を経験してきたが、その実感を込めて個人的な見解を述べれば、一連の地方分権改革は、市町村が自立的存在であるとの意識を市町村自身がもつことができ、主体的・能動的に政策を展開する推進力を与えたという点については非常に評価されるべきものと考える。他方で、その反動として、都道府県が区域内の市町村について関心をもつことが少なくなり、また市町村も何か困難が生じたときに都道府県ではなく直接国と交渉をするなど、そのコミュニケーションの総量が大幅に減少しているように感じていた。実際に筆者が都道府県で勤務をしている際には、国の省庁から「○○市がこんな取組みをしているらしいが詳しく教えてほしい」という照会を受けて初めて、その取組みの存在を知るということもまれではなかった。こうした実感を踏まえれば、地方分権改革において進められた対等な関係性という位置付けは徹底すべき一方で、広域自治体である都道府県の潜在的役割[6]として市町村とのコミュニケーションを図る上でも、任意の都道府県による支援・補完というのは有用なツールとなりうるのではないかと考える。

4 「奈良モデル」の取組みについて

　さて、ここまで、都道府県による市町村の支援・補完の重要性について述べてきたが、具体的にそれがどういったものであるのか、そのイメージをつかむために、奈良県が行っている「奈良モデル」の取組みに着目してみる。

　奈良モデルは、「『市町村合併に代わる奈良県という地域にふさわしい行政のしくみ』であるとともに、人口減少・少子高齢社会を見据えて、『地域の活力の維持・向上や持続可能で効率的な行財政運営をめざす、市町村同士または奈良県と市町村の連携・協働のしくみ』」とされており（「奈良モデル」のあり方検討委員会 2017）、その創成期から関わる小西砂千夫地方財政審議会長は「県による市町村への垂直補完と、県が勧進元になった市町村間の水平連携を、多様な行政分野において、多様な手法で、持続的に取り組むこと」と表現している（小西 2021b）。

　奈良モデルのような取組みが奈良県において進められた背景としては、奈良県において平成の大合併があまり進まず、小規模のまま、財政基盤も組織体制も脆弱な市町村が多かったということが大きな要因となった[7]。

　その基本的な考え方は、次のとおりである[8]。

① 　県と市町村はそれぞれが地方行政を担う主体であり、県と市町村は対等な関係にある。

② 　県と市町村は、憲法と法律が禁止しない限り、それぞれの議会の承認を得て、国を含む他の公共団体と自由に契約を締結し、平等な立場で連携・協働を進めることができる（国の法律には記載されていない県と市町村の役割

---

6 ）市川（2011）は、都道府県の機能について、地方自治法に規定される「広域機能」「連絡調整機能」「市町村の補完機能」の３機能に加え、都道府県が市町村を包括していることに由来するものとして「支援機能」があるとしている。ここでいうコミュニケーションを図るという役割は、これらの各機能とりわけ「支援機能」の土台となる役割であろう。しかしながら、実際に都道府県で働いてみての実感としては、必ずしも「支援機能」について都道府県の仕事であるという認識が都道府県職員に浸透しているかと言えば、そうではないという印象をもった。これを踏まえここでは「潜在的役割」と表現している。

7 ）『奈良モデル』のあり方検討委員会報告書〜県と市町村の役割分担のあり方〜」３頁。

8 ）前掲注７）６頁。

51

第 2 章　市町村の計画策定業務への都道府県による支援について

分担の隙間を私法上の契約で埋めていくという考え方）。

③　県と市町村が有しているそれぞれの資源（人材、財源及び様々な施設など）を県域資源として捉え、県全体として効率的に有効活用する。

そして、「県は基礎自治体である市町村を下支えし、自立心のある市町村を様々な形でサポートする役割をはたすべき」という考えを根底にもっている。

このような基本的考え方の下、奈良モデルの取組形態は以下の 3 つに整理される[9]。

①広域連携支援型——市町村間の広域連携を推進するため、県は助言、調整、人的・財政的支援等を行う。

②市町村事務代行型——市町村が単独で事務を行うのが困難な場合、県が市町村の事務を代わって行う。

③市町村業務への積極的関与型——市町村の取組みを一層効果的なものにするため、県が、必要な助言や人的・財政的支援等を積極的に行い、県の施策とも連携して実施する。

以上で基本的構造を概観した奈良モデルは、上述した国の検討を先取りする形で行われ、すでに様々な成果を生んでいる。その具体例を挙げれば以下のとおりである[10]。

（広域連携支援型の例）

○消防の広域化

・県主導で「奈良県消防広域化協議会」を設立し、知事も協議会に出席

・通信指令システムの一本化への財政支援や設立された「奈良県広域消防組合消防本部」への人的支援を実施

○南和地域における広域医療提供体制の再構築

・県も構成員として南和広域医療組合を設立

・南奈良総合医療センターの建設経費等への財政支援や組合への人的支援を実施

○県域水道の一体化

9）前掲注 7 ）14頁。
10）前掲注 7 ）第 2 章及び第 3 章。

52

5　奈良県まちづくり連携協定の手法

・県が「新県域水道一体化ビジョン」を作成
・令和6年度までに企業団を設立することを目指す覚書を締結[11]

(市町村事務代行型の例)

○道路インフラの長寿命化に向けた支援
・市町村が管理する橋梁の長寿命化計画の策定業務、点検や修繕事業を県が受託して実施

○市町村税の税収強化
・県職員の派遣や併任による協働徴収の仕組みや、事例研究を通じたノウハウの共有の仕組みを創設

(市町村業務への積極的関与型の例)

○県と市町村の連携・協力によるまちづくり
・次節に詳細を記載

上記の各分野において一定の成果が生まれているが、とりわけそのインパクトが大きいのは広域連携支援型である。消防・救急、医療、水道と合意形成が非常に困難な分野で広域連携が具体的に進捗している稀有な事例である。それぞれの分野で広域連携後の課題はあるものの、まずは広域連携の形が作られたという点において非常に価値があり、都道府県と市町村の今後の関係において示唆に富む実例である。

5　奈良県まちづくり連携協定の手法

5.1 「県と市町村とのまちづくりに関する連携協定」の趣旨

上述のように、奈良県が推進する奈良モデルは、都道府県が市町村の支援・補完を行う先駆的取組みであるが、その中でも、本章の取り扱う計画策定における都道府県の支援・補完に関して、参考となる事例が、「県と市町村とのまちづくりに関する連携協定」である。以下では、奈良県の「県と市町村とのま

---

11) 奈良県ウェブサイト「奈良県水道局『水道事業等の統合に関する覚書』」https://www.pref.nara.jp/item/242334.htm

第 2 章　市町村の計画策定業務への都道府県による支援について

ちづくりに関する連携協定」の趣旨や仕組みを概観した上で、都道府県による
市町村の計画策定業務支援の可能性について検討を行う。

　奈良県の公式ウェブサイトには次のとおり記載されている[12]。

○人口の急激な減少と高齢化を背景として、高齢者をはじめとする住民が安心
　できる健康で快適な生活環境を実現することが重要であり、地域性を活かし
　た、賑わいのある住みよいまちづくりを進めるためには、その中心となる拠
　点への都市機能の集積や低未利用地の活用など、拠点を再整備することが必
　要です。

○県は、広域的な観点から、地域創生に資する、駅、病院、社寺、公園などの
　拠点を中心としたまちづくりを進め、その特色に応じた機能の充実・強化を
　図るとともに、拠点間相互の連携を強化することによって、県全体として総
　合力を発揮する都市形成を目指します。

○まちづくりに前向きでアイデアや熱意のある市町村において、その方針が県
　の方針と合致するプロジェクトについては県と市町村で連携協定を締結し、
　協働でプロジェクトを実施していきます。

　上述のとおり、奈良県では合併が思うように進まず、市町村の財政状況が悪
化し、まちづくりに対する積極的な投資が行われにくい状況があった。一方
で、人口減少・高齢化を背景に、地域の中心となる拠点に都市機能を集積する
等、賑わいのある住みよいまちづくりを進める必要もあった。その際に市町村
ごとに特色をもった機能を備える拠点を整備し、拠点間の相互連携を図ること
により、県全体の総合力を発揮することを目的としてはじめられたのが、この
仕組みである。

　以下では、具体的に、どのような手順で「県と市町村とのまちづくりに関す
る連携協定」が締結され、具体の施策の実施に至るのかを概観する。

12）奈良県ウェブサイト「県と市町村とのまちづくりに関する連携協定について」https://www.
　pref.nara.jp/37983.htm

5.2 県と市町村とのまちづくりに関する連携協定～活用マニュアル～[13]

（まちづくり連携協定の基本的な進め方）

　県と市町村とのまちづくりに関する連携協定の進め方の特徴としては、プロジェクトの進捗に合わせ、段階的に協定を締結し、今後の進め方やこれまでの検討内容等について県と市町村で相互に確認し合いながらまちづくりを進めるところにあり、おおむね以下の3段階により実施される。

（包括協定締結段階）

　まちづくりを検討することについて県と市町村で合意した地区において、まちのコンセプトや基本方針などを定める基本構想の策定を目指す。

（基本協定締結段階）

　基本構想の実現に向けて、具体的な事業内容や事業スケジュールなどを定めるまちづくり基本計画の策定を目指す。

（個別協定締結段階）

　個別の事業実施。一定の要件を満たす市町村事業に対し、県費補助や県有資産の譲渡額の減免などの財政支援を実施する。

　以上を大まかにフローチャートで示したのが図表2-4である。

（包括協定締結）

　このように、まずは包括協定により「まちづくりの考え方」を表明することになるが、このまちづくりの考え方においては、マニュアルにおいて、以下の10個のテーマの例が示されている。

　（テーマ例）「中心拠点への都市機能の集約化」「駅を中心とした都市機能の再生」「病院を中心とした健康・福祉のまちづくり」「寺社参道周辺における景観形成づくり」「その他地域資源を活用したまちづくり」「公園を中心としたにぎわいづくり」「雇用促進を目指したまちづくり」「公有資産のまちづくりへの有効活用」「公民館、集会所などの拠点（小さな拠点）を中心とした暮らしがつづく集落づくり」「生活サービス維持のための拠点づくりや仕組みづくり」

　マニュアル中にも「ハコモノの整備など部分的な問題の対症療法ではなく全

13）　本節は、「県と市町村とのまちづくりに関する連携協定～活用マニュアル～」https://www.pref.nara.jp/secure/179128/20210611renkeikyouteimanual.pdfに基づいて記載している。

第2章　市町村の計画策定業務への都道府県による支援について

図表2-4　まちづくり連携協定のフローチャート

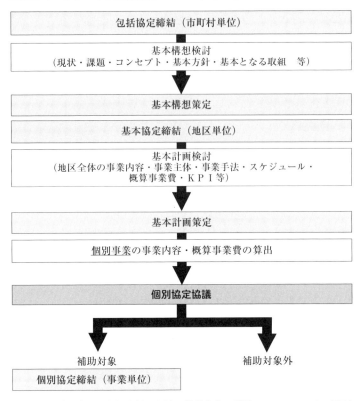

（出典：県と市町村とのまちづくりに関する連携協定～活用マニュアル～P3の図2）

体的な視点から取組を推進」と明記されているとおり、インフラ整備としてのまちづくりのみならず、そのインフラを活用したソフトの取組みまで包含することが意図されている。包括協定では、主に対象地区と、まちづくりの大まかなイメージが記載されているが、県と市町村という異なるアクターが漠然としたイメージでも、ともにステップを1つ上がるという点に意味がある。

（基本構想策定・基本協定締結）

包括協定が締結されれば、いよいよ県と市町村との共同作業が始まる。この検討体制においてポイントとなるのは県庁の関係課長補佐と市町村の関係課長

図表2-5　庁内まちづくり検討チームの構築イメージ

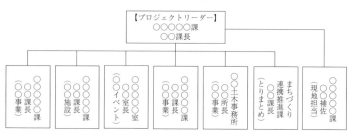

（出典：県と市町村とのまちづくりに関する連携協定〜活用マニュアル〜P9の図8）

を構成員とするワーキング会議を設けていることである。これにより、トップ同士だけでなく、現場レベルでの県と市町村との実質的な連携体制が確保されることになる。

　また、包括協定締結地区ごとに、県の検討体制が構築され、個別分野に偏らずに分野横断的な市町村のまちづくり支援体制が構築される（図表2-5）。

　こうした検討体制の下、まちづくり基本構想が策定されるが、これに記載すべき事項は、①地区の現状、課題、②まちづくりのコンセプト、目標、③基本方針、基本となる取組み（基本構想段階）、④構想図とされており、また、⑤連携推進区域についても基本構想段階として明示することとされている。このように、総花的な構想ではなく、具体的なプロジェクト管理の意図をこの段階から明確にしているのが大きな特徴の1つである。

　基本構想は、策定後に締結される基本協定の附属文書と位置付けられ、具体的な連携推進地区の決定と合わせて対外的に公表されることとなる。

（基本計画策定）

　まちづくり基本構想の策定に続いて、その実現に向けて取り組む事業について、事業名、事業内容、事業主体、事業スケジュール、事業効果（KPI）等を明確にするまちづくり基本計画の策定が始まる。

　検討体制は基本的には基本構想策定時と同様だが、マニュアルにおいては、よりその実効性を高めるために、基本計画の検討に当たっては、まちづくりの担い手となる関係者（地元代表、民間事業者、まちづくり団体等）を含めることが

第2章 市町村の計画策定業務への都道府県による支援について

図表2-6 天理駅周辺地区まちづくり基本計画

(出典:天理市「天理駅周辺地区まちづくり基本計画」P5)

重要であるとしている。

具体例として、天理市の「天理駅周辺地区まちづくり基本計画」(令和2年1月)をみてみると、対象地区を地図上で明確に線引きし(図表2-6)、対象事業を列挙した上でそれを時間軸に沿って線表で管理している。また、実施体制として「まちづくり推進協議会」の創設も記載されている。そしてKPIとしてイベント集客数などの具体的な数値を掲げている。

(個別協定締結と県からの支援)

基本計画の策定後は、具体の事業実施に向けて、事業単位で県と市町村とで個別協定締結に向けた協議を行う。この個別協定では、主に県の財政支援をはじめとした支援方法の確定を行うこととなる。県による主な支援メニューは以下のとおりである。

【補助金】

5　奈良県まちづくり連携協定の手法

・まちづくりの中心となる拠点施設の整備や拠点施設周辺の公共インフラの整備等に係る事業に要する経費に対する補助金【補助率：市町村の公債費のうち、地方交付税算入額を差し引いた額の1／4[14]】
・まちづくりの中心となる拠点施設の整備や拠点施設周辺の公共インフラの整備に係る事業の事業化のための検討、計画、調査に必要な経費に対する補助金【補助率：市町村負担額の1／2】
・地区の持続的発展や活性化を企図した、賑わいづくりの「イベント」に要する経費に対する補助金【補助率：市町村負担額の1／2】

【県有財産の活用】
・県有財産の貸付・譲渡に係る対価の減額率をかさ上げ【20％かさ上げ[15]】
・まちづくりに資する目的で県有財産を取得して活用を行う際の取得に要する経費に対する補助金[16]【補助金の額：補助の対象となる経費から地方交付税措置額として算定される額及び補助金を減債基金等に積み立て運用した際の利息に相当する額を控除した額】

5.3　小括

　以上、奈良県の「県と市町村とのまちづくりに関する連携協定」の手法について概観したが、その特徴を挙げれば以下のとおりである。

・その目的が県全体として総合力を発揮する都市形成を目指すことである
・対象事業はハード事業に限られず、ソフト事業も含むものである
・「包括協定締結段階（基本構想策定）」「基本協定締結段階（基本構想の実現に向けた基本計画の策定)」「個別協定締結段階（基本計画記載事業の実施)」の3層に区分される点は、多くの市町村総合計画と類似するものである
・基本構想・基本計画の策定にあたっては、県庁内の分野横断プロジェクトチームが主体的に参加し、県の施策と融和させつつ助言を行うが、これにより市町村職員・県職員双方にとって切磋琢磨の機会となる

14）補助対象事業についての詳細は「市町村とのまちづくり事業償還金補助金交付要綱」を参照。
15）過疎地域の場合は、さらに20％のかさ上げ。
16）対象となるのは、過疎地域の市町村及び当該市町村が構成員の一部事務組合又は広域連合のみ。

59

第 2 章　市町村の計画策定業務への都道府県による支援について

・県が財政支援をはじめ積極的な支援体制を設けている

　また、天理市の第 6 次総合計画及び前期基本計画と、県と天理市の基本構想・基本計画を比較すると、両者はその内容は共通する部分も多い。無論、市町村総合計画はこうした個別のまちづくり以上に、より総合的な内容を定めるものであり、簡単に同一視はできないが、こうした点に着目すれば、まちづくりに関する計画策定業務への都道府県の支援の具体例と捉えることができる。

　令和 3 年 7 月30日現在において、奈良県内の27市町村が包括連携協定を締結し、11市町村16地区において基本計画の策定が行われている[17]。このうち、特に先行的にまちづくりが進んでいるのが天理市と桜井市である。天理市においては基本構想・基本計画に基づき、駅前広場の整備が行われ、目玉として整備された「コフン」は完成後、市民の子育て環境の拠点となり、駅前広場の賑わいを生んでいる。第 6 次天理市総合計画においても、子育て支援に係る項目の重要なファクターとなっている[18]。桜井市においては、医療・福祉・防災の新拠点施設の整備を行い、桜井市保健センター「陽だまり」と奈良県広域消防組合桜井消防署がオープンした。長年手付かずとなっていた大神神社の参道整備も開始され、まずは参道の無電柱化の取組みが現在進められている。

　このように、「県と市町村とのまちづくりに関する連携協定」の手法は一定の成果を上げているが、その要因はどこにあるだろうか。「奈良モデル」のあり方検討委員会の報告書においては以下のように言及されている[19]。

・市町村にとって、段階的に協定を締結して構想や計画を県と協働で策定することにより、まちづくりの目的意識が明確化されるとともに、その方針や取組が県と合意したものであることを対外的に打ち出すことにより、地域の機運醸成につながるといったメリットがある。

・県にとっても、県の方針（まちづくりの方向性）と合致するプロジェクトが県内各市町村において進むとともに、まちづくりの重要な要素と考えられ

---

17) 前掲注12)。
18) 「第 6 次天理市総合計画第 2 章　前期基本計画」38頁。 https://www.city.tenri.nara.jp/material/files/group/47/98193403.pdf
19) 前掲注 7) 58頁。

60

る県道や県有施設の整備活用といった県事業と市町村事業を一体的に実施することにより、事業の相乗効果が見込まれるといったメリットがある。

・協定を締結した市町村が構想段階から県と一体的に検討していくことにより、市町村においてまちづくりに関する技術的ノウハウの蓄積が期待される。例えば、県が提供する他府県の先進事例等幅広い情報の提案などを受けることにより、より広い視野での事業実施が可能となる。県は、まちづくりを進めるにあたっての検討体制の整備や具体的な取組みの提示、地域住民との合意形成の手法など、県内各地でまちづくりを実施している経験から、他地区の現場で学んだ経験やノウハウ等を活かし市町村へ提案している。

・県においても、市町村が主催するまちづくり検討協議会等に県職員も参加することによって現場感覚が磨かれ、県職員のまちづくりの資質向上に効果がある。

・県と市町村の首長同士が協定を締結したのち、地区ごとに検討体制を整備して構想や計画づくりを行うしくみとなっているため、医療、福祉、産業振興など分野横断的な検討が行われやすい環境がつくられている。

・市町村のまちづくり拠点として、県有資産や県有地を活用できる等の効果もある。

こうした要素は、これを市町村の各種の計画策定への都道府県の支援にも当てはめうるものが多いと考えられる。また、奈良県だけに当てはまるような特殊なものでなく、普遍的に適用しうる要素であると考えられる。ただし、ここに至るまでには奈良県においても、相当な時間と地道な成果の積み上げがあったことは忘れてはならない。ここに挙げた考え方やスキームだけを安易に援用することはできず、各地方において丁寧な検討と調整が行われる必要がある。

6　市町村の計画策定に係る都道府県の支援の課題

これまで概観してきた、奈良県の事例においては、市町村のまちづくりに関

第2章　市町村の計画策定業務への都道府県による支援について

する計画策定について、都道府県が支援を行っており、そのメリット・要因等についても一定の分析がなされている。計画策定業務に係る小規模市町村の課題への対応、また都道府県としても都道府県域のマネジメントの最適化を目指すため、さらに双方の職員の経験値の向上のためにも、こうした計画策定業務に係る都道府県の支援は前向きに捉えることができると考えられるが、そこに課題はあるだろうか。

　まず一番大きな課題は、いかにして市町村と都道府県の心を1つにしていくかという点だろう。

　平成の地方分権改革は、多くの権限と自由を地方公共団体にもたらしたが、その効果は国と地方公共団体という軸のほかに、都道府県と市町村という軸にも及んだ。市町村が都道府県に協議を行うことや、都道府県が市町村に関与を行うことはできる限り縮減していく方向に向かったため、両者のコミュニケーションの総量は大きく減じられることになり、都道府県側の市町村との窓口である市町村課の存在感もかつてほどのものではなくなりつつある。

　こうした状況下で、突如として都道府県から市町村に対して計画策定の支援を行うと持ち掛けても、両者の信頼関係が欠如していれば、実質的な支援を行うことは難しいだろう。

　これについての解決策は、やはり各種レベルにおいてのコミュニケーションの総量を上げていくほかにない。

　これまでみてきた奈良県においては、まず首長レベルのコミュニケーションの場として年に数回「市町村長サミット」と題し、知事と市町村長が一堂に会して、課題の共有や意見交換を行う場が設けられている[20]。このサミットは単なる市町村長による知事への要望の場ではなく、県から提示される課題についてワークショップのような形でいくつかのグループに分かれて、討議・発表を行う形をとっているが、これが、課題認識の共有に非常に有用となるのみならず、知事と市町村長、市町村長同士の貴重なコミュニケーションの機会となっている[21]。また、鳥取県においては、日野・日南・江府の日野郡三町に県も加

20）前掲注7）11〜14頁。

62

わった形で「鳥取県日野郡ふるさと広域連携協約」を締結し、鳥獣害対策や道路の除雪・維持管理などの具体の課題に連携して取り組んでいる[22]。この事業実施のために、こちらも三町長と知事とが会する鳥取県日野郡連携会議において課題認識の共有と意見交換が積極的に行われている。こうしたトップレベルでの都道府県と市町村のコミュニケーションの増大は、連携・協力を進めていく上での土台となると考えられる。

また、職員レベルでのコミュニケーション量の増大については、具体の事業に関し、都道府県の側から積極的に関与していくことが必要であろう。筆者のこれまでの経験によると、上述した地方分権改革による発想の転換以上に、都道府県と市町村の距離を生んでいるのは、この職員レベルのコミュニケーションであるように感じる。というのも、市町村職員は都道府県職員とのコミュニケーションに遠慮がちになってしまう傾向を感じることが多く、県会議員や国会議員などからのサジェスチョンにより市町村の担当者と面会すると、そこではじめて市町村が抱える悩みが発露されるといった具合である。

こうした事態に陥る背景として、市町村職員と都道府県職員の受け持つ事務の性質の違いが大きいのではないかと考える。市町村職員は一人が多くの分野を受け持ち、また住民対応等も担う一方で、都道府県職員は一定程度セクション分けされた行政分野を受け持つため、その制度理解の深さ等については当然ながら溝が生じるわけである。この不一致が不幸に働けば、都道府県職員は市町村職員への対応を面倒だと感じ、市町村職員は都道府県職員への相談に委縮してしまう結果を生むこととなるのは想像に難くない。

こうした事態を解消するに一番の近道が課題を共有することであり、それは

---

21) 小西（2021a）に、県内市町村長のインタビューが掲載されているが、この中で仲川奈良市長は市町村長サミットについて「知事と市町村が同じテーブルに着いて、同じテーマについて議論をして、一緒に未来を作っていこうとすると、市町村長に意見表明が求められるので、逃げ隠れができなくなるという環境的なメリットがあります。」と言及し、また東川御所市長は「あれは意味があります。私が市長になってすぐにサミットで成績表（※財政指標などの市町村の比較をしたもの）が出てきたんです。私は性格上、近隣の市に負けたくないという気持ちになります。御所市では、市税の徴収率が県内で断トツに悪いというのが表面化した。徴収率の向上は、行政の公平を保つ最大のポイントなので、これに取り組まなければと思い、気合を入れて頑張りました。」と話している。

22) 鳥取県ウェブサイト https://www.pref.tottori.lg.jp/renkeikyoyaku/

第2章　市町村の計画策定業務への都道府県による支援について

　つまり都道府県が市町村の行政課題に積極的に関わっていくことである。こうした取組みの例として近年都道府県と市町村の課題の共有が積極的に行われているのが消防分野である。奈良モデルの一例にある奈良県の消防の広域化は県の積極的な関与により実現した面が大きい。また、大分県は平成31年3月に新大分県消防広域化基本計画を策定し、消防指令業務の全県での共同運用の方針を取りまとめているが、これは大分県と大分市が中心となって調整を行った成果である[23]。このように、職員のレベルにおいても日ごろから様々な分野で課題を共有していくことが、市町村と都道府県の間のコミュニケーションをよりよくしていく手法であると考えられる。

　第2に、都道府県が市町村の計画策定業務に関わる以上、意見が食い違う場合の調整をどのように行うかという点も課題である。支援については任意のものであるということが前提であるが、奈良県が行っているように、基本構想・基本計画・実施計画などの各段階において、対等の立場で支援内容についての協定を結ぶことも一案であろう。その際には、紛争解決手続のある連携協約の手法を用いることもできよう。

　しかしながら、その前段階として、あくまでも基礎自治体である市町村が主であり、都道府県はあくまでその支援を行っているという前提は常に意識する必要がある。当然のことではあるが、都道府県が財政的支援を餌に各種計画の実態面を支配することはあってはならない。あくまで、任意の支援と任意の政策すり合わせであることを、はじめにお互いが強く認識する必要があることはいうまでもない。その意味でも、前述した各種レベルでのコミュニケーションの総量を増やしていくことは欠かせないのである。

　第3に、都道府県の側の支援に対する意欲の醸成も必要となろう。目下、超高齢・人口減少社会の影響は当然に都道府県にも及んでおり、新型コロナウイルス対応やデジタル化の対応など変わりゆく社会への対応に都道府県職員も日々格闘している。このような状況で、まさに、純然たる市町村の自治事務である市町村総合計画などの計画策定業務を積極的に支援していくマインドをも

23）大分県ウェブサイト「市町村消防指令業務の共同運用について」https://www.pref.oita.jp/soshiki/13560/sinooitakenshouboukouikikaku.html

つことは容易ではないと考えられる。

　ここで、あらためて奈良県が「県と市町村とのまちづくりに関する連携協定」の趣旨として述べている「県全体として総合力を発揮する都市形成を目指します」という言葉が大きな意味をもつ。超高齢・人口減少社会では、都市機能の集約・最適化が求められている。その際、各市町村が各々のエリアのみを考慮した最適化を行えば、局所では最適であっても全体としては最適ではない状況が生じうる。

　例えば、先に述べた消防の広域化を例に挙げれば、A市を中心とする圏域とB市を中心とする圏域（A市とB市は比較的近接し、それぞれ反対方向に圏域が広がっているとする）がそれぞれ消防の広域化を行い、はしご消防車などの消防機能を中心市に集約化した結果、比較的近接するA市とB市のエリアに重畳的に高度消防機能が集中し、両圏域の周縁部へのケアがおろそかになることも考えられる。ほかにも、企業誘致の際の工業団地の確保や、ごみ処理場の設置、病院マネジメントなども同様の問題が生じうる。

　このような状況は、都道府県の広域的なマネジメントを困難なものにさせる。特に施設整備が絡むものは、一度進んでしまうと数十年を単位として動かすことはできない性質のものであり、長い間、都道府県は両者の整合性を図るための調整に追われるのである。

　そうであるならば、計画の段階からある程度の情報を都道府県と共有し、最適な形に寄せていくことが、皆の幸せにつながるのではなかろうか。地方分権改革以後、自身の役割を悲観的に捉え、狭い殻にとどまりがちなマインドを都道府県職員がもっている面があるとすれば、こうした点を意気に感じ、自身の役割を再認識する機会に活用できないだろうか。

7　市町村の計画策定業務についての都道府県の支援の今後の展望

　以上、本章では市町村の計画策定業務についての都道府県の支援について検

第 2 章　市町村の計画策定業務への都道府県による支援について

討を行ってきた。超高齢・人口減少社会に向けた対応の必要性や都道府県の県全体のマネジメントという観点に照らし、一定程度その有用性は明らかになったと考える。

　他方で、本書で主たる研究対象としている市町村総合計画について、ただちにこうした支援の動きがとりうるかについては、現時点においては否定的に捉えざるを得ない。

　市町村総合計画策定に都道府県が関わっていくことは、ここではじめて議論されているものではなく、市町村総合計画の現在の形の土台となったとされる市町村計画策定方法研究報告（市町村計画策定方法研究会 1966）においても、その有用性が言及されていたが、現実に都道府県の支援を受けて市町村総合計画を策定している例は耳にしたことがない。

　そこには、第 1 章及び第 3 章において言及するこれまでの市町村総合計画の歴史的経緯と、その実質化の諸要因、とりわけ首長の政策実現ツールとしての市町村総合計画の位置付けや、第 4 章や第 7 章で言及する「職員参加」「住民参加」といったプロセスの要請など様々な背景がある。これらを飛び越えて、いきなり都道府県が市町村総合計画の策定を支援することは考え難い。

　しかし、個別分野での計画策定であれば十分に都道府県の支援が機能する余地があるものと考えられる。今井（2017、2018）、松井（2019）、礒崎（2021）らが指摘するように、2000年以降の市町村の計画策定規定をもつ法律数は増加しており、冒頭に述べた小規模市町村の負担感につながっている。こうした計画の「簇生」の再来とも呼ぶべき状況の当否の検討は横に置くとして、本章の立場からはこうした市町村の負担感の解消のために、都道府県は個別の法律に基づく計画策定などに支援の光を当てるべきと考える。法律による義務規定や、法律による計画制度の創設に伴うプライミング効果（礒崎 2021）により自発的でない計画策定を行っている場合には、十分な調査・検討の意欲もわかず、魂のこもらない計画が策定される恐れもある。ここに都道府県の支援が入ることにより、土台となる情報・知識の共有が図られるだけでなく、都道府県域の一体的な動きにつなげることができる。類似する動きとして、こうした計画策定を市町村間の広域連携により策定している例もある。熊本市を中枢都市とする

熊本連携中枢都市圏では、「地球温暖化対策の推進に関する法律」に基づく「地方公共団体実行計画」を圏域内の市町村で共同作成することとしている[24]。地方制度調査会の答申等でも触れられているが、こうした圏域を構成できない小規模市町村へは、都道府県が積極的に支援を行うべきであろう。

　まずは、市町村が負担を感じる個別分野の計画策定の都道府県による支援から実績を積み上げていき、市町村と都道府県の間のコミュニケーションの総量が増加し、相互に信頼関係が増加していけば、ゆくゆくは市町村総合計画への都道府県の支援という道もみえてくるかもしれない。しかしながら、当然の前提として、都道府県の態度として、あくまでも小規模市町村への「支援」が目的であり、その副次的産物として都道府県域の最適化という効果はあるかもしれないが、その主客が転倒してはならない。「市町村の自主性・自立性を尊重することが基本」という姿勢を真摯に堅持しつつ、いかに効果的な支援を行うことができるか、これが都道府県職員の腕の見せ所である。まずは、市町村が行う業務の目的や背景事情、実際に業務を遂行するにあたっての困難さなどを都道府県職員が「知る」ことがこうした取組みを進める第一歩ではないかと考える。上述のとおり、様々なレベルでのコミュニケーションの総量を上げつつ、心を1つにしていくことが何より重要である。

　いずれにしても、これから待ち受ける困難な時代に、公共セクターが総力を挙げて対処できるよう、そのベストミックスは今後とも大きな課題である。市町村・都道府県のそれぞれの役割を踏まえながら、変化する社会に対処するにあたり、本章がその一助となると幸いである。

（阿部辰雄）

〔参考文献〕
・礒崎初仁（2021）『立法分権のすすめ─地域の実情に即した課題解決へ─』ぎょうせい。
・市川喜崇（2011）「都道府県の性格と機能─公的ガバナンスにおける政府間関係」新川達郎編著『公的ガバナンスの動態研究─政府の作動様式の変容─』ミネルヴァ書房。

24）熊本市ウェブサイトhttps://www.city.kumamoto.jp/hpKiji/pub/detail.aspx?c_id=5&id=26783&class_set_id=2&class_id=295

第 2 章　市町村の計画策定業務への都道府県による支援について

・今井照（2017）『地方自治講義』筑摩書房。
・今井照（2018）「『計画』による国　自治体間関係の変化～地方版総合戦略と森林経営管理法体制を事例に」『自治総研』44巻477号：53-75。
・県・市町村の役割分担検討協議会（2010）「『奈良モデル』検討報告書～県と市町村の役割分担のあり方～」。
・広域連携が困難な市町村における補完のあり方に関する研究会（2017）「広域連携が困難な市町村における補完のあり方に関する研究会報告書」。
・小西砂千夫（2021a）『2040年生き残る自治体！』学陽書房。
・小西砂千夫（2021b）「君よ、知るや、奈良モデル―人口減少時代の県と市町村の総力戦の闘い方―」『地方財政』60巻3号：4-16。
・坂本誠（2018）「地方創生政策が浮き彫りにした国―地方関係の現状と課題―『地方版総合戦略』の策定に関する市町村悉皆アンケート調査の結果をふまえて―」『自治総研』44巻474号：76-100。
・市町村計画策定方法研究会（1966）「市町村計画策定方法研究報告」。
・竹内直人（2020）「自治体総合計画とマニフェスト―マニフェストから政策集への変化を考える―」松井望・荒木一男編『自治体計画の特質および地方分権改革以降の変化と現状』東京大学社会科学研究所研究シリーズNo.70：7-39。
・地方制度調査会（2020）「2040年頃から逆算し顕在化する諸課題に対応するために必要な地方行政体制のあり方等に関する答申」。
・天理市（2020）「天理市第6次総合計画―大和青垣に囲まれた歴史と文化かおる共生都市・天理―」。
・内閣府（2014）地方分権改革有識者会議ヒアリング資料「『分権がもたらす豊かさ』とは」。
・奈良県（2021）「県と市町村とのまちづくりに関する連携協定～活用マニュアル～」。
・「奈良モデル」のあり方検討委員会（2017）「『奈良モデル』のあり方検討委員会報告書　奈良モデル―人口減少・少子高齢社会に立ち向かう県と市町村との総力戦―」。
・松井望（2019）「分権改革以降の自治体計画策定―国の〈計画信仰〉と自治体の『忖度・追従』」『都市問題』110巻9号：48-61。
・松井望（2020）「自治体計画策定への職員参加と人材育成・活用」　松井望・荒木一男編『自治体計画の特質および地方分権改革以降の変化と現状』東京大学社会科学研究所研究シリーズNo.70：89-116。

第**3**章 自治体総合計画の発展と展望

1 総合計画の歴史と視点

1.1 生き残る総合計画

　1969年に地方自治法2条5項に市町村の基本構想策定義務が定められ、法に根拠をもつ総合計画（以下、「総合計画」という）が現れてから約50年[1]、地方分権の流れの中で当該規定が削除（2011年）されてから、10年以上が経過した。その間、2003年の統一地方選挙ではローカル・マニフェスト（以下、「マニフェスト」という）が登場し、総合計画に首長任期という区切りが導入される例が増えた。2020年の調査では、従来型の総合計画をもたない自治体も現れている（三菱UFJ 2020）。マニフェストの登場からもすでに20年を超えた。

　基本構想の策定率は、法改正の3年後（1972年）に全市町村の51％（地方自治協会 1976：12）、1989年には95.0％に達した（野崎 1990：70）。1970年代、80年代には総じて評価され、90年代をとおして内容、手法を充実させてきた総合計画には、その後、NPM（New Public Management）の広がりとともに、総花的であり（伊藤 2009：30）、施策を統合するビジョンが不明確で評価尺度も欠けている（大住 2005：213）等の批判が向けられるようになる。地方自治法の基本構想規定の削除直前の2011年3月に行われた調査では、約4割の市区町は以降の総合計画の策定は未定であると回答した（公益財団法人日本生産性本部 2012）。総合計画の有効性について、基礎自治体の態度は揺らいだが、2018年に全国の814の市区に対して実施されたアンケート調査では、90.3％の市区が基本構想を策定している（公益財団法人日本都市センター 2019）。2011年に未定と回答した市区町の多くは、結局基本構想を策定した。総合計画は生き残ったのである[2]。

　一方、武蔵野市のように50年間基本的に変わらない方法で総合計画をつくり

1）総合計画の起源については、第1章（矢口）及び松井（2003：92-94）を参照。なお、本章の考察対象は専ら市町村の総合計画である。

69

続け、自治体の関係者から「あこがれの武蔵野市計画」（西寺 2014：17）と呼ばれる例も存在する。三鷹市、多治見市や東海市、栗山町など多くの市町村がこれに続いている（玉村 2014）。

　本章は、この50年を超える歴史における総合計画の変化、到達点と課題を、この間のいくつかの特筆すべき研究を手掛かりに考察する。以下、その概要を示す。

　総合計画は多様で一律に論じることはできない（玉村 2014：5-6）が、大きな方向性としては、地域の問題を効果的に解決することを目指し、発展してきた。具体的には、自治体の政策過程に付随する2つの制度上の脆弱性を克服することを目指してきた。第1の脆弱性は、国と自治体の融合体制から生じる政策立案と実施の分離という脆弱性（金井 1999：117）であり、第2は、省庁縦割りがもたらす実施における総合性の欠如と非効率という脆弱性である。研究者は、制度の視点に加え政治・政策の視点という2つの視点から総合計画へアプローチしてきた[3]が、それは脆弱性をどう克服するかに関する考察でもある。本章は制度上の脆弱性が自治体の政治基盤の強化により乗り越えられてきたことを明らかにする。

　第1節は、本章の視点を述べる。第2節は、第1節を受け総合計画に対する制度的・規範的な視点の代表として松下圭一の理論と武蔵野市総合計画を取り上げる。武蔵野市総合計画は、総合計画を梃子として自治体の側から脆弱性を克服しようとした最初の試みである。第3節は、政治的・実証的な視点として、村松岐夫の理論及び打越綾子の研究を取り上げる。村松がいうところの「包括的地方自治ガバナンス改革」（村松 2003：以下、「包括的改革」という）がマニフェストを生み、総合計画はマニフェストがもつ政治的正統性を取り込み強

2）2011年の議決義務削除に当たって、総務大臣名で「改正法の施行後も、法第96条2項の規定に基づき、個々の市町村がその自主的な判断により、引き続き現行の基本構想について議会の議決を経て策定することは可能である」との通知が発せられている（「地方自治法の一部を改正する法律の公布について」平成23年5月2日付け総行行第57号、総務市第51号、項目第4）。その背景については、松井・長野・菊池（2009）を参照。

3）新川（1995：237）の中央—地方関係の視点と地方の独自性の視点、松井・長野・菊池（2009：87）の地方行政制度としての基本構想と地方自治制度としての基本構想と呼ぶものである。

靭になった。包括的改革は、また、縦割りの所管体系を乗り越える自治体独自の政策体系（政策分野別基本計画）登場の土壌となって、総合計画を豊かにした。

このような自治体独自の政策基盤の強化は、一方では、融合的な中央—地方体制の不安定要因となる。第4節は、法律による計画策定の努力義務及び「まち・ひと・しごと創生総合戦略」（以下、「総合戦略」という）をとおして、中央—地方体制を維持しようとする国の巻き返しをみた上で、今後の展望を示す。

本章が考察する総合計画とは、脆弱性克服という総合計画の目的を念頭に置き、①解決すべき問題と解決のための政策が示されること、②政策の優先順位と相互関連が施策・事業のレベルで具体的であること、③政治的正統性に支えられた規範性をもち、検証に基づく修正のしくみを備えていること、④自治体の最上位計画という4つの要素を含むことをイメージしている。

1.2 総合計画への視点

自治体は地域の問題を解決するために存在する。解決すべき問題は、全国的なものもあれば、自治体が置かれた環境に応じた地域的なものもある。これらの問題は住民から直接、行政組織に伝えられることもあれば、議会をとおしてもたらされることもある。国から与えられるものもあり、首長の選挙公約等によってつくられるものもある。政策は問題を解決するためにあるが、同時に「政治主体がその政治目標達成のために選択する手段」（松下 1971：324）でもあり、問題は政治目標に応じてつくられる面をもっている。マニフェストや選挙公約の策定過程をみれば、このことが実感される。

西尾勝は、行政学は制度、政策、管理の3つの視点をもつ（西尾 2002：50-51）という。本章は、この3つの視点のうち、制度から政策へ、とりわけ政治と政策という視点を軸に総合計画の発展を考察する。

制度の視点は、総合計画を中央—地方の政府間関係においてみる（新川 1995：237）。我が国の地方制度は、地域の自己決定に関わる「地方自治」と国全体の政策の統合に関わる「地方行政」から成る（姜 1998：68）が、制度の視点は、総合計画を後者の視点からみるのである（松井・長野・菊池 2009：87）。

現状に対するアプローチから、制度の視点は2つに分かれる。1つは、松下

第 3 章　自治体総合計画の発展と展望

圭一に代表される規範的アプローチである。これは、総合計画が国の自治体に対する「官治的集権性」（松下 1975：9 ）の道具になっていることを批判する[4]。他の 1 つは、村松岐夫に代表される実証的アプローチである。村松は、中央／地方関係における官治集権性の残存を否定しないが、高度経済成長以降の統治制度は、水平的政治競争によって補完されているという「相互依存モデル」（村松 1988：72）を提示することで、地方独自の政治＝政策の発見に途を開いた[5]。

　政治の視点は、地方自治における二元代表制や「首長主義が計画行政にどのような影響を及ぼすか、また地方自治にユニークな計画行政[6]」とは何かに注目する。自治体の政治や政策のダイナミズムから総合計画を考察する視点である。

　なお、管理の視点は、制度や政策の視点が総合計画を国と自治体という自立した組織間の観点からみるのに対して、両者を 1 つの組織とみなすものである。第 4 節において、国と自治体の 2 つの政府が「一つのまとまりを有する」システムである（今村・武智 1992：27）という観点から考察を行う。自治体組織内の政策統合に総合計画がどのような影響を及ぼすか等の自治体組織内の論点については、紙幅の制限もあり本章では取り上げない。

2　制度の視点：官治・集権的統治への批判

2.1　国と自治体の蜜月時代：1950 ～ 1960年代

　自治体は、問題を解決するために活動する。そこで重要なことは、意思決定のルール――何に基づいて、誰が決定するのか――と効率性――資源活用に無駄はないか――の 2 つの要素である。総合計画が有効であるためには、この 2 つの要素が満たされなければならない。

---

4 ）村松岐夫のいう旧理論（垂直的行政統制モデル）の視点（村松 1988：第 2 章）。中央―地方関係の集権的側面及び地方政府の行政的側面を強調する特徴をもつ。
5 ）村松は、例えば、新産業都市問題は、「行政的に」解釈されてきたとして、垂直的行政統制モデルの理論的不備を指摘している（村松 1988：70）。
6 ）新川（1995：237）の観点（2 ）（3 ）におおむね相当する。

2 制度の視点：官治・集権的統治への批判

　自治体の総合計画は、1960年代以降、国の官治・集権的システム[7]に対抗する自治体政策の拠り所として構想された（松下 1999：第7章）。構想に先立ち、1955年頃から国、地方をとおして「計画の簇生」といわれる現象が指摘されている（西尾 1972：3）点は重要である。そこでまず、この計画の簇生をみておくことにしよう。

　計画の簇生は、国のレベルでは1955年の保守合同による自民党政権の官僚に対する優位に基づく委任から説明される[8]（西尾 1972：36）。一方、地方レベルの簇生は、中央―地方間の事業の相互依存[9]関係に求められる（同：38）。両者の「行動を協働させるため」国の事業計画と一本化された「対地方誘導計画」がつくられ（同：32）、それに地方が従うのである。例えば、国土総合開発法（1950年）に基づき、全国総合開発計画と平仄を合わせた都道府県振興計画が策定され、国の社会資本整備計画に基づき、都道府県、市町村の実施計画がつくられるとき、計画が簇生することになる。

　背景には、この時期の国と自治体の計画が自動調和する条件の存在がある。まず、国も自治体も戦後復興、経済成長という目標を共有しており、両者の計画目的が一致する。さらに、戦災で社会資本が圧倒的に不足しており、公共投資を行えば生産性が上がるという経済的な条件があった。

　図表3-1は、1950年代から80年代にかけての民間資本と社会資本の限界生産性を示している。高度経済成長期、1960年代初めから1970年代後半まで、社会資本の限界生産性が民間資本のそれを上回っている。つまり、公共投資は基

7）村松の「垂直的行政統制システム」。国が企画を行い、権限（機関委任事務）、財源（補助金）と人事（天下り）をとおして自治体の執行を確保するしくみである（村松 1988：38-41）。

8）佐藤・松崎によれば、（省庁の政策に影響する）自民党政調会の開催回数は1956年から1964年にかけて急増し、年1,300～1,400回になる（佐藤・松崎 1986：87）。官僚制へのチェック体制が強化され、この統制の強化が政策執行のための行政計画にとどまらず政策を構想する「立法構想」（西尾 1972：31）にまで委任を拡大することを可能にしたと考えられる。60年代後半からは開催回数は減少し、1,100～1,200回に落ち着く。官僚との関係が党（政治家）優位で安定したことを示唆する。また、その内容をみると、分野別の調査会の開催が大きく伸びており、自民党が徐々に具体的な案件にまで介入していく様子がうかがえる（佐藤・松崎 1986：86-90）。

9）相互依存の例として西尾は、農業用水における基線（国）、支線（県）、分支線（市町村）の関係を挙げており、国と自治体の間で分割された事業責任を統合するため、多くの対地方誘導計画が必要になると考えている。村松の相互依存（村松 2019：109）が中央―地方の政治的な「相互乗り入れ」に重点が置かれているのに対して、西尾の相互依存は行政的な企画―執行関係である。

図表3-1　民間資本（MPK）と社会資本（MPG）の限界生産性

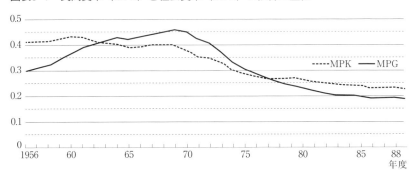

（出典：三井・太田（1995：58））

本的に効率的であり、縦割りの非効率という問題も表に出にくい。例えば、この時期の下水道整備には、公共下水（建設省）、集落排水（農水省）、コミュニティプラント（厚生省）が縦割りで存在したが、それは自治体にとって多様な選択肢を提供するものであり、整備促進要因であった。縦割りの弊害が認識されるのは1990年代になってからである（竹内 2020：12-13）。また、高度経済成長により、財源も潤沢であった。

このような条件の下で計画がつくられ、実施されていく。国の集権的な指導・誘導体制の下で自治体が計画を立て、実施することに問題も批判も生じにくい。

2.2　総合計画の2つの脆弱性

1950～1960年代は、たしかに計画の簇生期である。1950年代の合併に伴う2つの市町村建設計画[10]があり、都道府県では盛んに地域開発計画が策定された。稲垣浩によれば、1956～1964年の間に、都道府県において63の地域開発計画が策定（改定）され（稲垣 2015：163 図表3-1）、その動きは市町村にも広がっていた（同：160）。

---

10) 1953年の新町村建設計画（～1956年）、1956年の新市町村建設計画（～1960年）。詳細は『市町村計画策定方法研究報告』10-12。

2 制度の視点：官治・集権的統治への批判

　このような中で1969年に上述の自治法 2 条 5 項の改正が行われた。改正の基礎になったのが1966年の『市町村計画策定方法研究報告』（以下、「研究報告」という）である。研究報告は当時の状況を反映し、地域開発においてすでに市町村が重要な役割を果たしていることを前提に、市町村の総合計画は、国、県、民間の施策に対する働きかけをも含んだ、地域の将来に対する総合的なビジョンであり、基本構想─基本計画─実施計画の「 3 段階に区分して作成することが適当である」（研究報告：20）とし、その構成と総合計画が含むべき個別計画を具体的に例示している。また、策定手続上の配慮事項についても、作成の体制や議会、住民参加などについて、具体的、詳細に記述しており、さながら市町村向けの総合計画策定マニュアルのようである。改正と併せて、自治省行政局長名でこの研究報告を踏まえた「基本構想の策定要領について」（昭和44年 9 月13日自治振第163号）が発出されている[11]。こうして三層構造の総合計画が広がっていく。

　報告書の背景や特徴については、松井望論文（松井 2003）を参照されたいが、ここでは、その後の総合計画のモデルとなる1971年の武蔵野市総合計画の特徴及びその策定に大きな役割を果たした松下がこの自治法改正をどう評価したかをみておく。

　　国が市町村の自治体計画を「下位計画」とみなして、国、県の上位計画にしたがわせるという考え方から、この……「地方自治法」改正をおこなったのです（松下 1999：199-200）。

　この点について、改正は基本構想を市町村のチャーター（憲章）とし、市町村が自由に決めるものとする趣旨であったという指摘があり（松本 2010：139）、それほど単純ではない。しかし、時代背景を考えれば、これは地域開発をめぐる自治省と他の省庁との権限争いにおける自治省の戦略という側面が強く、結果として松下の批判は当たっていよう[12]。

――――――――――――
11）通知は、基本構想の策定要領となっているが、研究報告と併せて読むことで、三層構造を指示しているように読め、実際にそのように受け止められた。

75

第3章　自治体総合計画の発展と展望

いずれにしても、このような批判の前提には、国と自治体の政策目標の不一致、すなわち高度経済成長のひずみとして、公害問題や地価高騰、住宅や学校の不足など都市問題が発生したことが原因である（地方では過疎問題がある）。

国と自治体は、権限、財源、人事をとおして（前掲注7）、一体の組織のように密接につながっている（地方行政）が、互いに独立した主体（地方自治）である。金井利之が指摘するように、自治体政策過程には、独立した主体でありながら、「選択されたある活動の根拠についての実質的内容の説明ができない」（金井 1999：117）脆弱性がある。国が政策立案を行い、地方は執行するという役割分担（融合体制）から生じる地方側の政策立案の放棄と執行専念が原因である（同：114-115）。これが第1の脆弱性であり、国と自治体の政策目標に齟齬が生じると、自治体はなぜ国の方針に従うのか説明に窮することになる。

補助金に支えられた省庁の縦割り行政の自治体への浸透が、もう1つの脆弱性である。2.1の条件が失われるとき、これらの隠れた脆弱性が露呈する[13]。

2.3 国と自治体の緊張関係：1970年代、武蔵野市総合計画[14]の歴史的意義

松下の基本構想規定批判は、国と自治体の関係に内在する脆弱性の露呈を反映しており、武蔵野市の総合計画は、これを自治体側から克服しようとした最初の包括的試みとして、歴史的な意義を有している。

このような観点から、武蔵野市総合計画からその後の総合計画発展の指針と

---

12) 自治庁が内政省として内政の総合官庁復活をめざした時期（1953〜1958年前後）には、自治庁は、府県の企画部門は自治庁を迂回し、省庁の地域開発政策と結びつく組織として否定的にみていた。しかし、復活路線が挫折し、現状維持・拡充路線をとるようになると、府県企画部門を通して地域開発を統合しようとする（稲垣 2015：第2章、第3章）。市町村総合計画における基本構想策定の義務付けも、この流れの中で採られた戦略である。都市計画や農業振興地域整備計画などの各省庁の計画が、基本構想に含まれ議会の議決を要する構成に、市町村の地域開発を自治省主導で統合しようという意図がみられる。

13) 補助金の誘導機能により自治体計画の本来の目標は浸食されるか、もしくは自治体計画そのものが国の事業の受け皿となる。西尾は計画を「未来の……継起的な人間行動について……関連性のある行動系列を提案する活動」（西尾 1972：10）と定義し、目標を計画の必要条件から外しているが、中央—地方関係における自治体計画の特徴を捉えた慧眼といえるかもしれない。

14) 1971年の最初の計画の正式名称は「第1期武蔵野市基本構想・長期計画」であるが、本章の定義の典型的な総合計画であり、このように記す。

76

2　制度の視点：官治・集権的統治への批判

なった要点を挙げれば、以下のようにまとめることができる[15]。

(1)　問題解決志向

　武蔵野市では、総合計画の策定に当たり、まず住民代表の策定委員会が市民生活に密着する5つの緊急課題を「討議要綱」として整理する。策定委員会は、これを基に市民、職員、議員と議論を行い、総合計画の素案をまとめる（住民参加、職員参加）。まず、解決すべき具体的問題を定め、議論を始めるのである。

(2)　実効性の追求

　まず幅広い議論に基づき、問題解決の方法を10年スパンの「基本計画」にまとめる。重要な工夫は、この基本計画の前半5年を財政の裏づけのある「実施計画」とし、後半5年はあえてゆるやかな「展望計画」として、社会状況の変化に応じて4年後（次期市長選挙後）に財政フレームに照らして検討の上、「実施計画」に格上げするしくみとしたことである。変化を織り込んだ実効性の確保である。そして国が求める基本構想は、基本計画の内容を整理した「美文」と割り切り、国の推奨する三層構造にはとらわれない。

(3)　首長任期との整合性

　実施計画、展望計画（調整計画）は、首長の任期4年間と合わせて、政治的な責任とリーダーシップを発揮できるものとする（武蔵野市では、5年計画の最後の1年分は事実上切り捨てている）。計画の実効性は、首長のリーダーシップを欠いては画餅になることが認識されている。

　1970年代以降、自治体のモデルとして参照される総合計画は、いずれもこれらの要点を共有し、継承、発展させている。

2.4　三層構造の逆機能

　武蔵野市の総合計画は、国が推奨する三層構造を採用しない。それは、前項(2)で述べた理由に加え、4年という首長の任期を意識したスピーディーな策定をめざしたことによる。ここでは、より実務的な観点から三層構造に付随する

15)　以下の記述は、松下（1999：第6章、第7章）及び神原・大矢野（2015：第1章、小森岳史執筆）による。

第 3 章　自治体総合計画の発展と展望

逆機能について触れておきたい。

　まず、基本構想という大がかりな枠組みからの出発は「高尚な」議論を求めがちとなり、課題が抽象化する。企画部門を経験した者であれば、人口減少や環境破壊、先端技術革新の動向等から議論を始めると、国レベルの分析や論点との整合性にエネルギーを奪われ、議論が宙に浮くという経験があるだろう。そして、例えば、人口減少⇒社会減／自然減⇒UIJターン促進／子育て支援という上から下への政策体系ができあがる。現実の問題は、空き家や空き教室の増加、消防組織の人材不足、農業貯水池の劣化など具体的なのだが、それらは抽象的・包括的な「政策・施策」となり具体性を失うきらいがある。事業は予算編成の過程ではじめて具体的な姿を現し、査定をとおして体系化する。基本計画や実施計画は抽象的指針となり、予算過程を統制する力を欠く。この弱点を補うため、重点プロジェクト等、計画と予算をつなぐしくみが考案される。

　次に、三層構造は、計画策定プロセスの中で絶妙の機能を果たす。基本構想は、素案づくりの段階では、有識者等策定委員の見識を披歴する場をつくり、取りまとめでは企画部門の「やっている感」を保証し、できあがった構想は、審議と議決のための議会審議の素材として提供される。基本計画は、事業部門の要求を満足させ、企画部門の調整[16]力と抽象的作文能力の発揮の舞台となる。上述のように基本計画は予算過程から切り離され、財政部門の査定権とは別の領域となる。つまり、三層構造は総合計画策定に関わるすべての関係者の顔が立つしくみとなっているのである。

　2011年の当該規定の廃止に際して、武蔵野市は「武蔵野市長期計画条例」を制定したが、そこでは基本構想が削除されている。三層構造のもつ逆機能を踏まえた卓見であるように思われる。

2.5　松下圭一の総合計画理論

　松下圭一は、1971年の武蔵野市総合計画及び1974年の第 1 次調整計画の策定

---

16)　自治体（もしくは行政組織）における調整とは、業務の重複を統合し効率性を上げるというよりは、組織の自律性を守るために重複部分を削除する努力に注がれるように思われる（牧原 1996：120）。

委員を務め策定に深く関与した。同市の総合計画策定を支え、その後の総合計画の発展に大きな影響を与えた松下の理論には、次の4つの要素がある。

①　日本国憲法の成立により、市民が国の主権者となった。この転換に則り、国⇒都道府県⇒市町村と上から下への官治・集権型の統治を市民⇒自治体⇒国という市民自治型の統治に逆転させなければならない、という規範理論（松下 1975：はしがき）。

②　この逆転をとおして、市民の都市生活基準（シビル・ミニマム）を実現し、憲法25条の規定を実質化するという政策公準の追求（松下 1971：272-273）。

③　自治を支える市民（自由・平等という共和感覚をもち、政治への主体的参加という特性を備えた人間型）は、現実存在とは一応切り離された規範概念であるが、戦後日本社会が農村型社会から都市型社会に変化する中で必然的に生まれる（松下 1991：7）という歴史認識及び革新自治体にみられる市民参加運動がそのことを証明しているという現状分析。

④　飛鳥田横浜市政（1963〜1978年）や美濃部東京都政（1967〜1979年）のブレーンとして自治体政策に関与したことに基づく自治体問題に関する理解と実践的な関心（岡田 2016：68、96）。

松下の中でこれらの要素が融合、熟成して「自治体改革」を支える総合計画の理論と実践となって流れ出る。「自治体改革」の根底には、都市型の大衆社会においては、階級闘争ではなく民主主義により権力構造を変化させることができるという構造改革論[17]がある。総合計画は、「中央政府による体制的制約を認めながらも、なお市民の地域民主主義的な活力を基礎に、自治体の政治的自立性をいかに実現するかという観点」から生まれたのである（松下 1971：272）。

以上をまとめると、松下理論は、日本社会に残る官治・集権的な統治を、都市型社会から生まれる自由と独立の規範意識をもつ市民的人間型を梃子に、分権型の統治に組み替えることを目指し、自治体をその実践の舞台と捉えた。総

---

17) 経済的下部構造からの政治の相対的自律性を主張するグラムシ流のヘゲモニー論により、暴力革命ではなく、民主主義による権力の奪取を構想する。1960年当時社会党の江田（三郎）派に支持されており、松下は江田派と密接な関係があった。松下は「社会の全体構造把握……の基礎にある経済の規定性というテーゼには、当初から批判的であった」（後 2017）ように、松下の政治理解にはヘゲモニー論と共通性がある。

合計画は、そのための重要な手段である。その理論と実践は、自治体政策に多くの着想と大きな影響を与えた。それは、官治・集権型の統治構造という制度を批判の対象としている。このような制度からのアプローチは多くの研究者に引き継がれている[18]。

2.6 松下理論の課題

松下理論の問題点として、本章との関連で以下の３つを指摘したい。

(1) 議会の相対的軽視

官治・集権的統治構造を市民から自治体という下から上への方向に組み替えるという逆転の構想は、首長が強い二元代表制の下では、市民⇒首長というつながりを生む。そもそも二元代表制という概念は、首長を「住民に直接責任を負うもう一つの代表機関」として、住民─首長直結の政策決定を正当化するところに狙いがあった（進藤 1994：247）。背景には、1960年代の住民運動の広がりや住民生活の改善を掲げる革新自治体の増加があり、また、松下には議会は都市の中のムラ社会にみえていたこと（松下 2010：2）も影響しているかもしれない[19]。

(2) 首長依存の理論傾向

(1)と表裏である。住民と首長の結びつきは、首長の強い権力の根拠となり政策の推進力になるが、一方で住民の支持が選挙だけに偏れば、「名君の善政」（住民本位の政策が住民の政治参加をともなわず、首長主導で行われる政治）（岡田 2016：64）になり、行政優位の体制に戻る懸念がある。松下自身この問題を自覚しており、日本人の政治の原像として「黄門崇拝」にみられる自治意識の欠如を危惧している（松下 1977：61）。

(3) 市民概念の理想性

一方、市民参加は参加者が目的を共有する間は問題ないが、利害が対立する

---

18)「（三層構造をもつ市町村総合計画は、市町村を）国の官治的影響下におく、すなわち省庁のタテワリ政策・計画を自治体に浸透させる受け皿にしようとした」（神原・大矢野 2015：5）、法律による計画策定の努力義務と補助金が一体となり、国が自治体をその「意向に沿って動か（す）」手段となっている（今井 2017：130）など、この視点を共有する見解は多い。

19) これについては異論がある（大矢野 2015：162）。

と、一転政策の膠着状態となり、身動きが取れなくなる。飛鳥田市政における「横浜新貨物線反対運動[20]」（岡田 2016：73）や美濃部都政における「杉並清掃工場高井戸地区建設反対運動[21]」（同：124-125）はその例である。その市民概念は、理想に寄りすぎる傾向がある。

　このような課題の根底には、松下が日本の政治・行政を垂直的統制のイメージで捉え、それに対して規範論的な市民概念を対置する構造がある（黄門崇拝批判はその構造を示している）。このような傾向に対して、村松は多元的な政治の見方に立って、松下理論の垂直的な権力理論や規範性を早くから指摘し、市民意識調査や行政職員へのアンケートなど多様なデータを用いて実証的な観点から対論を提示した。

> *（一般市民の能動化は）松下の場合、これは「統制型」公共性構成への*
> *挑戦として位置づけた。私は、これに対して住民運動の鉾先は……多*
> *元的政策過程に向けられていると考える（村松 1974：50）。*

　つまり、高度経済成長の結果、多くの人々が豊かになると同時に公害、混雑、自然環境の喪失等々の問題が発生し、人々の生活を現実又は潜在的に脅かすようになる。住民運動はこれらの問題に対する反応であり、この反応が首長に収斂したところで革新自治体が生まれる。政治的にみると争点がイデオロギーから生活へと包括的になったことを意味する（村松 1974：50-51）。このモデルは、住民利益という政治的要素を取り入れることで、上記(2)(3)の点について、より説得力ある分析を提示している。以下では、制度から政治への視点の転換をみていく。

---

20) 通勤電車の混雑を解消するために東海道線に並行する貨物線を旅客線に転用する計画。代わりの新貨物線が住宅密集地を通るため、激しい反対運動がおこり実現が難航した。

21) 新夢の島（江東区）のごみ処理能力は限界を迎えており、それに対処するため戦前からの計画に沿って高井戸地区に清掃工場を建設する都の案に対して住民の反対運動がおこった。背景には、美濃部の「人々の合意が得られなければ公共事業は行わない」という都議会での演説があった（岡田 2016：120-121）。

第 3 章　自治体総合計画の発展と展望

3 政治の視点：自治体の政治過程に注目する

3.1 1990年代：政策分野別基本計画の発見

　村松は総合計画について包括的な論文を発表していないが、全国総合開発計画の策定過程において、当初構想された太平洋ベルト地帯への集中投資案が、農村地域の国会議員たちの圧力によって地域指定の全国的な分散投資計画に変容し、対象地域の自治体が「地元政治家を動員して史上最大の陳情合戦（を）くりひろげ」（村松 1988：50）たこと等、地方レベルの政治過程に着目する[22]。その視点は「地方政府が国の（行政体系の一部ではなく：筆者）政治体系の一部であ（り）、地方レベルの意思決定を、地域社会の政治過程の決着点であるとみていこう」（村松 2019：136）、「関心はあくまで地方政府の自治の発見にある」（同：はしがきⅶ）。このような見方は自治体の政策を政治過程からみる転機を形成した。

　政策の視点から自治体計画の新たな動向を析出した成果に、打越綾子の研究がある（打越 2002、2003、2004）。1990年代には自治体の計画が再び増加し、「計画のインフレ」（新川 1995：236）と呼ばれる状況であった。打越は、その増加原因を「政策分野別基本計画」の増加に求める。その要点は、自治体の政策を、既存の組織編制や事務事業の配分に基づく「所管体系」と既存の所管体系を超えて課題に対応する「政策体系」に分けるところにある。後者の体系は実務上、（政策分野別）基本計画となり、前者は実施計画となる（打越2002：227-228）。つまり、基本計画と実施計画は矛盾をはらむ異なる政策体系に属し、2つの政策体系間の対立が政策進化のダイナミズムを生む（同：228）のである[23]。

　ところで、松下自身、このような分野別基本計画の必要性を指摘している。シビル・ミニマムの実現を求めて省庁の縦割り事業を実施してきた自治体は、1980年代には量の充足に到達し、それまでの施策群をスクラップする必要に迫られる。総合計画と個別施策の間にそのための中間計画が必要である（松下

22）このほか、1960年代の尼崎市議会の研究、1970年代の京都市政の研究の経験が挙げられている（村松 2019：108-109）。

82

1999：173-177）というのである。これはまさに縦割りを受けて形成されてきた所管体系を見直すため、縦割りを超えた政策体系が必要であることの指摘である。松下が理論的に考察し規範的に求めたものを、打越が政策分野別基本計画として地域の政治・行政の実情を踏まえ実証的に再構築した。

再び打越の議論に戻れば、打越は政策分野別基本計画の増加要因として、①自治体の政策形成能力の向上、②国の縦割りとつながる組織別の所管体系の崩壊と新しい政策体系の必要性の発生、そして、③1990年代のゼネコン汚職、カラ出張に始まる地方政治の流動化（打越 2003：32-37）を挙げる（図表3-2）。

その中で西尾の議論（西尾 1972：27-29）に依拠し、③の「政治の契機」を重視する。しかし、西尾は、国における計画の簇生については1955年の保守合同による政治的影響とするが、地方における増加原因は、垂直的な行政関係における相互依存から説明している（2.1）。打越は西尾が国のレベルで認めた政治の要素を自治体において発見している。これは打越のオリジナルな読み替えであって、自治体総合計画に政治の視点を適用するものである。

打越は地方政治の流動化が、所管体系の安定性を揺さぶり、新たな政策体系を必要とすることから政策分野別基本計画の増加を説明し、1960年代の状況と

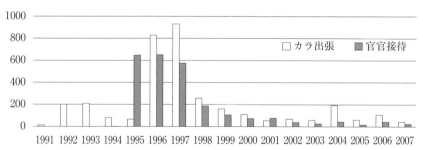

図表3-2　カラ出張と官官接待に関する新聞記事

（出典：朝日新聞新聞データベース「聞蔵」から著者作成）

23）この観点から3層構造をみれば、基本計画と実施計画を上位計画と下位計画に位置付けることには、その性質上無理があるという示唆を得る。両者は本来対抗関係にあり、それが政策革新のエネルギーを生み出すのであって、あえて両者を上下に位置付け調整するためには、政治のリーダーシップという外部の力が必要になる。

第 3 章　自治体総合計画の発展と展望

の類似性を示唆する。

> 1960年代が「行政計画の簇生」の時代であったとすれば、その時期
> は政策領域や課題が定まらないほど社会・経済の変動が激しく、行政
> 組織間の合意もなかなか蓄積されにくかったからなのであろう（打越
> 2003：34）。

　しかし、計画をつくるのは行政機関の職員である。その計画活動は、政治か
ら正当性を与えられなければならない。流動化により過去の合意が崩れ、将来
の見通しが困難なことは計画の必要条件とはなっても十分条件ではない。国に
おける計画の簇生に関する西尾の議論のポイントは、官僚制に対する自民党の
優位が、逆に官僚への立法構想の委任を可能にしたという点にある（前掲注 8）。
1990年代の地方の政治・行政にこのような広範な委任もしくは協働を可能にす
る条件はあったのだろうか。政策分野別基本計画の増加については、この点の
説明が必要であるように思われる。村松が「包括的地方自治ガバナンス改革」
（村松 2003）と名付ける大きな流れが、その条件を形成したと考えられる。以
下その内容をみていく。

3.2　包括的地方自治ガバナンス改革とマニフェスト

　「包括的改革」は、第 2 次臨調（1983：最終答申）、第 1 次行革審（1985）の議
論を背景に、冷戦終結とグローバリゼーションという変化の下で、ゼネコン汚
職やカラ出張などの問題発生の中で広がった地方の政治・行政改革の潮流であ
る。それは、職員削減や成果主義に基づく自治体経営改革、住民参加等、複数
の項目にわたり相互に関連しながら、多くの自治体に同時に広がった（村松
2003：3）。そこでは、1990年以降登場する改革派知事[24]の役割も大きい。地方
分権改革は、その動向が大きく広がる「最初の一突き」（同：7）であった。
　この包括的改革が、自治体における政治・行政改革の合意を形成し、改革の
流れの拡大に寄与した。政治・行政の流動性が生んだ不安定が、直接に政策分
野別基本計画の増加をもたらしたのではなく、流動性がもたらす不安・不信

84

3　政治の視点：自治体の政治過程に注目する

が、包括的改革という政治と行政をつなぐ改革の基盤を生み、それが政策分野別基本計画の増加をもたらしたのである[25]。

村松・松本（2003）は、47都道府県の行革担当課長へのアンケート（2000年8月実施）に基づき、この包括的改革を実証的に分析している。アンケートの回答を主成分分析し、①NPM型の経営改革、②中央—地方関係に着目する団体自治型の分権改革、③住民参加、知る権利などの近代化改革という3つの改革のパターン（主要要素）を明らかにしている（同：22-23）。そしてこれら改革について、①市場メカニズムの活用、②業績評価、③顧客志向、④組織の簡素化、権限の分散、⑤情報公開、会計の明確化（以上5つは、NPM諸変数と呼ばれる）、⑥地方分権志向、⑦住民参加志向、⑧戦略的対応志向[26]の8つの変数を取り出し、相関関係を調べている。

①から⑤までの変数には大きな相関はなく、各自治体はその置かれた環境に応じて地域に合った改革を進めている（同：28）のだが、住民参加志向と戦略的対応志向の相関はかなり高く（0.686）、また両者ともNPM諸変数との相関が高いことが明らかになっている。

住民参加志向と戦略的対応志向という相関性の高い2変数を柱とするのが、2003年の統一地方選挙に現れ、急速に広がったマニフェストである。この分析結果からは、マニフェストは1970年代の住民参加の理念とともに、武蔵野市総合計画が追求した問題解決のための戦略的志向を引き継いでいることがみて取れる。包括的改革において、分権改革は最初の一突きであり、その最後のピースがマニフェストであったといいうるであろう。次には、総合計画に対するマニフェストの強みと課題について考察する。

24）橋本大二郎高知県知事（1991〜2007年）、浅野史郎宮城県知事（1993〜2005年）、北川正恭三重県知事（1995〜2003年）、増田寛也岩手県知事（1995〜2007年）、片山善博鳥取県知事（1999〜2007年）等。

25）根底には、必置規制や機関委任事務の整理、機関委任事務に関する首長罷免制度の廃止や議会の権限強化等、行革の中で自治体と首長が徐々に権限を強化してきた制度改革がある。

26）ベンチマーキングや外部評価など行政システムを主体的に再構築する手法を戦略的対応志向と呼ぶ。それらによって住民ニーズを的確につかみ、明確なビジョンをもって行政運営が可能になるからである（村松・松本 2003：28）。

第3章　自治体総合計画の発展と展望

3.3　マニフェストの強みと課題

　シュンペーターは、（間接）民主主義における選挙の機能は、有権者に政治的な問題の決定権を委ねることではなく、政府を樹立することにあると理解すべきだ（シュンペーター 2016：80）と主張した。マニフェスト以前の自治体の首長選挙は、そのように理解することができる。首長選挙は政策を選択するのではなく、政策をつくる「人」を選択する。住民は「政策」ではなく、「人」を選ぶ（金井 2010：59）。根底には、首長と行政機構に対する信頼の擬制（ケルゼン 1948：61）が生きている。このような本人と代理人の間の信頼関係が失われるとき、マニフェストが登場する素地ができる[27]。「マニフェスト型選挙のもとでは……『政策』＝マニフェストを選ぶのが首長選挙となる」（金井 2010：64）。

　マニフェストとは、選挙で候補者が有権者とかわす「公約を実現するための、期限つき、財源つき、数値目標つきの政権公約」であるといわれる（北川 2004：153）が、この条件をすべて備えたマニフェストは多くはない。しかし、マニフェストの機能が自治体政策の脆弱性を克服することにある（後 2007：233-234）と考えれば、名称や体裁にかかわらず、解決すべき問題が具体的に示されており、優先順位なり、財政上の裏づけが示されていればマニフェストと呼んでよい。マニフェストを従来型の公約と区別するのは、約束とその検証可能性である。

　社会が複雑になり、政治、行政が流動化すると将来はますます見通せなくなる。合理的な思考と技術による計画の信頼性は低下せざるを得ない。それを補うのが、政治による約束の力である。

27）NHKの意識調査によれば、国民の政治的有効性感覚は、選挙、デモなど、世論のいずれも1998～2003年で最も低下し、2008年には有意に回復している（NHK 2020：73-75）。過去においても、大きな不祥事があるたびに、人を選ぶ選挙に対する批判があった。上に述べた革新自治体の時代には、住民は参加により直接的な政策変化を求めた。また、ロッキード事件（1976年）に際しては、政治家は選挙における有権者の委任に縛られ、それに違反した場合には政治責任を問われるという人民（プープル）主権論が主張された（杉原 1977）。政策レベルで国民代表を統制することを狙った理論である。

> 約束とは不確実性によって支配されている大海に予見可能な「小島」を創出することによって、……共通の了解を再生産するメカニズムと言えよう（佐々木 2009：122)[28]。

　ここで、マニフェストの強みと課題を整理していきたい。マニフェストの登場以降、マニフェストと総合計画を統合しようとする動きが現れる[29]。マニフェストに含まれる約束の力によって総合計画に方向性と意志を与えようとしているのである。マニフェストの強みは、選挙公約として具体的な問題解決志向を強くもつことであり、それが総合計画を強靭にする。武蔵野市や多治見市（神原・大矢野 2015）、三鷹市（一條 2020）など実効性のある総合計画は、いずれも市長の任期と総合計画の期間を一致させている。

　マニフェストを掲げて当選した首長は、具体的な政策の実施に関して住民から命令的な委任を受けるが、それは強い授権を意味する。これがマニフェストの強みの源泉であるが、同時に危険性にもつながる。

　この授権は、代表制の擬制に現れたほころびを修復する新たな擬制である。選挙をとおして住民の強い授権を手に入れることで、首長の力は強くなる。その意味でマニフェストは巧妙な政策実現の戦術でもある。一方、これは当然議会の反発を生む。マニフェスト登場の初期には、多くの自治体でマニフェスト首長と議会の対立がみられた（竹内 2020：8-9）。また、マニフェスト首長は時に「暴走する首長」（田村 2012）になるが、それは特異現象ではなく、強い授権をもつマニフェストの帰結である。

　次に、マニフェストが直接に政策の指針になると、トップダウン型の迅速な政策実施が可能となる反面、打越のいう所管体系がマニフェストという政策体系に強く従属することになる。マニフェスト実現のための組織替え（宋 2019）

---

28) 三浦（2020：110）の引用を参照。この言葉は、総合計画よりもマニフェストに一層ふさわしいように思われる。

29) 武蔵野市総合計画は、当初から市長の任期と計画の期間を合わせていたという意味でも先駆的である。

第3章　自治体総合計画の発展と展望

や首長と部局長等との業務執行契約（竹内 2021：112）などが行われ、また政策分野別基本計画がマニフェスト実現の手段となる[30]など、その影響を受ける。マニフェストがあまりに強いと、所管体系と政策体系の間のせめぎ合いが生む政策革新の活力が失われ、職員機構がマニフェスト推進機能に収斂する過度の効率化が生じる[31]。

第3に、第2の反面として、マニフェストという政治ツールの作成や調整を担う政治的な職員グループが現れる傾向がある。首長も2期、3期と当選を重ねると、マニフェスト作成の支援や総合計画とマニフェストの調整など、政治的な作業が自治体組織内に浸透し、「執政職員」（竹内 2017）というような類型が生まれる[32]。

4　課題と展望

4.1　国の巻き返し

総合計画は、国と自治体の融合的行政体制の下で、国の方針を自治体に伝え、実施するために生まれたが、社会の複雑化、多様化とともに地域の問題を解決する手法へと進化してきた。1990年代以降の包括的改革の中で、総合計画

30）マニフェスト「福井元気宣言」を掲げて当選し、総合計画をもたずマニフェストに基づく部局長との政策合意（業務執行契約）という体制で政策を進めた福井県の西川前知事（2003〜2019年）の下において、2006年4月時点では61の政策分野別基本計画があった。このうち7つ（行財政構造改革プログラム、行財政改革実行プラン、経済社会活性化プラン、エネルギー研究開発拠点化計画、ビジットふくい推進計画（観光誘客計画）、東アジア・マーケット開拓戦略プラン、福井県雇用創出プラン）はマニフェストの目標を達成するために作成された。

31）また、マニフェストには選挙公約としてインパクトのある政策が選ばれるため、「標準作業手続」型の地道な政策が軽視される面もある。これも所管体系の弱体化の兆候である。

32）福井県の事例は興味深いかもしれない。2003〜2019年の4期の西川県政において、マニフェスト推進を担った政策推進課は16年間で9人の課長を生んだ。後に、そのうち3人は市長に、1人は副市長に、1人は副知事に就任している。また、同時期の参事（課長級）からも1人の市長と1人の副知事、1人の副市長が出ている。この時期、県職員から政治家になったのは、1人を除いてすべて政策推進課の課長級職の経歴がある。彼らには政治や選挙が身近なものであったことが推し量られる。このような職員は、その役割に応じて、企画部門に限らず、財政部門や秘書（首長公室）部門に現れる場合もある。

はマニフェストのエネルギーを取り入れ、自治体独自の方向性と政治的意志を強化した。これにより、2.2で述べた脆弱性を克服していくのであるが、それは同時に、国の政策システムから離れることでもある。

この動向は、地方分権改革以降も「融合・統合路線」（金井 2007：23-24）を採用する国からの反作用を受けることになる。松井・長野・菊池の分類に倣えば、地方行政制度としての総合計画から地方自治制度としての総合計画への移行（松井・長野・菊池 2009：87）が国の政策システムの抵抗にあうのである。国と自治体は1つの政府システムを構成しており、その限りで政策の形成と執行を通じた一定のまとまりを必要とする（今村・武智 1992：27-28）。国が企画し、自治体が執行するという融合型の体制を採用してきた我が国においては、国は当然そのシステムを維持しようとする。問題は、国と自治体の望ましい協力関係とは何かであり、その中で総合計画はどのような役割を果たすべきかにある。

国からの反作用について、現在も続く2つの動きをみてみよう。地方分権改革により機関委任事務が廃止され、義務付け・枠付けの見直しが進んだ。国は、命令や通達等の行政的手段をとおして自治体に直接政策の実施を命じることは難しくなった。そのような状況の下で増えたのが、市町村に計画作成の努力義務を課す法律である。松井の実証研究によれば、その数は2000年頃から急激に増えており、その内容には、①国・県の基本方針等への参照（努力義務のある法律の82％に規定あり）、②計画記載事項の指定（71％）、③計画期間の定め（31％）という特徴がある（松井 2019：50）。

反作用の第2は、地方創生総合戦略（以下、「総合戦略」という）である。これはもう少し手の込んだ手法となっている[33]。総合戦略の策定について具体的にみていくと、第1に、都道府県及び市町村の総合戦略は、政府が策定する「まち・ひと・しごと創生総合戦略」を勘案しなければならない（まち・ひと・しごと創生法9条、10条）。この総合戦略の前段には、日本創成会議の消滅自治体

---

33) これは融合システムから生じる反作用であり、国（の担当者）に、そのような明確な意図があったということではない。システムの機能からみれば、そのような構図で理解できるということである。

第3章　自治体総合計画の発展と展望

論[34]があることは周知のとおりである。自治体消滅というインパクトを与え、議論の大枠を設定することで自治体を2.4で述べた、抽象的な議論の土俵に上げる。

第2に、総合戦略は総合計画とは別に策定することを求めている（第4章）国と自治体の政策の統一性の確保のためである。マニフェストと融合し、4年間という強い政治的責任を体現する総合計画は国の政策と対立しうる。総合戦略は総合計画とは別体系の政策誘導体系であることが望ましいことになる。交付金は、総合計画体系からの分離をより容易にする（第4章を参照）。

全自治体が総合戦略を策定し、当初は多くの自治体がそれを総合計画とは別建てにするなど、自治体の計画を国の政策体系の中に取り戻そうする目論見は、それなりに成功したように思われる。

次項では、今後の展望を得るため、この総合戦略がどのような位相にあるかをみていくこととしたい。

4.2　（総合）計画の類型化

国と自治体は1つの政府システムを構成しており、福祉国家段階における国と自治体の関係は「組織内関係としての性格を強めていく」（今村・武智 1992：31）。その限りで、両者の関係は組織の統合にかかる行政管理の理論を参照できることになる。行政管理（Administrative Behavior：サイモン）は意思決定の積み重ねであるが、意思決定とは、意思決定の「諸前提から結論を引き出すこと」であり（サイモン 1965：6）、組織は、諸前提の伝達（コミュニケーション）をとおしてメンバーに影響力を行使し、「物事をなさしめようとする」（同：3）ことである。組織における効果的な命令や指導は、なすべきことを命令者が具体的に指示するのではなく、受命者に決定の前提となる事実や価値を示し、受命者自らに決定を行わせるという形をとるのが普通である。このように命令者の事実伝達が受命者の意思決定の前提としてスムーズに受容されるとき、そこに権威が成立する（同：序34）のである。

34）日本創成会議・人口減少問題検討分科会公表「ストップ少子化・地方元気戦略」（2014年5月）。増田（2014）に収録。

90

今村・武智は、複雑な政府間関係を理解するため、広く受け入れられている集権—分権、融合—分離の軸を離れ、集権化、公式化、複雑化という3つの構造次元を設定する。そして、それぞれの次元で行われる国と自治体のコミュニケーションを、交渉ゲームの戦略として分析する（今村・武智 1992：37-38）。それは結局、両者の間の影響力関係を分析することである。

　図表3-3はこれまでの考察を基に、上に述べたサイモンの意思決定理論の観点から、国の権威の強弱と国と自治体の間のコミュニケーション基盤の強弱により、計画を類型化したものである。ここにおける権威とは、上にも述べたように実体的ではなく、自治体側に国の決定を受け入れる条件が整っているか否かに依存する機能的なものである。

　第Ⅰ象限の地域開発計画（一全総・新全総及びそれに対応する自治体の地域開発計画）は、蜜月時代の計画の象徴である。国と自治体は復興と開発という目標を共有し、財源は豊かで縦割り構造は積極的に機能していた。また、国と自治体の組織の同型化と系列化、専門職員の必置規制や国から地方への出向人事な

図表3-3　権威とコミュニケーション基盤からみる計画類型

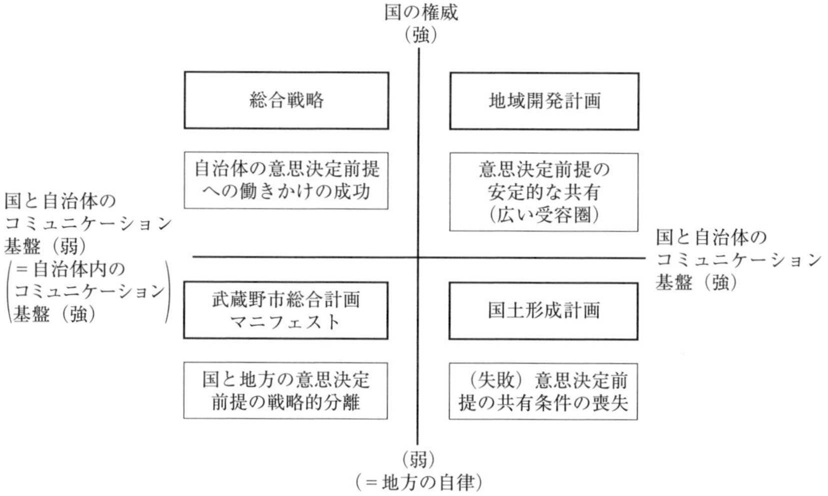

（筆者作成）

ど情報共有を促進するしくみに支えられ、コミュニケーションはスムーズであった。このような条件の下で、国の影響力は安定し、その方針（諸計画）は、自治体の意思決定前提として幅広く受容された。国の権威が成立する条件が備わっていたのである。

これと対極にあるのが、第Ⅲ象限の武蔵野市（型）総合計画及びマニフェストである。前者では、1960〜1970年代の公害問題、生活環境の破壊など経済成長のひずみ及び高度経済成長の終焉により、国と自治体の目標共有条件が失われ、国の政策への信頼が下がった。武蔵野市型の住民の総合計画は地域の課題に政策の対象を絞り込むことにより、失われた国の権威を首長の権威によって補完する戦略を立てたといえる。2000年代のマニフェストも構図は同じである。バブル崩壊と小泉ショックによる地方財政の縮小、地方分権改革による機関委任事務の廃止、自治組織編成権の拡大（谷畑 2003）、国からの出向人事の自治体側の戦略的活用（＝見直し、稲継 2000：108-110）等はいずれも、低下した国の権威をマニフェストが埋めるため必要な国と地方の意思決定前提のリンクを緩める方策である。結果として自治体は国の行政管理的影響力から離れたのである。

第Ⅳ象限の国土形成計画、第Ⅱ象限の総合戦略は、このような分離の動きに対する国の対抗政策である。前者は失敗し、後者は一定の成功を収めた。国土形成計画は、五全総（1998：国土のグランドデザイン）が——計画期間中の投資額を示さなかったこともあり——自治体に対する影響力を失ったことを受けて、国土総合開発法を国土形成計画法に抜本改正（2005年）し、策定されたものである。その特徴は、全国計画の策定・変更について自治体の提案を認め（同法8条）、また、自治体をメンバーとする広域地方計画協議会を設置し、全国8ブロックの広域地方計画を策定すること（同法9条）である。一言でいえば、地方分権の制度改正により国が失った影響力を、自治体とのコミュニケーションの強化により再構築しようという取組みである。しかし、そのための条件はすでに失われており、試みは成功しなかった。

この時期は、総じて国の計画が自信と方向性を失っていたように思われる。筆者はこの時期、5全総を受けた県の総合計画の策定や国土形成計画の策定に

携わった。総合計画策定の直後に、全総の投資額の欠落を補うかのように「生活空間倍増戦略プラン[35]」（1999年）が提案され、唐突に5年間に4兆円の「地域戦略プラン」が示された。しかし、それは経済対策なのか国土計画であるのかが判然とせず、また、時間的な制約もあり、自治体は既存事業への財源取込み[36]に向かった。国土形成計画については、いくつかの協議会に出席したが、計画の実施体制もはっきりせず、当初から期待は小さかった。できるだけ労力をかけずに予算獲得のために策定することが自治体の対応方針であった。

これに対して地方分権後に現れた総合戦略は、以下のようなメカニズムで自治体に影響力を及ぼし、一定の権威を回復したようにみえる。

自治体は政策をつくるに当たって、解決すべき問題状況を特定しなければならない。マーチ・サイモンはこれを状況定義と呼んだが（マーチ・サイモン2014：177）、この状況定義は、政策内容を左右する意思決定の諸前提が集まってできている。国の総合戦略は、人口減少による自治体消滅の危機を示すことによって、この意思決定前提に働きかけ、自治体の政策に影響力を及ぼすことに成功した。それまでの計画が補助金により直接的に政策を誘導し、また集権的な「通達・法律を使った公式化」（今村・武智 1992：31-33）を手法としたのに対して、創生戦略は自治体の意思決定前提に働きかけ、人口減少という状況定義を操作・共有することによって、間接的に自治体の計画（政策）を統制したのである。国は人口減少という政策情報を媒介として、国と自治体にまたがる総合戦略という新たな基本構想をつくることに成功したといえる。

4.3 展望

総合戦略という基本構想の、成功[37]は、それに続く戦術を生んでいる。自治体戦略2040年構想研究会報告や第32次地方制度調査会の答申などは、総合戦略の延長線上にある。

---

35) 「生活空間倍増戦略プランの概要」https://www.kantei.go.jp/jp/kakugikettei/990202seikatu.html
36) 自治体の一般財源として措置されている事業を国の財源に振り替え、取り込むこと。そのままでは交付対象にならない場合、趣旨に合うように表面的な化粧替えを行う。

第3章　自治体総合計画の発展と展望

　基本構想を共有することによって、国と自治体のコミュニケーションは改善されている。交付金を媒介として事業情報も国にもたらされるであろう。しかし、これは、2.4で述べたように個別事業を具体的な問題から引き離すように思われる。人口減少という抽象的な課題設定にとどまれば、「交付金を獲得するため」という流れの中で、新たな脆弱性を生むように思われる。

　以上を踏まえて今後の総合計画のあり方について、3点まとめておきたい。総合計画は、策定自治体の具体的問題に実効性のある解決策を、優先順位をもって示すところに意義がある。人口減少に関する国の分析は、様々な問題を気づかせてくれるであろう。しかし、自治体はその分析を決定前提として鵜呑みにすることなく、地域の問題と突き合わせる必要がある。これに関連しては、例えば、第1章で紹介されている滝沢村（現在は市）の将来予測データや三鷹市が行ったような、自らの自治体の実態を正確につかむ分析（一條 2020：第1部）が必要となろう。意思決定前提の充実である。松井も指摘するように、計画策定には自前主義による調査や理念の検討が決定的に重要（第5章）なのである。個々の自治体の取組みはもちろんとして、かつて全国知事会が政策の相互参照のため「先進政策バンク」を立ち上げたように、政策立案の前提となる自治体のユニークな分析を競い、学び合うプラットホームをつくることも考えられる。

　次に、自治体は、総合戦略と総合計画を相互にどのように位置付けるかを考えなければならない。具体的で発展的な問題解決志向に立ち戻り、首長の政治的な正統性を基礎として、総合計画と総合戦略を一本化するのが方向性ではないだろうか。この点で、第4章で荒木が明らかにするように、総合戦略を総合計画に統合し、したたかに自らの政策体系を維持する動きは心強い。

　最後に、選挙に臨む首長候補者は、4年後の検証可能性を備えた具体的な公約をつくり、有権者に示すべきである。総合戦略の広がりとマニフェストの退潮は無関係ではないであろう。候補者は、詳細なものである必要はないが、自治体経営者をめざす者として具体的な経営指針を示すべきである。それが、当

37）自治体消滅論が登場するまで、人口減少論に対して一定の対論を形成していた定常型社会論や人口減少容認論は、以降ほとんど聞かれなくなった。

選後の行政運営に方向性と求心力を与え、議会と職員の力を引き出す鍵になるはずである。

（竹内直人）

［参考文献］

・荒木一男（2020）「総合計画と総合戦略の関係」松井望・荒木一男編『自治体計画の特質および地方分権改革以降の変化と現状』東京大学社会科学研究所研究シリーズNo.70：41-54。

・一條義治（2020）『増補・改訂版これからの総合計画—人口減少時代での考え方・つくり方』イマジン出版。

・伊藤修一郎（2002）『自治体政策過程の動態—政策イノベーションと波及』慶應義塾大学出版会。

・伊藤修一郎（2009）「首長の戦略・マニフェストと総合計画」村松岐夫・稲継裕昭・財団法人日本都市センター編著『分権改革は都市行政機構を変えたか』19-39。

・稲垣浩（2015）『戦後地方自治と組織編制—「不確実」な制度と地方の「自己制約」』吉田書店。

・稲継裕昭（2000）『人事・給与と地方自治』東洋経済新報社。

・今井照（2017）『地方自治講義』筑摩書房。

・今村都南雄・武智秀幸（1992）「政府間関係の構造と過程」社会保障研究所編『福祉国家の政府間関係』第2章、東京大学出版会。

・後房雄（2007）「ローカル・マニフェストと二元代表制—自治体再生の胎動と制度の矛盾—」『名古屋大学法政論集』217号：223-259。

・後房雄（2017）「大衆社会論・構造改革論から政策的志向へ—公共政策研究への松下圭一の道—」『公共政策研究』第17号：6-23。

・打越綾子（2002）「政策領域別基本計画を通してみる総合計画の役割」『自治体と総合計画—現状と課題—』日本都市センター：227-237。

・打越綾子（2003）「自治体における政治行政の流動化と計画現象」『都市問題』94巻10号：27-41。

・打越綾子（2004）『自治体における企画と調整—事業部局と政策分野別基本計画』日本評論社。

・NHK放送文化研究所編（2020）『現代日本人の意識構造［第九版］』NHK出版。

・大住荘四郎（2005）『NPMによる経営革新—WillとSkillの統合モデル』学陽書房。

・大矢野修（2015）「総合計画の原点としての『武蔵野市長期計画』」神原勝・大矢野修編著『総合計画の理論と実務　行財政縮小時代の自治体戦略』第2章、公人の友社。

・岡田一郎（2016）『革新自治体—熱狂と挫折に何を学ぶか』中公新書。

・金井利之（1998）「空間管理」森田朗編『行政学の基礎』第10章、岩波書店。

・金井利之（1999）「政策過程の明確化と組織対応」『分権型社会の都市行政と組織改革（第4次市役所事務機構研究委員会最終報告書）』日本都市センター：113-127。

・金井利之（2007）『自治制度』東京大学出版会。

・金井利之（2010）『実践自治体行政学』第一法規。

第 3 章　自治体総合計画の発展と展望

・姜再鎬（1998）「地方制度」森田朗編『行政学の基礎』第 5 章、岩波書店。
・神原勝・大矢野修編著（2015）『総合計画の理論と実務―行財政縮小時代の自治体戦略』公人の友社。
・北川正恭（2004）『生活者起点の「行政革命」』ぎょうせい。
・ケルゼン、ハンス（1948）『デモクラシーの本質と価値』西嶋芳二訳、岩波新書（原著は1929）。
・サイモン、ハーバート（1965）『経営行動（第 2 版）』松田武彦・高柳暁・二村敏子訳、ダイヤモンド社（原著〔第 2 版〕は1957）。
・佐々木毅（2009）『政治の精神』岩波新書。
・佐藤誠三郎・松崎哲久（1986）『自民党政権』中央公論新社。
・佐藤竺（1972）「住民参加の一実験―武蔵野市の事例―」日本政治学会編『年報行政研究第 9 号』勁草書房：296-315。
・市町村計画策定方法研究会（1966）『市町村計画策定方法研究報告』国土計画協会。
・進藤兵（1994）「自治体の首長制度」西尾勝・村松岐夫編著『講座行政学第 2 巻制度と構造』第 7 章、有斐閣。
・杉原泰雄（1977）『国民代表の政治責任』岩波新書。
・シュンペーター（2016）『資本主義、社会主義、民主主義Ⅱ』大野一訳、日経BP社。
・宋一正（2019）「知事の政策実現と課室レベルの組織変化―二元代表制における知事の執政構造―」『季刊行政管理研究』第166号：46-56。
・高橋伸夫（1993）『組織の中の意思決定』朝倉書店。
・竹内直人（2017）「自治体における政策形成と予算編成の関係変化―マニフェストの自治体行政管理への影響―」『公共政策研究』第17号：52-68。
・竹内直人（2020）「自治体総合計画とマニフェスト―マニフェストから政策集への変化を考える―」松井望・荒木一男編『自治体計画の特質および地方分権改革以降の変化と現状』東京大学社会科学研究所研究シリーズNo.70：7-39。
・竹内直人（2021）「政策形成と決定」北山俊哉・稲継裕昭編『テキストブック地方自治（第 3 版）』第 6 章、東洋経済新報社。
・谷畑英吾（2003）「日本の地方自治における自治組織権」村松岐夫・稲継裕昭編著『包括的地方自治ガバナンス改革』第 4 章、東洋経済新報社。
・玉村雅敏監修・著　日本生産性本部編（2014）『総合計画の新潮流―自治体経営を支えるトータル・システムの構築』公人の友社。
・田村秀（2012）『暴走する地方自治』筑摩書房。
・財団法人地方自治協会（1976）『基本構想の課題と展望』。
・新川達郎（1995）「自治体計画の策定」西尾勝・村松岐夫編著『講座行政学第 4 巻政策と管理』第 7 章、有斐閣。
・西尾勝（1972）「行政と計画―その問題状況の素描」日本政治学会編『年報行政研究第 9 号』勁草書房：2-63。西尾勝（1990）『行政学の基礎概念』東京大学出版会：189-249に収録。
・西尾勝（2002）『行政学［新版］』有斐閣。
・西寺雅也（2014）「総合計画の課題と展望」玉村雅敏監修・著　日本生産性本部『総合計画の新潮流―自治体経営を支えるトータル・システムの構築―』第 1 章、公人の友社。

96

- 公益財団法人日本生産性本部（2012）「『地方自治体における総合計画の実態に関するアンケート調査』調査結果報告書」（https://www.jpc-net.jp/research/assets/pdf/R279attached.pdf）。
- 公益財団法人日本都市センター（2019）「都市自治体におけるガバナンスに関する調査研究―第 6 次市役所事務機構研究会中間報告書」。
- 野崎喜義（1990）「市町村の基本構想の策定状況等について」『地方自治』510号：68-86。
- 牧原出（1996）「『協議』の研究―官僚制における水平的調整の分析 1」『国家学会雑誌』107巻 1・2 号：106-172。
- 増田寛也編著（2014）『地方消滅―東京一極集中が招く人口急減』中公新書。
- マーチ、ジェームズ・サイモン、ハーバート（2014）『オーガニゼーションズ（第 2 版）現代組織論の原典』高橋伸夫訳、ダイヤモンド社（原著〔第 2 版〕は1993）。
- 松井望（2003）「総合計画制度の原型・変容・課題」『都市問題』94巻10号：91-112。
- 松井望（2017）「『基本方針による管理』と計画化―総合戦略と統治計画を事例に」『公共政策研究』第17号：40-51。
- 松井望（2019）「分権改革以降の自治体計画策定―国の〈計画信仰〉と自治体の『忖度・追従』」『都市問題』110巻 9 号：48-61。
- 松井望・長野基・菊池端夫（2009）「自治体計画をめぐる『基本構想制度』の変容と多様性の展開」『年報自治体学』第22号：83-121。
- 松下圭一（1971）「シビル・ミニマムの思想」『シビル・ミニマムの思想』東京大学出版会：270-303。
- 松下圭一（1975）『市民自治の憲法理論』岩波新書。
- 松下圭一（1977）『新政治考』朝日新聞社。
- 松下圭一（1991）『政策型思考と政治』東京大学出版会。
- 松下圭一（1999）『自治体は変わるか』岩波新書。
- 松下圭一（2010）『自治体改革＊歴史と対話』法政大学出版局。
- 松本英昭（2010）「地方制度改革の取り組みを振り返って（7）昭和44年の地方自治法改正」『地方財務』670号：136-142。
- 三浦正士（2020）「都市自治体の総合行政と計画行政」『人口減少時代の都市行政機構（第 6 次市役所事務機構研究会報告書）』日本都市センター：95-116。
- 三井清・太田清（1995）『社会資本の生産性と公的金融』日本評論社。
- 三菱UFJリサーチ・アンド・コンサルティング（2020）「令和元年度自治体経営改革に関する実態調査報告書」（三菱UFJと略記）（https://www.murc.jp/wpcontent/uploads/2020/06/seiken_200616_2.pdf）。
- 村松岐夫（1974）「行政過程と政治参加―地方レベルに焦点をおきながら」『年報政治学』25巻：41-68。
- 村松岐夫（1988）『地方自治』東京大学出版会。
- 村松岐夫（1994）『日本の行政―活動型官僚制の変貌』中公新書。
- 村松岐夫（2003）「世紀転換期の包括的地方ガバナンス改革」村松岐夫・稲継裕昭編著『包括的地方自治ガバナンス改革』第 1 章、東洋経済新報社。
- 村松岐夫（2019）「地方自治理論のもう一つの可能性―諸学説の傾向分析を通して（初出：1979）」『政と官の五十年』第 5 章、第一法規。

第 3 章　自治体総合計画の発展と展望

・村松岐夫・松本忠 (2003)「地方分権改革／従来型改革／ NPM 改革/住民参加経営改革」村松岐夫・
　稲継裕昭編著『包括的地方自治ガバナンス改革』第 2 章、東洋経済新報社。

第4章 総合戦略と総合計画の関係
—第2期総合戦略の策定における変化—

1 本章の目的

　自治体が総合戦略を策定した際、総合計画との関係をどのように調整したのかを考察することが本章の目的である。

　「総合戦略」とは、ここでは、「まち・ひと・しごと創生法（平成26年法律第136号）」（以下、「創生法」という）10条に基づき、市町村が策定した「市町村まち・ひと・しごと創生総合戦略」のことをいう。10条は、国が市町村に対し総合戦略策定の努力義務を課しており、これに基づきほぼすべての市町村が2015年度中に2019年度までの5か年度を計画期間とする総合戦略を策定した[1]（以下、この総合戦略を「第1期総合戦略」という）。第1期総合戦略の策定により、2014（平成26）年度補正予算に基づく地方創生先行型交付金、2015（平成27）年度補正予算に基づく地方創生加速化交付金、2016（平成28）年度以降の当初予算に基づく地方創生推進交付金等の国予算の獲得が可能となった。長野基の指摘によれば、自治体が国からの計画作成要請に対応する理由には、国・都道府県からの資源調達があるが（長野 2018：132）、総合戦略の策定の理由の1つもまた、自治体がこれらの資源の獲得を目指したものということができよう。ところで、先に述べたとおり、第1期総合戦略は2019年度までの計画であり、国が改めて2020年度から2024年度までの5か年の地方創生に向けた取組みを示したことを受けて、ほぼすべての市町村が、2020年度以降に計画期間を設定し、総合戦略の改定あるいは新策定（以下、これらを「第2期総合戦略」という）を行っている[2]。

---

1 ）内閣官房まち・ひと・しごと創生本部事務局「地方人口ビジョン及び地方版総合戦略の策定状況」（2016年4月）1頁。

2 ）内閣官房まち・ひと・しごと創生本部事務局「地方版総合戦略の策定状況等に関する調査結果」（2020年7月17日）2頁。

一方、「総合計画」とは、市町村の最上位計画である。大まかには「基本構想」と「基本計画」で構成されている。「基本構想」の策定は、以前、地方自治法によって義務付けられていたが、2011年の同法改正によって廃止された。それでも今なお多くの自治体がこの「基本構想」を盛り込んだ総合計画を策定している。総合計画は、「できる限り行政課題を客観的に把握し、自治体として責任をもって取り組む施策を体系化し、達成すべき目標とその手段・手順を明確にしたもの」（大森 1987：52）であり、その特徴については新川（1995：249-250）が大森の議論を参考に、①将来展望性（ビジョン性）、②二重の意味の総合性（地域社会生活のあらゆる側面に関わっていくという総合性と目的と手段を体系的かつ総合的に組み立てているという総合性）、③調整性（自治体行政の内部調整と地域社会全体の調整）、④上位性（行政改革の基本構想への適合）、⑤象徴性（地域統合機能）の5点を挙げている。

総合戦略と総合計画の関係付けについて、国は、「地方版総合戦略策定のための手引き」（以下、「手引き」という）を公表し考え方を示している。これによると、総合戦略は、「人口減少克服・地方創生を目的」としており、総合計画は「総合的な振興・発展を目的」としていることから、両者の目的に「含まれる政策の範囲は必ずしも同じではない」ため、総合戦略と総合計画は「別に策定」すること、とのことである。ただし、「総合計画等を見直す際に、見直し後の総合計画等において人口減少克服・地方創生という目的が明確であり、数値目標や業績評価指標（KPI）が設定されるなど、地方版総合戦略としての内容を備えているような場合には、総合計画等と総合戦略を1つのものとして策定することは可能である」（以下、「ただし書き」という）ともしている[3]。この考え方は、第2期総合戦略の策定に当たって公表された「地方版総合戦略の策定・効果検証のための手引き（令和元年12月版）」でも踏襲されている[4]。総合戦略の目的である「人口減少克服・地方創生」と総合計画の目的である「総合的な振興・発展」は、国が示すとおり必ずしも同じものではない。しかしなが

3）内閣府地方創生推進室「地方版総合戦略の策定のための手引き」（2015年1月）10頁。
4）内閣府地方創生推進室「地方版総合戦略の策定・効果検証のための手引き（令和元年12月版）」（2019年12月）16頁。

ら、完全に異なるものでもない。むしろ、人口減少により地域の存続が危機を迎えているといわれる現在においては、地方創生や少子化対策等を重要課題として自治体が認識しその解決方針を示していく必要があり、このような状況の中で策定していく総合戦略が対象とする行政分野は、産業振興、労働力確保、都市計画、UIターン促進、子育て支援、男女共同参画など比較的幅広く総合的になる。それぞれの政策間調整が必要になってくることから、総合戦略は総合計画に近い状況になるともいえる。したがって、先の大森や新川の議論を踏まえれば、総合戦略は、総合計画に位置付けやすい計画であると考える。

　このような総合戦略と総合計画の2つの関係をどのように位置付けたのかを考察することは、今後、総合戦略のように国が法律に基づき全国一律で広い行政分野を射程に入れる計画策定等を自治体に求めたとき、自治体は、どのようにこうした計画と総合計画を調整するのか、自治体は国との関係においてどのようなメカニズムで行動するのかの課題等を考える上で有効であると考える。折しも国が設置した地方分権改革有識者会議においては、計画策定等に関する議論が行われ、国が法令上新たな計画等の策定の義務付け・枠付け等を定める場合の基本的考え方として、地方において策定済みの計画等と統合していくことが示されており、こうした新しい取組みを円滑に行っていく上での参考にもなり得るものと考える。

2　既存研究の視点

　総合戦略と総合計画の関係の調整については、松井望が詳細な分析と考察を試みている（松井 2017：40-51）。それによれば、個々の法において政府が自治体に対して計画策定を奨励する基本方針を示すことを「基本方針による管理」とする。総合戦略の策定においても、この「基本方針による管理」があったとし、すべての市町村が総合戦略を策定した理由について、金井・今井（2016：10）が主張する「国から示された内容の明細性・具体性は低くても、自治体側が国の目的や趣旨を踏まえながら自治体自ら国の方針に沿った行動を自主的に

選択するような構造がある」とする国への「忖度・追従」のような管理メカニズムに基づかない可能性を、政令指定都市における総合戦略と総合計画の整合性の観察を通じて指摘している。具体的にいえば、総合計画の内容を総合戦略が内包するようなかたちで対応し、「国から自治体側になかば強いられたような計画の策定要請にも、自治体が自主的に計画内容を精査することで、既存の政策体系や管理方法を活用し、行政負担の削減を判断しながら新しい計画に臨んだのである」と結論付けているのである。ただし、松井は、「策定後一定期間が経過した総合計画の場合には、数値や記載内容自体が陳腐化しているおそれがある。また、そもそも総合計画に成果指標等の数値目標が記載されていない場合には」先に述べたような対応がとれない自治体もあったことを述べており、総合戦略と総合計画の整合性を図る面での自治体の自主的な計画内容の精査は、総合計画の策定時期に影響される可能性を指摘している。

　荒木（2020）は、この松井の指摘に基づき、「総合計画と総合戦略の関係」をそれぞれの策定時期の観点から分析し、総合戦略の策定において自治体が自主性を発揮しているか否かについて検討した。その結果、①総合戦略と総合計画を同一時期に策定した場合は、「総合戦略と総合計画が政策体系において連動又は目標を共有」、②両者を異なる年度に策定している場合は、「総合戦略と総合計画が政策体系において連動又は目標を共有」する場合のほか、「総合戦略を『人口減少対策・地方創生特化型』として位置付け」る場合と「総合戦略を総合計画として位置付け」る場合の3パターン、③総合計画を策定していない場合は「総合戦略を総合計画として位置付け」る場合があることを明らかにした。これらの結果、①、②、③いずれの場合にも、松井が国への「忖度・追従」のような管理メカニズムがあった場合に考えられる「既存の政策体系とは別建ての総合戦略を併設」するといった対応は存在せず（松井2017：46）、政府の自治体に対する「基本方針による管理」の中で、「忖度・追従」に基づかない可能性を指摘している。

　小西（2021、2022）は、都道府県の総合戦略の策定状況を収集し、中村（2021）や山下・金井（2015）、嶋田（2016）に着目しながら、各総合戦略を類型化し分析を試み、その結果、国は競争促進論（地方自治体を競わせようとするもの）や責

任転嫁論（人口減少の責任を自治体に転嫁しようとするもの）のような姿勢で地方自治体に接しているわけではないことや、都道府県は地方自治体戦略論（それぞれ自己の状況や都合等に合わせて戦略的に地方創生に取り組んでいる）と整合的であることを指摘している。

3　本研究の方向性

　以上、既存研究は、総合戦略を策定する際、総合計画との関係を整理していることを示している。松井は、政令指定都市が総合戦略の策定を行う場合、「忖度・追従」システムに基づかず、総合計画の内容を総合戦略が内包するようなかたちで対応し、自治体が自主的に計画内容を精査することで、既存の政策体系や管理方法を活用し、行政負担の削減を判断しながら新しい計画に臨んだ可能性があることを指摘した。本研究では、自治体が、第2期総合戦略の策定において、計画・調整の観点を基に第1期総合戦略の策定時点からどのように総合計画との関係性を変更したのかを考察し、松井の研究成果を深掘りする。したがって、ここでは荒木（2020）の整理（総合戦略と総合計画の策定時期の近接性に焦点をあて、どちらの計画が先に策定されたのかについては問わない）とは異なり、自治体の総合戦略の策定時点に存在した総合計画との関係の整理を確認する。

　ここで、まず、第2期総合戦略に着目する理由を述べる。それは、自治体が総合戦略と総合計画の計画・調整にかける時間的猶予があったからである。第1期総合戦略については、荒木（2020：48）が指摘したように、国が手引きを示してから8か月以内に策定しなければならなかった。このため、総合戦略と総合計画を仮に一本化する意思をもったとしても、総合計画の改定等の検討を行う十分な時間が確保できず、総合計画の計画期間を所与のものとして総合戦略の策定を行う必要があった。しかしながら、第2期総合戦略については、第1期総合戦略の手引きが存在しており、第2期総合戦略の策定に向けて新しい手引きが2019年12月に公表される前から、国の動向を予測して検討を行う時間

103

が十分にあった。つまり、自治体が総合戦略と総合計画の関係を本質的にどのようなものにしたいのか、その意思をはっきり示しているのが第2期総合戦略であるといえる。

次に、この関係を計画・調整の観点から考察する理由を述べる。先に総合戦略が総合計画に位置付けやすい計画であると述べた。このため、社会における様々な利益配分を伴う両計画をどのように関係付けるかについては、組織の内部及び地域社会全体という外部の両面で調整を図る必要がある。例えば、両計画を一体化しようとすれば、その内部的調整にかかるコストは大きいが、最終的に関係付けられた両計画の離齬が少なくなり、運用に当たっては内部・外部ともに調整の必要性は低くなる。一方、差異を明確にしようとすれば、内部的調整にかかるコストは小さいが、最終的に類似の計画が2つ存在することで両計画の優先順位や解釈に裁量の余地が増え、運用に当たっては内部・外部とも調整の必要性は高くなる。自治体の様々な考え方が表れてくるこの計画調整を考察することにより、総合戦略や総合計画の存在意義、基本方針による管理への自治体への対応等を明らかにでき、松井（2017）の発展に寄与するとともに、総合戦略や総合計画の性質について、より本質的な理解を深めることにつながると考える。

本研究は、次のように行う。まず、福井県に存在する市に着目し、第1期総合戦略、第2期総合戦略、総合計画について、その策定経緯を議会等の議論を通して検討する。市に着目する理由は、市議会での議論がインターネット上で検索できるようになっており策定経緯が把握しやすいからである。策定経緯を検討するに当たって、各計画の策定の時期や担当組織に着目する。両計画の策定時期については、先に述べた松井（2017）の成果を踏まえれば、両計画の計画・調整に影響を及ぼす可能性があることが分かる。また、担当組織については、西尾（2000）の議論を踏まえれば自明であろう。

次に、総合戦略と総合計画の関係の整理に着目する。例えば総合戦略に総合計画の関係性が記載されているものの、その内容は精神的なものなのか、あるいはKPIなどで統一性が実際に担保されているのか、さらには一体化しているのかなど実際の関係性が明白になる部分である。これらの検討を通して両計画

の調整における自治体の考え方を明らかにするとともに、「基本方針による管理」による場合の自治体の対応を通して自治体独自の戦略がみえてくるという仮説を基に考察を進めることとする。

4 福井県内の各市における総合戦略と総合計画の調整

4.1 はじめに

　図表4-1は、福井県の市における総合戦略と総合計画の策定状況である。第2期総合戦略については、県内すべての市が策定している。総合計画についても同様である。各市議会での議論等を基に策定プロセスを確認するとともに、第1期・第2期総合戦略と総合計画から、各々との関係性に関する記載内容についても確認し、総合戦略と総合計画をどのように関係付けたのかをみていく。

4.2 各市の策定状況と経緯

⑴ 福井市

　福井市の第1期総合戦略は、2015年度から2019年度までを計画期間としていた。一方、第6次総合計画は2016年度に終了し、2017年度から2021年度までを対象とする第7次総合計画がスタートしていた。第1期総合戦略には、翌年度に第7次総合計画が策定されることが盛り込まれ、総合戦略は総合計画と異なり5年間の目標や施策を定めた人口減少対策に特化した計画であると記載されている。第6次及び第7次総合計画との関係性に具体性はない。2016年度、福井市は、総合戦略の策定業務を総合政策室からまち未来創造課に変更した。総合政策室は総合計画の策定も担当していたことから、この時点で総合戦略と総合計画の担当課が分離することとなった。このことについて、市議会からは、総合計画と密接に関連する総合戦略を総合政策室から移管することについて質疑が行われ、市は、人口減少問題に対し、全力で迅速に対応するためであるとし、（担当課長は異なるもののその上位レベルでは）総務部長が両課を所管すると

105

第 4 章　総合戦略と総合計画の関係

図表4-1　福井県内 9 市における総合戦略と総合計画の策定状況

	総合計画				総合戦略	
	策定担当課	次別	基本構想 有効期間（年度）	基本計画等 有効期間（年度）	策定担当課	期別
福井市	総務部 政策調整室	第 6 次	— ～ —	2012 ～ 2016	総務部 総合政策室	第 1 期
	総務部 総合政策課	第 7 次	— ～ —	2017 ～ 2021	総務部 未来づくり推進局 まち未来創造課	第 2 期
敦賀市	企画政策局 政策推進課	第 6 次	2011 ～ 2020	2016 ～ 2020	企画政策局 政策推進課	第 1 期
	企画政策局 ふるさと創生課	第 7 次	2021 ～ 2025	2021 ～ 2025	企画政策局 ふるさと創生課	第 2 期
小浜市	企画部 企画課	第 5 次	2011 ～ 2020	2016 ～ 2020	企画部 人口増未来創造課	第 1 期
	企画部 人口増未来創造課	第 6 次	2021 ～ 2030	2021 ～ 2025	企画部 人口増未来創造課	第 2 期
大野市	総務部 企画財政課	第 5 次	2011 ～ 2020	2016 ～ 2020	総務部 企画財政課	第 1 期
	企画総務部政策局 総合政策課	第 6 次	2021 ～ 2030	2021 ～ 2025	企画総務部政策局 総合政策課	第 2 期
勝山市	企画財政部 未来創造課	第 5 次	2011 ～ 2020	2011 ～ 2020	企画財政部 未来創造課	第 1 期
	未来創造課	第 6 次	2022 ～ 2031	— ～ —	未来創造課	第 2 期
鯖江市	政策経営部 秘書企画課	第 5 次	2010 ～ 2016	2010 ～ 2016	政策経営部 秘書広報課	第 1 期
					政策経営部 めがねのまちさばえ戦略課	第 2 期
あわら市	総務部 政策課	第 2 次	2016 ～ 2025	2016 ～ 2020	総務部 政策課	第 1 期
	創造戦略部 政策広報課			2021 ～ 2025	創造戦略部 政策広報課	第 2 期
越前市	企画部 政策推進課	—	2007 ～ 2016	2007 ～ 2017	企画部 政策推進課	第 1 期
		—	2017 ～ 2023	2018 ～ 2021		第 2 期
坂井市	総務部 企画情報課	第 1 次	2008 ～ 2019	2013 ～ 2019	総務部 企画情報課	第 1 期
	総合政策部 企画情報課	第 2 次	2020 ～ 2029	2020 ～ 2024	総合政策部 企画情報課	第 2 期

※ 1　第 7 次福井市総合計画には基本構想・基本計画の区分けはない。
※ 2　福井市総務部政策調整室は、組織変更により、総合戦略および総合計画の策定業務を総合政策室に引き継いだ
※ 3　福井市総務部総合政策室は、組織変更により、総合計画策定業務を総合政策課に、総合戦略策定業務をまち未
※ 4　第 7 次敦賀市総合計画は人口ビジョン・総合計画（基本構想・中期事業計画）の区分けとなっており、中期事
※ 5　小浜市企画部企画課は、2015年度の組織変更により、総合計画および総合戦略の策定業務を企画部人口増未来
※ 6　鯖江市秘書企画課は、2016年度に組織変更により、広報業務を加えて秘書広報課となり、2019年度より、めが
（出典：著者作成）

106

4　福井県内の各市における総合戦略と総合計画の調整

有効期間 （年度）	総合戦略上の総合計画との関係 総合戦略・総合計画の計画期間の延長の有無
2015 ～ 2019	・総合戦略は総合計画の人口減少対策部分に特化した計画
2020 ～ 2024	・総合戦略は総合計画の人口減少対策部分に特化した計画
2015 ～ 2019	・総合計画の人口見通し達成は困難。総合計画の施策のうち重点的に進めるものを総合戦略に記載 ・総合戦略は総合計画に将来的に一体化
2021 ～ 2025	・総合計画の第Ⅲ章を「総合計画（総合戦略）」として一体化
2015 ～ 2020	・総合戦略は総合計画から人口減少対策として重点的・優先的に進める事業を抽出した行動計画 ・総合戦略の計画期間を1年延長
2021 ～ 2025	・総合戦略は総合計画に統合し総合計画と総合戦略に両計画の整理対照表を明記 ・総合戦略は人口減少対策について重点的・優先的に進める政策・施策を取りまとめたもの
2015 ～ 2020	・総合戦略には次期総合計画に記載する事業のうち人口減少対策と捉えられる事業を位置づけ ・総合戦略の「今後の施策の方向」において掲載施策の総合計画上の位置づけを記載 ・総合戦略の計画期間を1年延長
2021 ～ 2025	・総合戦略は人口減少対策に特化した施策をまとめた計画 ・総合戦略の「今後の施策の方向」において掲載施策の総合計画上の位置づけを記載
2015 ～ 2021	・総合戦略は総合計画の中から国の総合戦略に密接する考え方を抽出 ・総合戦略の計画期間を2年延長
2022 ～ 2026	・総合戦略は総合計画の政策を実現するための施策や具体的な取組みを示す計画 ・総合計画の計画期間のうち最初の5年間を対象
2015 ～ 2019	・総合戦略・総合計画ともにまちづくりの基本方針 ・総合計画の計画期間を2年延長
2020 ～ 2024	・総合戦略がまちづくりの基本方針（総合計画なし）
2015 ～ 2020	・総合戦略は雇用、人の流れ、結婚・出産・子育て、地域づくり・暮らしに特化 ・総合戦略の期間を1年延長
2021 ～ 2025	・総合戦略は雇用、人の流れ、結婚・出産・子育て、地域づくり・暮らしに特化 ・KPIの共通化
2015 ～ 2019	・総合戦略は、市内に住んでもらえる施策や定住化政策に特化し短期集中的に実施 ・総合計画基本計画は2017年度まで1年延長
2020 ～ 2024	・総合計画基本構想は2017年度から将来の羅針盤として従来の内容で維持（2023年度まで） ・総合戦略は短期的に一定の成果を得るために力点を置くところを中心に施策を展開 ・総合戦略の施策に総合計画の基本施策との整合性を明記
2015 ～ 2019	・総合戦略は人口減少に特化 ・総合計画の計画期間を2年延長
2020 ～ 2024	・総合戦略は総合計画と一体化（別冊） ・総合戦略は総合計画に基づく具体的な事業等を明記

来創造課に引き継いだ。
業計画が5年間の計画となっている。
創造課に引き継いだ。
ねのまちさばえ戦略課となった。

第 4 章　総合戦略と総合計画の関係

答弁している[5]。第 2 期総合戦略は、2020年度にスタートし、第 1 期総合戦略と同じく人口減少対策特化型の計画となっている。第 2 期総合戦略と第 7 次総合計画の関係を具体的にみる。両計画は、人口の長期展望において一致している。しかしながら、第 2 期総合戦略はまち・ひと・しごとに関する政策を 4 つの政策分野に整理し具体的施策を掲げているのに対し、第 7 次総合計画は市政全般にわたる13の政策を掲げている。また、この総合計画の政策は、具体性はあまりなく、現状と課題を整理しているにとどまっている。総合戦略の具体的施策と総合計画がどのように関連しているのかについて示す資料（例えば整理表等）は存在していない。

(2)　敦賀市

敦賀市の第 1 期総合戦略は2015年度から2019年度までを計画期間としていた。一方、総合計画については、第 6 次総合計画前期基本計画の計画期間が2015年度に終了し、後期基本計画については2016年度から2020年度までを計画期間としていた。市は、第 1 期総合戦略の策定時において、第 6 次総合計画前期基本計画を人口減少対策という側面から検証を行った。その結果、この総合計画の基本構想に示す施策の効果を加味した人口見通しの実現が困難であるとの判断を示した。その上で、前期基本計画に沿って実施している施策のうち、重点的に取り組む施策及びその基本的方向を総合戦略で示している。ただし、どのように両計画が連携するのかについて具体的な記載はない。市は、第 1 期総合戦略の策定後、この戦略を将来的に総合計画に吸収していくことを表明し[6]、計画期間の終了後、直ちに第 2 期総合戦略を策定することはしなかった。その理由について、市長は、人口減少対策は継続的かつ不断の取組みが不可欠であるからとし、両計画を統合し、人口減少の抑制を敦賀市の政策・施策の統一的な目標として位置付けるとした[7]。この結果、総合戦略は、2020年度は存在しない状態となっていたが、第 7 次総合計画において第 2 期総合戦略が内包

---

5 ）福井市議会「2016年 3 月定例会」今村辰和議員の質問に対する福井市長答弁（2016年 2 月29日）。
6 ）敦賀市議会「2016年第 1 回定例会」福谷正人議員の質問に対する渕上市長答弁（2016年 3 月 9 日）。
7 ）敦賀市議会「2019年第 4 回定例会」渕上市長提案理由（2019年 7 月 8 日）。

された。第7次総合計画は、「第Ⅰ章　策定の趣旨等」「第Ⅱ章　敦賀市人口ビジョン」「第Ⅲ章　総合計画（総合戦略）」で構成されている。第Ⅰ章では、人口が敦賀というまちそのものの総合的な魅力を表すバロメーターであるとの認識の下、総合計画に総合戦略を一本化することを明記している。そして、第Ⅲ章で両計画を一体化している[8]。敦賀市の総合戦略（総合計画第Ⅲ章）は、総合計画と一体化したことから定住や子育てなどに関する事業だけでなく、道路整備や河川改修なども含んでおり、これら事業ごとに今後5年間の数値目標を掲げている。

(3)　小浜市

　小浜市の第1期総合戦略は2015年度から2019年度までを計画期間としていた。一方、総合計画は第5次総合計画前期基本計画が2015年度で終了し、後期基本計画が2016年度から2020年度までを計画期間としてスタートしていた。第1期総合戦略については、第5次総合計画前期基本計画の下で人口減少の対策として重点的・優先的に進める事業を抽出して策定した行動計画であるとしていた[9]。両計画の関連性について具体性はない。市は、第5次総合計画後期基本計画の終了前年度である2019年度に第1期総合戦略の1年延長を発表した。第2期総合戦略を2021年度からスタートする第6次総合計画と一体的に策定することで、より実効性が高く、市民に分かりやすい計画に再編するとのことである[10]。2021年3月、小浜市は第6次総合計画を策定し、第2期総合戦略を統合した[11]。総合戦略と総合計画の関係を具体的にみる。第2期総合戦略については、第6次総合計画と統合し、総合計画に掲載する政策のうち特に人口減少対策を推進するものとし、具体的には「目指す将来像」と「基本方針」を総合計画と一体化した。また、「基本目標と第6次総合計画の整理対照表」において総合戦略の施策と総合計画の基本目標との整合性を明らかにするとともに、

---

8 ）敦賀市「第7次敦賀市総合計画」（2021年3月）3頁。
9 ）小浜市議会「2018年12月第4回定例会」下中雅之議員の質問に対する東野企画部次長答弁（2018年12月13日）。
10）小浜市「まち・ひと・しごと創生小浜市総合戦略（R2.3改定）」（2020年3月）。
11）総合戦略は総合計画に統合されたが、総合計画とは異なる冊子として「まち・ひと・しごと創生第2期小浜市総合戦略」（2021年3月）が策定されている。

第 4 章　総合戦略と総合計画の関係

両計画のKPIを一致させている。総合計画にも総合戦略の施策との整合性を整理対照表により明示している。

⑷　大野市

　大野市の第 1 期総合戦略は、2015年度から2019年度までを計画期間としていた。一方、総合計画については、第 5 次総合計画前期基本計画が2015年度で終了し、後期基本計画が2016年度から2020年度までを計画期間としてスタートしていた。第 1 期総合戦略は、この後期基本計画に記載する予定の事業のうち、人口減少対策と捉えられる事業を位置付けることとした[12]。この総合戦略は、第 5 次総合計画前期基本計画との関係に具体性はない。その後、後期基本計画が策定されたが、この計画には、基本施策として「35　人口減少対策と地方創生の推進」を掲げ、「推進体制の確立」と「総合戦略に基づく事業の推進」を施策として盛り込んだ。市は、その後、第 2 期総合戦略の策定に当たり、2020年度からスタートする第 6 次総合計画との整合性を図るため、2019年 9 月に第 1 期総合戦略の 1 年の期間延長を決定した[13]。総合計画と総合戦略は極めて重要であることから、双方の取組みを効果的・合理的に進めるため、第 2 期総合戦略の検討を第 6 次総合計画と一体的に行うこととしたのが理由である[14]。実際の両計画を確認する。第 2 期総合戦略は、「 3 ．今後の施策の方向」において、まち・ひと・しごとに沿って 4 つの項目を設定し、それぞれに数値目標と施策の取り組むべき基本的方向を定め、第 6 次総合計画上の位置付けを明らかにしている。一方、総合計画上には総合戦略の記載はない。

⑸　勝山市

　勝山市の第 1 期総合戦略は、2015年度から2019年度までを計画期間としていた。一方、第 5 次総合計画は、2011年度から2020年度を計画期間としていた。第 1 期総合戦略の策定時は、第 5 次総合計画の策定から時間を経過していたこともあり、総合戦略と総合計画の関係については、総合戦略は総合計画を基に

12）　大野市「まち・ひと・しごと創生大野市総合戦略」（2020年 3 月改定）。
13）　大野市議会「2019年 9 月定例会」林順和議員の質問に対する田中副市長答弁。
14）　大野市ホームページ「大野市人口ビジョン・大野市総合戦略（期間延長）」（http:// www.city. ono.fukui.jp/shisei/ seisaku-keikaku/ jinkouvision/ vision-senryaku.htm）。

市が展開してきた施策の延長線上にあるものとしつつも、総合計画策定時からの社会情勢の変化に鑑み、見直すべきもの、守るべきもの、攻めるべきものを峻別し、地方創生を進める上で必要なものを加え、幅と厚みをもたせて更なる独自性を発揮するための計画であるとした[15]。市は、2020年3月、第1期総合戦略を2か年延長し2022年度から計画期間をスタートする第6次総合計画の基本計画に統合することとした[16]。次に総合計画について概観する。第5次総合計画については、2015年度の第1期総合戦略の策定を受け、その内容をより強く総合計画に反映させるため2017年3月に改定を行った[17]。この改定では、「第6章 人口減少対策と地方創生実現に向けた取組み」を追加し、総合戦略の概要と総合戦略とがリンクしている総合計画の施策を明記している[18]。2020年3月、市は、先に述べた第1期総合戦略の計画期間の2年延長とともに、基本構想を2021年度から、基本計画は2022年度から段階的にスタートさせることを表明した[19]。さらに、2020年11月に誕生した新市長は、12月、新型コロナウイルス感染症拡大により計画策定に向けたセミナーや地区座談会などが中止されたことから、総合計画全体の策定を2022年度にすることを表明した[20]。実際の両計画を確認する。第2期総合戦略は、総合計画の政策を実現するための施策や具体的な取組みを示す計画として位置付けた。こうしたことを背景に、第2期総合戦略は、2022年度から2031年度までの10年間を計画期間とする総合計画の最初の5年間を対象とし、総合計画の残りの5年間は第3期総合戦略が対象とすることとなっており、両計画と体系的に整理した。第2期総合戦略には、行財政運営についても、「効率的で利便性の高い行財政運営」という項目が設けられ、行政事務のデジタル化、市税徴収の賦課や徴収事務の強化、公共施設の管理等についても記載があり、比較的守備範囲の広いものとなっている。

---

15) 勝山市「勝山市地方創生総合戦略」（2016年1月）20頁。
16) 勝山市議会「2020年3月定例会」近藤栄紀議員の質問に対する谷内未来創造課長答弁。
17) 勝山市「第5次勝山市総合計画基本構想」（2018年3月）1頁。
18) 前掲注17）77頁。
19) 勝山市議会「2020年3月定例会」近藤栄紀議員の質問に対する山岸市長答弁（2020年3月4日）。
20) 勝山市議会「2020年12月定例会」下道恵子議員の質問に対する山岸市長答弁（2020年12月7日）。

第 4 章　総合戦略と総合計画の関係

(6)　鯖江市

　鯖江市は、第 5 次総合計画が2014年度に終了するのに合わせ、2013年度に改定作業を行っていた。その一方で、2012年度には、行財政構造改革アクションプログラムの見直しを実施しており、このプログラムの計画期間を市長任期（2016年10月）に合わせて2016年度末までとしていた。市長は、この財政計画は総合計画とともに市政の両輪としてセットにすべきと判断し、総合計画についても2016年度まで 2 年延長する決定を行った[21]。2014年度、国において地方創生の動きがはじまり、市は第 1 期総合戦略について2015年度から2019年度までを計画期間として策定した。策定直後、同戦略と総合計画との関係については、両計画の間には時間的なラグがほとんどなく、総合計画のコンセプトは総合戦略においても踏襲していること、また、総合計画の具体的取組みについても総合戦略に引き継がれていることなどから、両計画をともに鯖江市のまちづくりにおける基本的な取組方針を示したものとしている[22]。2016年度、総合計画の最終年度となり、市長は、総合計画の趣旨は総合戦略に引き継がれており、今後は総合戦略が市の基本的な指針となるとした上で、総合計画との整合性を図る観点から、主に財政規律など国から総合戦略に記載するものとして要請されていない項目についても総合戦略に加筆することとした[23]。つまり、事実上、総合計画については策定しないという決定を行っている。市は、2020年度に第 2 期総合戦略を策定したが、その中でもこの方向性を継承している。総合戦略の基本施策には、道路や河川整備など他の自治体にはほとんど記載されていない事業も盛り込まれており、各々にSDGs上の位置付けやKPIが記載されているとともに、財政収支の見通しについても記載されている。

(7)　あわら市

　あわら市の第 1 期総合戦略は、2015年度から2019年度までを計画期間としていた。一方、第 1 次総合計画（あわら市総合振興計画）は2015年度に計画期間が

---

21)　鯖江市議会「2014年 6 月議会」木村愛子議員の質問に対する牧野市長答弁（2014年 6 月12日）。

22)　鯖江市議会「2015年12月第403定例会」佐々木勝久議員の質問に対する三上地方創生統括監答弁（2015年12月 7 日）。

23)　鯖江市議会「2016年12月第407回定例会」牧野市長所信表明（2018年12月12日）。

112

終了し、そのあと策定された第2次総合計画前期基本計画は2016年度から2020年度までを計画期間としていた。第1期総合戦略と前期基本計画の関係については、総合戦略は、総合計画に位置付けられる政策のうち、雇用の創出、移住の促進、子育て支援に特化した計画という位置付けであった[24]。ただし、具体的な関連性は記載されていない。総合計画では、あわら市はまちづくりの施策の柱として6つの分野を掲げ、その6番目の地域社会の基本政策の一つとして人口減少対策を挙げ、総合戦略の推進と効果検証など推進体制の確立を方針とすることで関係性を明示している。あわら市は、2019年度に第1期総合戦略を改定し、2020年度までを計画期間とするよう1年延長した。その理由は、総合計画の計画期間と同一にするためとのことであった[25]。第2次総合計画後期基本計画は、2021年度から2025年度までを計画期間として策定した。後期基本計画上の第2期総合戦略の位置付けは前期基本計画と第1期総合戦略のそれとおおむね同じである。一方、第2期総合戦略をみると、基本目標ごとの戦略という項目の中の「2　基本的方向」において、一部総合計画の内容がそのまま記載されているほか、総合計画と目標が整合的になっている。

(8)　越前市

　越前市の第1期総合戦略は、2015年度から2019年度までを計画期間としていた。一方、総合計画は2007年度から2016年度までを計画期間としていた。まず総合戦略をみていく。第1期総合戦略は、総合計画の重点目標である定住化の促進を推進するための戦略的取組みをまとめたものであり、総合計画の各事務事業を強化し補完するものとした[26]。総合計画のように満遍なく全体を網羅し時間をかけて地道に取り組むものではなく、短期間に一定の効果をあげるために力点を置く施策を中心に展開するものとのことである[27]。両計画の具体的関

---

24) あわら市議会「2018年86回定例会」橋本市長予算編成の基本方針説明（2018年2月27日）。

25) あわら市「まち・ひと・しごと創生総合戦略―暮らしやすくて　幸せを実感できるまち―第3版」（2020年3月）。

26) 越前市議会「2015年3月第1回定例会」清水和明議員の質問に対する谷口企画理事答弁（2015年3月3日）。

27) 越前市議会「2015年12月第5回定例会」西野与五郎議員の質問に対する奈良市長答弁（2015年12月2日）。

第4章　総合戦略と総合計画の関係

連性については記載されていない。第2期総合戦略についてもこの方針を踏襲している。第2期総合戦略は、「目指す姿」から「基本目標」「政策」「施策」とブレイクダウンした体系となっており、「施策」に総合計画の基本施策との整合状況を記載している。次に総合計画をみていく。先に述べたとおり元来2016年度で終了する予定であった。しかしながら、2017年10月に市長選挙を予定していたため、新市長のマニフェストと総合計画の方向が異なるようであれば市政の現場は混乱し行政への信頼が失われるということから[28]、新市長の意向を受けて総合計画の改定を行うこととした。2016年度に、まず基本構想について、市政運営の方針として的確なものであるとのことから[29]、2017年度以降も「将来の羅針盤」として引き続き位置付けることとした。また、同年度、基本計画を2017年度末まで期間を延長することとした。引き続き信任を受けた市長は、新総合計画を策定し、マニフェストを盛り込むとともに、計画期間を2018年度から2021年度の4年間と市長任期と整合を図った。KPIは記載がない。総合戦略は個別計画ではなく中間計画的な位置付けとなっている[30]。

⑼　坂井市

　坂井市の第1期総合戦略は、2015年度から2019年度までを計画期間としていた。一方、第1次総合計画は、2008年度から2017年度までを計画期間としていた。第1期総合戦略には、「坂井市総合計画と基本的に考え方が合致し、人口減少対策に特化した今後5年間の施策の方向性を取りまとめた計画」と記載されている。ただし、第1期総合戦略と第1次総合計画は、目指す人口規模で整合性がとれない状態となっていた。こうした状況から、坂井市は、総合計画によらない新たな施策については総合戦略に基づきPDCAサイクルで実施していくこととした[31]。市長は、2017年6月、第2次総合計画の策定について2年延長することを決定した。社会情勢や地方自治体を取り巻く環境変化を見極め、

28）越前市議会「2017年3月第1回定例会」中西眞三議員の質問に対する奈良市長答弁（2017年3月1日）。

29）越前市「越前市総合計画」（2018年3月）。

30）前掲注29）。

31）坂井市議会「2017年6月第4回定例会」佐藤寛治議員の質問に対する坂本市長答弁（2017年6月20日）。

また、官民連携の可能性を探りつつ、総合計画の計画期間を2020年度からとすることにより、次期計画策定の準備期間として現行の基本構想と基本計画を維持したいとのことであった[32]。次期総合計画には地方創生の取組みを取り入れることも表明した[33]。その後、坂井市は両計画の整理を進め、第2次総合計画について、目指すべき将来像を示す基本構想と、基本的施策の方向性等を示す基本計画、具体的な事業等を示す第2期総合戦略の3つで構成されるものとした[34]。第2期総合戦略は、第2次総合計画基本計画で定めた基本的施策の方向やその目標達成のために必要な具体的な事業及びKPIを定めるものとしている。その結果、両計画は、総合計画の第3部第1章の章立てと第2期総合戦略のⅢ具体的施策の項目が一致しており、対象事業も土木事業等を含み幅広いものとなっている。

5 考察

5.1 はじめに

　総合戦略と総合計画は、互いの関係を整理しづらい計画である。実際、全9市の議会でも、総合戦略の策定に当たり、両計画が対象とする政策範囲、位置付け、整合性などに関して議論されている[35]。整理の方法は多岐にわたる。1つは、敦賀市や鯖江市のように、両計画を統合する方法である。これは、総合

---

32) 坂井市議会「2017年6月第4回定例会」佐藤寛治議員の質問に対する坂本市長答弁（2017年6月20日）。

33) 坂井市議会「2017年9月第5回定例会」上坂健司議員の質問に対する坂本市長答弁。

34) 坂井市「第二次坂井市総合計画―輝く未来へ…みんなで創る希望のまち～子どもたちの夢を育む"ふるさと"を目指して～」（2020年3月）3頁、坂井市「第二次坂井市まち・ひと・しごと創生総合戦略」（2021年3月）5頁。

35) 各市議会で議論が展開されている（例えば、福井市議会「2015年6月議会」吉田琴一議員の質問（2015年6月29日）、敦賀市議会「2018年6月議会」米澤光治議員の質問（2018年6月14日）、小浜市議会「2018年12月議会」下中雅之議員の質問（2018年12月14日）、勝山市議会「2014年12月議会」丸山忠男議員の質問（2016年12月9日）、大野市議会「2014年12月議会」松田元栄議員の質問（2014年12月9日）、鯖江市議会「2015年3月議会」帰山明朗議員の質問（2015年3月9日）、越前市議会「2015年3月議会」清水和明議員の質問（2015年3月3日）、坂井市議会「2015年6月議会」佐藤寛治議員の質問（2015年6月20日）など）。

115

第 4 章　総合戦略と総合計画の関係

戦略は総合計画に、あるいは総合計画は総合戦略に位置付けやすいものであることを背景にしている。また 1 つは、福井市のように、総合戦略は人口減少対策という幅広い政策分野に特化するものとし、総合計画と関係がある旨の記載はあるがその内容は具体的ではなく、両計画に一定の距離を置く方法である。総じていえば、両計画の関係性は一定に保たれているものの画一的なものではなく、結びつきが弱いものから統合化のような強いものまで様々に関係付けられている。こうしたことを踏まえ、ここでは、総合戦略が第 1 期から第 2 期へと移行する中で、両計画の関係性がどのように変化したかを 2 つの軸で考察する。1 つは、総合戦略と総合計画において、どの程度統合的に策定を進めたのかという「両計画策定の統合性」の軸であり、もう 1 つは、総合戦略と総合計画がどの程度整合的であるかという「両計画の整合性」の軸である。

5.2　分析の方向

⑴　両計画策定の統合性

　両計画策定の統合性のメルクマールとして両計画の策定組織と策定時期を考える。まず、策定組織を考える。策定組織が同じであれば、それは総合戦略と総合計画の策定の司令塔が同じということである。「人口減少克服・地方創生を目的」とする総合戦略と、新川（1995：249-250）の議論に基づく総合計画を比較すれば、総合戦略の守備範囲が比較的広いといえども総合計画の策定組織こそが自治体全体の企画部門であり、この部門が総合戦略の策定組織を兼ねるのであれば、それは、企画部門の分化独立がより明確であるから、西尾（2000：206）にいう企画権の集中が起こりやすいということができ、両計画の策定は統合的になる。次に、策定時期を考える。策定時期も両計画策定の統合性に大きく影響を及ぼす要因である。策定時期が同じであれば、両計画の策定を行う企画部門が同じの場合はいうまでもなく別々の場合でも、この 2 つの組織は連携を深めて企画・調整が円滑に進み、策定時期が異なる場合よりも、より統合的に進むと考えられる。

　こうしたことを踏まえ、今回の検討では、統合性の低い順に①「策定組織が別・策定時期が別」、②「策定組織が別・策定時期が同」、③「策定組織が同、

5 考察

図表4-2　総合戦略と総合計画の関係にみる各自治体の位置付け

第1期総合戦略と総合計画の関係（総合戦略策定時点）

		両計画策定の統合性			
		策定組織別 策定時期別	策定組織別 策定時期同	策定組織同 策定時期別	策定組織同 策定時期同
両計画の整合性	完全統合型				
	別立一体型				
	整合型				
	関連付け型			福井市、敦賀市、小浜市、勝山市、大野市、あわら市、坂井市、越前市、鯖江市	

第2期総合戦略と総合計画の関係（総合戦略策定時点）

		両計画策定の統合性			
		策定組織別 策定時期別	策定組織別 策定時期同	策定組織同 策定時期別	策定組織同 策定時期同
両計画の整合性	完全統合型				敦賀市　鯖江市
	別立一体型				小浜市
	整合型			越前市	大野市　勝山市 あわら市　坂井市
	関連付け型	福井市			

（出典：福井県各市の第1期総合戦略・第2期総合戦略・総合計画を基に筆者作成）

策定時期が別」、④「策定組織が同、策定時期が同」とした。ここでは、「策定組織が同じ」の方が「策定時期が同じ」よりも両計画の統合性は高まるとした。策定組織の異同は、策定時期の違いよりも、総合計画を受け持つ企画部門が全部門の活動について企画できるか否かに直結するからである。なお、「策定組織が別・策定時期が同」については、今回は該当する市はなかった。

第4章　総合戦略と総合計画の関係

(2)　両計画の整合性

　両計画の整合性のメルクマールとして計画の関係付けを考える。総合戦略と総合計画との関係付けが十分に検討されていれば、共通の政策目標やKPIを設定しやすくなり整合性がとれやすくなる。これにより、両計画は十分に関係付けられていて、総合戦略の施策を進めても総合計画に基づいた政策の実行が可能となるはずだという了解がうまれ、組織外部にとっても非常に分かりやすいものになるだろう。一方、総合戦略と総合計画の関係が、手引きの中で想定しているような別個の関係、つまり、「両計画が全く関係しない」場合や「関係するとの記載が計画内にあってもKPI等による客観的な共通性が見受けられない」場合など関係付けに具体性がない場合は、組織内部及び対外的には、両計画の施策の整合性が曖昧となり、政策の方向性が異なることも生じやすくなり、その場合は政策実行の解釈が分かれることとなる。今回の検討では、両計画が完全に1つの計画となっている場合の①完全統合型、計画としては統合されているが別冊となっている②別立一体型、両計画を統合してはいないもののKPIの共通化や両施策の整合性明記については配慮されている③整合型、総合戦略は総合計画の人口減少対策部分に特化したというものの関係付けの具体性がない④関連付け型、の4つに分類した。

5.3　総括的考察

(1)　分析結果の概要

　「両計画策定の統合性」と「両計画の整合性」を軸として整理すると、9市の取組みは**図表4-3**のとおり整理できる。第1期総合戦略の策定に当たっては、9市すべてが「両計画策定の統合性」について「策定組織同・策定時期別」、「両計画の整合性」においては「関連付け型」となっていた。先に述べたとおり、第1期総合戦略については2015年度中の策定が進められており[36]、国からの要請を受けて策定するまでの時間的な余裕がなく、総合計画との具体的な調整ができなかったことが要因だと考えられる。しかしながら、第2期総合

---

36)「まち・ひと・しごと創生基本方針2015―ローカル・アベノミクスの実現に向けて―」(2015年6月30日閣議決定) 3頁。

戦略においては、9市中7市において第1期総合戦略の計画期間を延長しなが
ら両計画の策定時期を調整するなど「両計画策定の統合性」を高めつつ、両計
画の整合性を強める方向に動いている。基本的には総合計画を最上位計画とし
た上で、総合戦略を内包する形で進んでいる。では、このような動きが、本章
の問いである「総合戦略を策定した際、総合計画との関係をどのように調整し
たのか」に対し、どのように結論づけることができるのか考察する。

(2) 基本方針による管理の下での総合戦略策定における自治体の行動

　総合戦略は、先に述べたとおり、松井（2017）が定義付けた基本方針による
管理が行われており、国は、地方に対し、策定の努力義務を課している。さら
に、国は、国や都道府県が策定する「まち・ひと・しごと創生総合戦略」（以
下、「国の総合戦略」という）の内容を勘案して総合戦略を定めるようにとする努
力義務も課している。したがって、このような枠組みに基づき、市町村が総合
戦略を総合計画と一体化する場合、あるいは総合戦略の期間を延長する場合な
どについて、国は、あくまでも、こうした国や都道府県の方針とずれが生じな
いように対応することを市町村に求めている[37]。国は、自治体独自の政策体系
よりも国や都道府県との地方創生に関する政策上の連動性を要求しているので
ある。ここでは、このような状況の中で、総合計画との関係性を考慮しながら
総合戦略を策定するということが、松井（2017）がいうように、国から自治体
側になかば強いられたような計画策定要請にも、自治体が自主的に計画内容を
精査することで、既存の政策体系や管理方法を活用し、行政負担の削減を判断
しながら新しい計画策定に臨んだものということができるだろうかということ
を再度考察したい。なぜなら、国は、総合戦略を総合計画と一体化すること自
体を否定しているわけではない。ともすれば、総合計画との一体化も国の意向
に忖度・追従したものと考えることもできそうだからである。この課題を考察
するため、自治体の総合戦略における国の総合戦略と当該自治体の総合計画に
関する関係性に関する記載内容をみることとする。もし、総合戦略に、総合計
画との関係性が、国の総合戦略との関係性よりも詳細に記載されているのであ

37）内閣府「地方版総合戦略等の進捗状況等に関するQ＆A」3-4頁。

119

第4章　総合戦略と総合計画の関係

図表4-3　第2期総合戦略における国総合戦略及び総合計画との関係性の掲載状況

	国の総合戦略との関係に関する記載内容	総合計画との関係に関する記載内容
福井市	なし	「V2戦略の位置づけ」に明示
敦賀市	なし	なし
小浜市	「4 総合戦略の基本的な考え方について」に明示	「3 総合計画との関係性および位置づけ」及び「6 小浜市総合戦略の方向性について」に明示
大野市	なし	「1(2)総合戦略と位置づけと総合計画との関係性」に明示
勝山市	なし	「序論　改正の背景と趣旨」及び「第2章. I. 5総合戦略の構成」に明示
鯖江市	「3 総合戦略の体系」に明示	なし
あわら市	「4-(1)国・県の総合戦略との関係」に明示	「4.(3)第2次あわら市総合振興計画との関係」に明示
越前市	なし	「3-(4)位置づけ」に明示
坂井市	「I.1策定の背景と趣旨」「II 1総合戦略の概要」及び「II 2(1)国の基本目標(2)市の基本目標」に明示	「I.1策定の背景と趣旨」「II 1総合戦略の概要」に明示

（出典：福井県各市の第2期総合戦略を基に筆者作成）

れば、それは松井（2017）のいうことの説得力が高いということになろう。

　図表4-3は、先に取り上げた9市について確認したものである。4市が総合計画との関係性のみを記載、1市は両計画とも記載なし、1市が国の総合戦略との関係性のみを記載、3市が総合計画と国の総合戦略の両方との関係性を記載となっている。これらと図表4-3の結果から、松井の主張をどのように捉えることができるだろうか。

　まず、総合戦略に総合計画との関係性のみを記載した4市のうち、大野市、勝山市、越前市については、図表4-2のとおり第2期総合戦略の策定において両計画の整合性をより強化する方向に進めており、図表4-3のとおり国の

120

総合戦略の内容を勘案した総合計画を策定すべきという意識も全体的に低いということができることから、松井の主張を裏付けるものであるということができる。また、福井市については、先の３市に比すると、**図表４－２**のとおり総合戦略については総合計画との関係性が薄く、一見国の意向への忖度・追従度合いが高いようにみえる。しかしながら、国の総合戦略との整合性について何ら記載がないことを踏まえれば、総合戦略と総合計画の整合性が弱いのは、国の意向に沿ったというよりも、市の事情で策定組織や策定時期を別にしたと考えることが妥当であろう。松井の主張については裏付けているものと考えることができる。

　総合戦略に国の総合戦略と総合計画との関係性について記載がなかった敦賀市については、総合戦略と総合計画を完全統合しながら国の総合戦略の記載がないという点から、やはり松井の主張を裏付けていると考えることができる。

　国の総合戦略との関係性のみを記載しているのは鯖江市である。鯖江市は総合戦略に総合計画を統合していることから、鯖江市が国の総合戦略との関係性のみを記載しているのは合理性がある。では、鯖江市については、松井の主張は妥当ではないといえるだろうか。鯖江市の総合戦略は、総合計画を内包したため、先に述べたとおり、財政収支の見通しが盛り込まれている。これは、総合戦略には予定されていないものであり、手引きや「地方版総合戦略等の進捗状況等に関するＱ＆Ａ」にも記載がない。こうしたことから判断すれば、鯖江市においても、松井（2017）の主張の説得力が高いように考える。

　総合戦略に国の総合戦略と総合計画との関係性が記載されている３市については、松井の主張が妥当か否かの判断は難しい。今後の研究課題である。

　ただし、今回の結果を総じていえば、松井の主張には十分妥当性があると考えることができるだろう。

　自治体の総合計画におおむね含まれている基本構想は、2011年に地方自治法に盛り込まれていた策定義務が廃止された。しかし、今なお福井県の多くの市において策定されている。おそらく他県の市町村でも同様であろう。基本構想を含む総合計画は、基礎自治体に根付いたものである。多くの基礎自治体では、国が今後も基本方針による管理に基づき総合戦略のような守備範囲の広い

第 4 章　総合戦略と総合計画の関係

計画策定を求めてきたとしても、総合計画に基づく政策体系の中に、新しい計画を位置付けていくことになるだろう。

（荒木一男）

〔参考文献〕
・荒木一男（2020）「総合計画と総合戦略の関係」松井望・荒木一男編『自治体計画の特質および地方分権改革以降の変化と現状』第 2 章、東京大学社会科学研究所研究シリーズNo.70。
・大森彌（1987）『自治体行政学入門』良書普及会。
・金井利之（2010）『実践自治体行政学　自治体基本条例・総合計画・行政改革・行政評価』第一法規。
・金井利之・今井照編著（2016）『原発被災地の復興シナリオ・プランニング』公人の友社。
・小西敦（2021）（2022）「『地方創生』における都道府県の『戦略的』対応（1）（2・完）」『自治研究』97巻第12号、98巻第 2 号。
・嶋田暁文（2016）「『地方創生』のこれまでと自治体の現在～求められる自治体の『軌道修正』～」『地方自治ふくおか』60号。
・長野基（2018）「自治体行政計画―仕組みとプロセス」幸田雅治編『地方自治論―変化と未来』法律文化社：127-153。
・中村悦大（2021）「『地方創生』は競争淘汰的かバラマキか？―東海地方における市町村アンケート調査と交付金データから」『政策科学』28巻 3 号。
・新川達郎（1995）「自治体計画の策定」西尾勝・村松岐夫編著『講座行政学第 4 巻政策と管理』第 7 章、有斐閣。
・西尾勝（2000）『行政学の基礎概念』東京大学出版会。
・早川有紀・金﨑健太郎・北山俊哉（2021）「地方創生政策の特徴と課題：関西 2 府 4 県自治体アンケート調査をもとに」『法と政治』72巻 2 号。
・松井望（2017）「『基本方針による管理』と計画化：総合戦略と総合計画を事例に」『公共政策研究』第17号：40-51。
・山下祐介・金井利之（2015）『地方創生の正体』筑摩書房。

122

第5章 総合計画の職員参加と人材育成

1 計画策定の職員参加と自前主義の希求

　総合計画はだれが策定するか。自治体職員にそのように問えば、多くの職員からは、企画部門が主体に策定している、との答えが出るだろう。しかし、実際は企画部門等の特定部門だけが計画を策定しているわけではない。企画部門は各事業部系組織からの情報提供を受けながら計画を策定する。例えば、各事業部門に関連する施策等を計画に記載する場合、各事業部系組織には該当箇所の内容を照会するだろう。また、各事業部系組織が自らの部門で所管する計画を作成することもある。つまり、自治体計画とは、特定部門の職員たちだけが策定するものではなく、組織の垣根を越え、職員が幾重にも参加しながら策定することが自治体行政の日常である。

　このような庁内の様々な部門に所属する職員が政策形成等に関与する行動は、従来、「職員参加」と呼ばれてきた。職員参加とは、計画行政が日本の自治体で定着しはじめた1960年代ごろに提唱された造語とされる（松下 1980：1）。もちろん職員参加という言葉をあえて用いるまでもなく、職員が自治体運営に関与することは日常茶飯事だろう。例えば、意思決定手続である稟議制を想起してみるとよい。組織の下位にある職員から上位の職員まで事案決定手続に関与している。さらに、事案の内容次第では担当部局を越える。つまり、計画策定に限らず、職員参加もまた自治体行政の日常だろう。

　それではなぜ60年程前にあえて職員参加という造語を提唱したのだろうか。これには理由があった。それは同時期に提唱されたもう1つの参加、つまり住民参加の存在があった。住民参加には、地域住民による民主的な統制の目的がある。そのため住民参加には、議会という1つめの民主的な回路に加えた2つめの民主的な回路の役割を期待された。他方、職員参加もまた自治体の組織内での職員参加による民主的な意思決定を実現することが目的とされていた（大

123

島 1973：186）。つまり、住民参加も職員参加も自治体の政策形成での密室性を危惧し、部門ごとでの分立割拠を回避しながら、総合行政主体の名にふさわしく多様な主体による参加を通じた政策形成を期待し提唱されたのである。

とはいえ、60年後の現代から振り返ったとき、職員参加は長く主張されてきたわりには、計画策定への職員参加の意義や実態的な効果は必ずしも明確ではない。例えば、同用語を提唱した政治学者の松下圭一は、自治体計画の作りかたを次のように述べた。

> 「自治体計画の策定には、市民参加・職員参加の手続が不可欠である。この手続きなければ、企画室の作文におわる。それどころか、今日でも、計画原案の外部発注がみられる。各自治体がそれぞれの水準を結集する手造りの策定が、自治体計画の基本である。外部発注では、その自治体の政策水準はいつまでも未熟にとどまる」（松下 1991：294）。

住民参加と職員参加の2つの参加が「不可欠」と断じつつも、それ以上の議論は展開されてはいない。他方、引証部分で興味深い箇所は、外部化には明確に抑制的な態度を示していたことだろう。それは、自治体計画の策定での職員参加とは、自前主義の手作り計画を期待していたのである。

自前主義による手作り計画は、長らく自治研究者の間で共有されていた理念であった。例えば、自治体行政学者の大森彌は、計画策定には基礎調査、現状認識、基本理念の検討作業が重要とする。その上で大森はこれらの作業を「計画策定にとって致命的に重要」と断言し、「民間のシンクタンクに全面的に委託するのではなく、役所と住民の参加・対話の中から生み出しすべきである」（大森 1995：157）とも述べた。まさに松下の引証箇所と同様の認識である。計画策定とは重要であり、それゆえに職員自らが責任をもちながら策定すべき、との考えを示している。

それではなぜ外部主義よりも自前主義の手作り計画がよいとされたのか。松下の引証箇所から手がかりを見いだそうとすれば、「自治体の政策水準」の熟

度を期待することがヒントとなりそうである。職員参加がなければ、特定部門、つまりは企画室（部門）、が一手に計画作成するとも述べている。これに対して職員参加による自治体計画を策定することで「国のタテ割行政の系列にくみこまれがちの職員機構のセクショナリズムの調整」（松下 1980：328）を求めたのである。日本の自治体が総合行政主体として総合的な計画をつくるには、まずは参加する職員が所属組織を越えて作成すれば、計画の総合化に近づけられるという可能性に賭けたのであろう。重要な作業は職員自らで策定すべきである、という認識は、職員個人の専門的責任に対する期待が背景にあったのかもしれない。

　しかし、計画策定は決して容易なものではない。策定には職員への負担が大きい。例えば、川崎市を対象に事業部門が策定した基本計画を研究した行政学者の打越綾子によると、政策横断的な基本計画を策定する上では、職員には「科学的な専門知識や統計情報、基礎の法制度を把握した上で、長期的な大規模な作業を要するため、予算、人員、時間等の各種リソースを確保しなければならない」ことや「利害関係者の多様な意見を幅広く反映しなければならない」ことから「相当な労力を要する」（打越 2004：272）と述べている。このような職員たちの労力を顧みても政策横断的な基本計画を策定する自治体があるならば、事業部門の政策能力が向上しているからこそ基本計画が策定されうる、とも打越はみる。つまり、「相当な労力を要」しながらも自前主義を希求しつづける理由には、職員の能力向上につながるとの期待があったとも考えられそうである。

　1960年代から自治体で計画行政が開始し60年が経過した。この間、様々な概念や手法が喧伝され、ときに定着し、ときには消散してきた。これらの中でも長く主張された規範・価値の1つが職員参加である。職員参加の具体的な手法には、課題別の横断的なプロジェクト・チーム方式や職員の自主研究グループ方式に期待されてきた（松下 1980：335）。松井（2020）では、計画策定への職員参加の現状を把握すべく、福島県と福井県の市町村に対して実施したアンケート調査を実施し[1]、両県の市町村での職員による計画策定体制をまとめている。詳細は、松井（2020）に譲るが、内容を簡潔にまとめておくと、全部局からの

125

第 5 章　総合計画の職員参加と人材育成

職員が関与する計画策定体制が標準的であること、長期計画等の策定には長期
計画等の策定経験をもたない職員が参加する場合が多いこと、職員参加として
は職務として職員参加を行う体制を整備し重視していることが分かった。

　以上の現状の下で、現代では職員参加はどのような意味をもつのだろうか。
特に、人材育成と活用の意義は見いだされるのだろうか。本章では以上の問題
関心から、第 2 節では自治体計画策定への職員参加の目的と効果を主に研究者
たちのいくつかの断章からみていく。第 3 節では計画策定を経験した職員の人
材活用状況を明らかにする。特に、福井県の計画策定に関わった職員の職務経
歴（所属部署）調査を基に、策定後の職員の昇任・異動の特徴をみていく[2]。

2 職員参加による計画策定の 3 つの効果

2.1 政策の総合化

　職員参加による計画策定には、先行研究ではおおむね 3 つの効果が指摘され
てきた。それは、政策の総合化、内製化による信頼醸成、そして、人材育成・
活用である。

　まず 1 つめの効果は、政策の総合化である。特定部門が集中的に策定した計
画は包括的な計画であればあるほど、自治体の細部にわたる把握は困難とな
る。これは総合行政主体である自治体の宿痾であろう。この困難性に向き合
い、少しでも総合化を果たすために職員参加が行われたのである。部門を越え
た職員たちが自治体計画の策定に加わり、各行政分野の情報と知識を集約しな
がら、個々の職員がもつ専門性が計画策定に反映すると、政策の総合化につな
がると期待されたのであろう。

　行政学者の西尾勝は「新しい政策、新しい行政手法、新しい制度を立案し提

---

1 ）調査概要は次の通り。調査名は、「自治体の長期（総合）計画に関するアンケート」。調査対象
　は、福井県及び同県に位置する17市町（各長期（総合）計画担当部門）、福島県及び同県に位置
　する59市町村（各長期（総合）計画担当部門）。調査期間は2019年12月〜 2020年 1 月。回収率
　100％。
2 ）本章は、（松井 2020）（松井 2022）を基に、その後の研究成果を反映したものである。

言していくこと、自治体を革新していくことに積極的に参加すること」は「自治体の活力を高め、地方自治を活性化するため」（西尾 1986：328）と述べた。冒頭で引証した政治学者の松下圭一による職員参加の類型化にならえば、職員が所属する各職場中心の「職務参加」では個別部門の「絶対視」が生じる。そこで、「自治体全体への展望」をもつ参加となる「職員参加」（松下 1980：323）が必要であるとの認識が示された。西尾の認識もこれに一致する。さらに西尾は「庁内のセクショナリズムの壁を打ち破る参加」として「○○課の職員である以前に○○市の職員であるという原点に戻って発想し政策を立案することが期待」（西尾 1986：328）とも述べた。まさに計画策定への職員参加を通じた、政策の総合化を期待していたのである。

　このような職員参加の一般的な効果だけではなく、職員参加の実態に基づきながらの主張がある。例えば、地方自治学者の大矢野修は、武蔵野市で策定された総合計画を事例に総合計画に掲載された施策・事業には「行政内部に仕切られた権限のカベ」（大野矢 2015：153）があった、と述べる。そこで、この「権限のカベ」を乗り越えるためにも職員参加が必要であった、とする。これは、経営学者の田尾雅夫が述べたように「現場を熟知している人たちの意見の汲み上げ」（田尾 2010：226）の役割があった。言い換えれば、知識と専門性と経験を有する職員たちが計画策定に参加することで、当該自治体での総合的な計画を策定することができるとみていた。

　行政学者の西尾隆が整理したように、計画には予測、調整、参加の３つの機能があるとすれば（西尾 2003：68）、職員参加には、計画策定前後での政策の総合化のための調整機能が期待されたのである。つまり、職員参加とは総合化に向けた事前調整の役割をもつ。だが、事前調整ばかりではない。職員参加には、事後的に生じる紛争を回避し、行政上の負担の解消という調整の効果もある。計画策定後の各部門間での業務の押しつけあいを回避することも期待されたのである。そのためにも、職員間での「事前の合意」（田尾 2010：227）が前提となる。計画策定段階で実施担当部門と「計画部門との間に討議を重ねること」で、両者が「理解し、納得して」「コンセンサスをえておく」（立田 1982：70）ことで、事後的な調整が実現されるのであろう。以上のように計画

の実効性を確保するために職員参加が行われてきたのである。

2.2 内製化による信頼醸成

　2つめの効果は、内製化による信頼醸成である。これは言い換えれば、職員参加が提唱された時期には、外部機関に対する不信もあった。計画策定の業務は細やかな調整から大所高所に立った構想検討まで多岐にわたる。経営学者のハーバート・サイモンが提唱したように、すべての業務を職員たちが処理をしようとすれば、むしろルーティン業務の処理に追われてしまいがちである。つまり、計画策定の重要案件に時間を割けなくなる。いわゆる計画のグリシャムの法則に陥りやすい。そこで実際の計画策定では、職員たち自らの仕事とすべく、適宜、外部機関を利用していく。計画策定ではすべての作業を自前で行うこともあるだろう。他方、方針の立案は自前であっても統計調査等の基礎的業務や図表作成、住民参加等の専門的業務は外部機関に委ねる場合もある。つまり、職員たちが自前で計画を策定するとしても、どこまで自前主義にこだわりつつも、他者に協力をしてもらうかは、各自治体の状況により様々である。

　例えば、地方自治学者の長野基は、自治体が計画を策定する際にコンサルタント等の事業者を利用しない背景には、「財政力が乏しく委託費が捻出できないケースから、十分にノウハウを持つ職員体制があるため、わざわざ委託する必要がないというケースまでが含まれる」（長野 2018：135）と述べる。計画策定の外部化を規定する要因には、財政面と内容面がある。特に、長らく続いた自治体での職員数削減傾向に伴い、個々の職員が多忙化を極めている中では、計画策定業務では、職員の計画策定の事務作業支援を中心に、「手足」となるように外部機関に委託する現状がある、という（坂本 2019：84）。職員の業務状況もまた外部化の規定要因となる。翻っていえば、豊かな財力と余力がある職員体制をもつ自治体では外部機関に委託は行える。しかし、財政力が厳しい自治体では外部機関への委託がままならない。このことは外部機関に事務作業支援が必要となりそうな自治体では、むしろ外部化を行えないことにもなる。

　総じて、従来の自治体計画論では、計画策定の外部化にはやや慎重な認識が多い。例えば、近年では外部機関が主として首都圏等の事業者が中心となるこ

とで、資金等が地域に還元されないことを憂う指摘がある（坂本 2018：98）。さらに、外部機関が個々の自治体の個別性を顧みずに受託先の計画策定を策定することで、「金太郎あめみたいなのができ上がって」（新垣 2018：110）しまうことへの懸念はしばしば指摘されてきた。このような主張の背景には、自治体内部での計画策定には、疑問を挟むことなく信頼をもちがちであったためであろう。1つめとも関連するが、政策分野ごとの情報等を関係者間で共有する上では、「シンクタンクを活用せずに」自ら「掘り起こす」（山口 2020：25）上で有益であると考えられがちであった。特に、近年では従来外部機関に期待されてきた調査分析や企画提案業務も情報技術の進展により自治体で「内製化」（坂本 2019：84）が可能になっており、技術の進展が計画策定の内製化の傾向に拍車を掛けつつある。これもまた、計画策定の内製化への信頼ゆえに職員参加につながっているのであろう。

2.3 人材育成・活用

3つめの効果は、人材育成・活用である。職員参加ではこの点が最も強調されてきた。さらに人材育成・活用ではおおむね3つの効果が主張されてきた。

1つめは、現在の職員たちの意欲向上である。経営学者の田尾雅夫が述べたように、「意思決定に実質的に参加出来ることがモチベーション要因になる」（田尾 2015：53）のであろう。この点は、1960年代から自治体の計画行政を推進してきた自治制度官庁の関係者たちも述べてきた。つまり、「市町村の事務当局の企画立案能力」は計画策定の「経験を通じて徐々に充実していくもの」（遠藤・苫米地 1976：225）であるとの見立てがあった。さらに、地方自治学者の寄本勝美は、計画立案と実施への職員参加は、「関係者の姿勢と工夫いかんによっては職員参加を実り多きものとし、彼らの能力や働きがいなどを高める貴重な機会を提供する」とやや一般的ではあるが、「働きがい」の意義を指摘した。これには、寄本なりの計画観が反映されているのだろう。つまり「計画は職員という行政の人的要素を軽視する発想にもとづくものでなく、むしろそれとは反対の図式をもつことを意味する」（寄本 1989：220）とも述べ、職員の意欲向上の機会であると見立てている。このように、計画策定という組織的な意

思決定への参加を通じて、個々の職員が何らかの職務に対する意欲を自覚し、その自覚を通じて職務への意欲が向上するという誘因構造があると考えられてきたのである。現在の人事行政研究の中核的テーマである公務の動機付け（Public Service Motivation）に関する研究では、公共に参加することの魅力、公共的な価値へのコミットメント、思いやり、自己犠牲によって組織のモチベーションが強くなるという。計画策定への職員参加とはまさに公務の動機付けが期待されてきたのであろう。

　人材育成・活用の２つめには、若手職員の能力開発がある。行政法学者の大橋洋一は、計画への職員参加には「自分の頭で新規課題を考え抜くことのできる、政策能力の高い職員を養成できている」とし、これを「計画がもたらす間接的効果」（大橋 2008：148）があると指摘した。職員参加には「参画した職員がオン・ザ・ジョブ・トレーニングとして市民参加の意義、計画策定の意味、事業と予算との関連性、評価制度の活用方法等について、深い共通理解を取得可能」であり、他方、「コンサルタントに相変わらず計画策定を丸投げしている自治体では、外見上は立派な自治体計画を入手できたとしても、他方で、職員の能力開発の機会を放棄している」（同：148）とまで喝破する。職層が下位の職員や若手の職員たちの参加は、現場の意見を汲む機会になる。そして、個々の職員は自らの意見が組織に反映されれば、意思決定への実質的参加の経験につながる。これにより、個々の職員の職務能力を育成し、さらには「職員のエンゲージメント」（総務省 2021：24）を高める効果が期待されてきたのであろう。

　人材育成・活用の３つめは、計画策定後の人事配置の選抜機会に資するとされてきた。行政学者の西尾隆は三鷹市の長期計画の分析を通じて、三鷹市では次のような人事配置があったことを明らかにした。三鷹市では計画策定に関わった職員を「従来から人事方針として優秀な職員を企画部門に集中させる傾向があり、若干“作文”先行的なきらいがなくはなかったが、個々の計画が実際に具体化しはじめると結局そうした有能な職員を現場にも張りつけざるをえず、いわば企画部門の内部に結晶化していた『計画文化』が今ようやく庁内全体に融解・浸透しはじめたのである」（西尾 1995：127-128）という。三鷹市で

は計画は「全て職員が執筆している」（一條 2013：54）、本章の冒頭で述べた自前主義を採用してきた。そして計画策定経験を通じて、全庁的な人事配置の選抜効果がうかがえる。

　以上のように、計画策定への職員参加には、人材育成・活用の効果が期待されてきた。それではそもそも計画策定を通じて開発される能力とは具体的には何だろうか。地方自治学者の申龍徹によると、職員プロジェクト・チーム方式で経験した職員たちの間には、他部門との情報交換が行われ、「組織間の円滑な意思疎通」や「職員同士のコミュニケーションの活性化により政策形成能力の向上」（申 2004：94）であったという。計画、特に長期計画となると組織内外の多くの部門や人々との間で幾重もの約束が積み重ねられる。計画とはいわば長期多角決済の営みである。複雑な利害関係が隠然と蓄積されている計画を職員がつくり、動かしていくには、計画策定の技術以外にも職員には特殊な専門性の修得が必要となる。地方自治学者の竹内直人による財政課職員のスキルを分析した論考にならうと、計画策定には職員参加を通じて何かを知るというよりも、職員間での交流を通じて、誰が何を知っているかを知り、さらにはこれにより「自分がいかに知らないかを自覚し、情報を大切にする気質を身につけ、周囲にもそれを求める」（竹内 2019：124）能力が必要となるのではないだろうか。つまり、自治体組織内に多数ある専門性をもった職場や職員との交流を通じて、自治体内での一般性をもち、共通性があり、普遍性の高い知識を習得していく「柔軟な専門性（flexpeciality）」（本田 2009：194-195）の体得が期待される。このような能力は長期的に自治体内で重宝される。計画策定への参加が、若手の職員たちとってこれらの能力の組織的な学習機会となってきたからこそ、自前主義を重視してきたのであろう。

　自治体の行政計画は第一義的にはまちづくりを計画的に推進し、限られた行政資源のなかで優先順位をつけ、社会経済環境の変化に対応するためにある（西尾 2013：100-106）。自治体計画の策定に際して職員参加が重視された背景には、自治体にとって将来的に有為な人材を定期的に育成することが目的と考えられてきた。経営学者の田尾雅夫の表現に倣えば「現場重視を内実化して有為の人材」となるとともに、「大所高所の立場に立つ」（田尾 2015：234）ことが計

第 5 章　総合計画の職員参加と人材育成

画策定への職員参加に期待されてきたのである。

　それでは、実際に計画参加を経験した職員たちはどのように活用されたのだろうか。この問いは第 3 節で明らかにしていく。

3　計画策定を踏まえた人材活用：『ふくい2030年の姿』作成者たちのその後

3.1　『ふくい2030年の姿』の策定目的と内容：長期計画等の策定停止と将来像の作成

　本節では、福井県での計画策定に参加した職員たちのその後の異動実績を基に、計画策定経験者の自治体内でのその後の人材活用の状況をみていく。

　本節で注目する計画は福井県が策定した『ふくい2030年の姿』である。『ふくい2030年の姿』は実は 2 冊の報告書がある。1 冊目は、2005年 3 月に策定された『ふくい2030年の姿—25年後のふくい　夢と希望の将来像—』である。『ふくい2030年の姿—25年後のふくい　夢と希望の将来像—』では、人口動態や経済構造の変化、グローバル社会、情報社会、人とくらし、仕事と社会、生活と行政のテーマに関して広範囲のデータに基づく現状分析を行った上で、「産業・働き方」「社会基盤」「地域社会」「人」の 4 つの未来像を「ふくいの2030年の姿」として提示した。2 冊目は、2009年 3 月に策定された『ふくい2030年の姿・Ⅱ—私たちの暮らし　つながる希望と幸福—』である。『ふくい2030年の姿・Ⅱ—私たちの暮らし　つながる希望と幸福—』では、『ふくい2030年の姿—25年後のふくい　夢と希望の将来像—』を継承しつつ、「『暮らし』に視点を置」[3]き重点化された内容である。

　本節では、この 2 つの報告書をあわせて『ふくい2030年の姿』と総称する。後述するように、『ふくい2030年の姿』は、福井県の長期的な将来像を示していた。当時の知事の議会発言では、いずれも「具体的な事業や施策を体系化したものではございません」[4]とも断言している。いわゆる総合計画のような長

132

期計画ではないものの、福井県の将来像や「道しるべ」[5]が示された内容である。そして、この点が重要ではあるが、『ふくい2030年の姿』には「若手職員」の人材育成が目的とされた。そのため職員参加を通じた実際に職員たちの活用を把握するには最適な対象であると考えた。本節では、『ふくい2030年の姿』の作成に関わった総計32名の職員たちが、その後、県庁内ではどのように活用されたのかをみていくこととしたい。

　まずは『ふくい2030年の姿』の策定経緯を確認する。あわせて、『ふくい2030年の姿』の策定に参加した職員たちの特徴を明らかにしていく。その上で、福井県での計画策定に参加した職員たちのその後の異動実績を基に、人事の活用状況をみていく。

　福井県では、2003年に西川一誠氏が知事に就任した。退任までの4期16年間、マニフェストに基づく県政運営を採用してきた。この間のマニフェストに基づく県政運営過程の一部は、地方自治学者の竹内直人や行政学者の松井望による観察結果がすでに公表されている（竹内 2017）（松井 2015）。マニフェストに基づく県政運営を端的に述べれば、知事任期内（4年間）での施策・事業の優先順位を明示した上で県政を運営したことにある。つまり、福井県では4年間という知事任期が県政運営で参照される時間となったこともあり、2003年からは長期計画の策定を停止したのである[6]。

　しかし、西川県政の1期目から県政に関係する各方面、特に同県議会からは長期的な将来像をもつ必要性が要請されてきた。長期計画策定の要請に対して知事は、従来型の長期計画は「著しく社会経済情勢が変化しているこういう時代においては、策定そのものがなかなか難しいという問題や、策定後、早い段階でずれが生じてしまうというような問題も一方である」[7]と述べ、「数値目標を明瞭にしたような従来型の長期計画を避けるべきである」との「考え方」[8]

3）「ふくい2030年の姿」検討会「ふくい2030年の姿・Ⅱ―私たちの暮らし　つながる希望と幸福―」（2009年3月）4頁。
4）「平成16年第338回定例会　第3号一般質問」（知事（西川一誠君）発言）（2004年6月9日）。
5）「平成17年総務教育常任委員会」（総合政策部長発言）（2005年6月24日）。
6）なお、2010年には福井県議会からの要請を受けて、県議会とともに『「希望ふくい」の創造』という将来ビジョンを作成している（松井 2013：181-182）。

第 5 章　総合計画の職員参加と人材育成

を一貫して示してきた。そのため、2003年から2019年までの期間、いわゆる長期計画に該当するような計画を福井県では策定してこなかったのである。

　とはいえ、福井県では長期的な県政の姿を見据えなかったわけではない。純然たる長期計画ではないものの、「将来、福井県をこういうふうにしたいという政策を検討していく上での道しるべとなるような将来像」は必要との考えが知事側にもあった。そこで、2005年を「1つの区切りとして、例えば約四半世紀、2030年」をめどにとした「将来にわたって県政に携わる若い職員の考え、夢を盛り込んだ本県の将来像」[9]を策定した。これが『ふくい2030年の姿』である。知事側からは、上記のマニフェスト県政との整合性からも、「もちろんこれは、長期計画に相当するものではない」[10]と強調した。しかし、「将来、福井県をこんなふうにしたい、あるいはこういう夢を持ちたい、こういう姿である、こういう道しるべ」[11]となる将来像の作成は認め、その作成を「若い職員」に託したのである。

　マニフェスト県政とは、あらかじめ政策目的や目標がマニフェストに記載されているため明確である。このことは政策形成能力という点では弊害もある。つまり、職員自らが政策の目的や目標を考える機会を失われることも懸念される。とりわけ、政策形成との関わりが少ない「若い職員」は、マニフェスト県政が続くと、実際での政策形成の経験がないまま中堅職員や管理職になるおそれがある。そこで、『ふくい2030年の姿』への参加を通じて、「若い職員」が県政の問題を自ら考え、政策を形成する能力を涵養することを期待していたのかもしれない。

　『ふくい2030年の姿』の内容は、本節冒頭で整理した通りである。知事の所信表明の表現にならえば、2005年段階で「かつて経験したことのない人口減少という社会を迎え、「量」から「質」、「集団」から「個」、「フロー」から「ストック」へと、時代の変化に応じた新しい豊かさの概念を確立すること」など

---

7)「平成16年第338回定例会　第2号代表質問」(知事(西川一誠君)発言)(2004年6月7日)。
8)「平成17年第342回定例会　第4号一般質問」(知事(西川一誠君)発言)(2005年3月3日)。
9)「平成16年第338回定例会　第2号代表質問」(知事(西川一誠君)発言)(2004年6月7日)。
10)「平成17年予算特別委員会」(知事(西川一誠君)発言)(2007年7月10日)。
11)「平成16年第338回定例会　第3号一般質問」(知事(西川一誠君)発言)(2004年6月9日)。

の「2030年を想定した福井県の将来像を描く」[12]ものであった。同時期の県政で通底した「ある意味でいわく言い難い概念を戦略的に使用する」(宇野 2015：205) 手法との親和性も高い。そのため『ふくい2030年の姿』の内容自体は、抽象度が高くやや茫漠としている部分が含まれてもいる。

他方、『ふくい2030年の姿』にはより明瞭な目的があった。それが人材育成である。上述のように『ふくい2030年の姿』の作成を「若い職員」が担うことは当初から一貫してきた。当時の知事の議会発言を引照すれば、『ふくい2030年の姿』の「研究、検討を通じて、若手職員が、本人だけではなく、それぞれの職場や関係者と議論しながら、意欲を引き出し、組織の活力にもつなげ、これをまた引き出すことによって、県民の利益の向上につながるのではないかという趣旨で実行している」[13]のである。つまり、策定参加を通じた職員の能力向上が期待されたのであろう。

さらに、「将来、20年、30年後に福井県を担い、これから20年、30年を力を尽くしてリードしていただく若い人にこれをまず考えてもらうべきだと思って、今、そういう仕事を進めている」[14]とも知事は述べた。『ふくい2030年の姿』の内容は福井県の夢や希望を描くという抽象性をもった将来像や「施策の道しるべ」[15]ではあるものの、実際に策定に関わった職員には将来の福井県の中核的な人材となることを明瞭に想定されていた。

これらの発言からも、『ふくい2030年の姿』の職員参加は、その後の人事配置上の選抜機会として捉えていたようにも考えられる。確かに、『ふくい2030年の姿』を策定した動機には、議会等からの長期計画の策定要請への対応が主たるものであったかもしれない。しかし、計画策定への職員参加による人材育成という「間接的効果」は、「県庁において責任ある役割を果たす世代に、あらかじめ将来のことを考えさせようとする意図」(宇野 2015：209) があり、『ふくい2030年の姿』でも企図されていたのであろう。策定経験自体が職員の人材

---

12) 福井県『平成17年度当初予算　知事提案理由説明要旨』(平成17年2月23日、第342回定例県議会)。

13)「平成17年予算特別委員会」(知事（西川一誠君）発言) (2007年7月10日)。

14)「平成16年第338回定例会　第3号一般質問」(知事（西川一誠君）発言) (2004年6月9日)。

15)「平成18年第348回定例会　第4号一般質問」(総務部長（杉本達治君）発言) (2006年9月20日)。

135

第5章　総合計画の職員参加と人材育成

育成となり、策定後には人材活用を期待していたのである。

3.2 『ふくい2030年の姿』への職員参加による策定

　それでは、2冊の『ふくい2030年の姿』はどのように策定されたのだろうか。

　まず、策定は「ふくい2030年の姿」検討会で進められた。検討会は、「週1回程度、メンバーでいろんなデータの収集、トレンドの把握に努め」[16]ながら、「バックキャスト的に政策形成の参考資料として活用」[17]された。2冊とも週1回、もしくは週2回[18]の頻度で検討会を開催しており、濃度が高い参加が行われたことがうかがえる。確かに、「ふくい2030年の姿」検討会は、「県庁の若手職員」が参加した点では2冊とも共通している。しかし、職員構成は2冊の間では異なっていた。2005年版は16名、2009年版は18名の職員がそれぞれ参加した。両報告書の作成に参加した職員は2名にとどまる。32名の職員の属性を、両報告書に「ふくい2030年の姿」検討会の「名簿」を基に確認すると、次のような特徴が分かる。

　1つめは、幅の広い「若手職員」からの参加である。2005年版では20代は2名、30代では11名、40代からは3名[19]、2009年版では20代は3名、30代では11名、40代からは4名であった[20]。「若手」の範囲は、各社会内や各組織で相対的に捉えられがちではある。福井県の場合、10年以上の経験を有する職員を「若手」と捉えたようであり、30代以上の職員が検討会の構成の大半を占めていた。これは人材活用とも関連するのだろう。つまり、「将来、20年、30年後に福井県を担い、これから20年、30年を力を尽くしてリード」することを意図した場合、40代までが「若手」の上限とされたのだろう。職位をみてみると、2005年版では主事は2名、主査が10名（うち、企画主査は5名）、主任が4名で

---

16)「平成16年予算特別委員会」（知事（西川一誠君）発言）（2004年12月15日）。

17)「平成19年第354回定例会　第2号代表質問」（知事（西川一誠君）発言）（2007年11月30日）。

18)「ふくい2030年の姿」検討会「ふくい2030年の姿—25年後のふくい　夢と希望の将来像—参考資料」（2005年3月）17頁。「ふくい2030年の姿」検討会「ふくい2030年の姿・Ⅱ—私たちの暮らし　つながる希望と幸福—」（2009年3月）157頁。

19)「ふくい2030年の姿」検討会（2005年）・前掲注18）18頁。

20)「ふくい2030年の姿」検討会（2009年）・前掲注18）159頁。

あった。2009年版では主事の参加は6名であった。2005年版からは「若手」の職位が増加している。他方、主査は9名であり2005年版からは1名減員だった。しかし、企画主査の職員数は8名に増員した。つまり、2009年版では、総じて職務経験が限られている「若手」の職員と一定年数での職務経験を積んだ「若手」の職員から構成されたようである。なお、主任は2名、課長補佐が1名であった。

2つめは、広範な部門に所属する職員の参加である。部単位でみてみると、2005年版では総務部が6名と最も多い。次いで、福祉環境部が3名、農林水産部が2名、土木部が2名、県民生活部が2名、産業労働部が2名であった。会計、人事、文書、企画等のいわゆる「官房系統組織」（西尾 2001：186）に所属する職員が約4割を占めていた。しかし、事業部系組織に所属する職員も参加していたことが分かる。2009年版では、総務部が6名、総合政策部が3名と官房系統組織に所属する職員が5割を占めていた。その他では農林水産部が3名、安全環境部が2名、健康福祉部が1名、土木部が1名、教育庁が1名、嶺南振興局が1名であった。

3つめは、計画担当部門所属の職員の参加傾向である。2つめの特徴で述べたように、『ふくい2030年の姿』は官房系統組織からの参加者が総じて多いものの、事業部系組織からも一定数の職員が参加していた。とはいえ、所属する部単位の組織名だけでは、各職員の業務内容や経験は明らかにすることができない。本章では『ふくい2030年の姿』を策定時点で、個々の職員が各所属部門でどのような業務を担当していたのかは、既存資料からは把握ができなかった。そこで、本章では代替的な資料として個々の職員が所属した課の事務分掌に注目した。事務分掌をみることで所属課での業務をうかがうことができると考えたためである。

具体的には所属する各課での事務分掌の規定を基に、特定名の「計画」の規定の有無と「企画」「調整」「調査」の規定の有無を確認した。その結果、2005年版では、特定の「計画」を分掌している課に所属していた職員は5名であった。他方、「企画」「調整」「調査」の規定がある課に所属した職員は8名であった。2009年版では、前者が6名、後者が7名であった。2009年版への参加

137

第5章　総合計画の職員参加と人材育成

職員数は2005年版から2名が増加したものの、2009年版では、特定の「計画」を所管しない課で「企画」「調整」「調査」を担当しない職員たちの参加があったかのようにもみえる。だが、1つの課の事務分掌規程で「計画」と「企画」「調整」「調査」の双方が規定されている課に所属していた職員の数をみてみると、2005年版は4名、2009年版は5名であった。これは、2009年版では、2つめの特徴で述べた官房系統組織に所属する職員参加が増加した結果であろう。つまり、特定の計画や計画に関連する業務とは全く関連がない部門に所属する若手職員が参加したのではなく、若手職員の時期から計画に関連する業務を所掌する課に所属した職員が参加していたといえるだろう。

　以上のように、広範な部門で計画に関連する業務を所掌する課に所属した幅の広い「若手職員」たちは、『ふくい2030年の姿』の策定に参加した後、どのように県庁内で活用されたのだろうか。次項では、職位と配属部門に注目しながら、活用上の特徴を明らかにしていく。

3.3　『ふくい2030年の姿』作成者たちのその後

(1)　管理職・幹部職と管理職につながる職への昇任

　1つめの特徴は、管理職・幹部職と管理職につながる職への昇任傾向があった。まずは管理職への昇任状況をみてみる（図表5-1）。2005年版の策定に参加した職員たちのうち、2019年8月段階で同県庁に在籍していない4名を除いた12名の職員の職位を確認すると、主任が2名、課長補佐が1名、課長・参事が6名、副部長・室長が2名、部長は1名であった。16名の職員から、策定後に県庁を退職した2名の職員を除き、2018年度までは在籍した2名を追加した14名の職員の異動・昇任の推移をみると、課長級・参事以上への昇任者が12名であった。なお、2018年度までは在籍した2名とは、2018年度に定年退職をした職員が部長級（図書館長）、2019年度に副市長に就任した職員が副部長（大阪事務所長）であった。このように『ふくい2030年の姿』に参加した職員たちは、管理職や幹部職に就任したことが分かる。まさに「将来、20年、30年後に福井県を担」う職員に結びついていたのである。

　2009年版は策定後10年しか経過していないため、2005年版の策定に関わった

138

職員たちに比べると、管理職や幹部職への就任者は限定的である。両報告書に関わった2名の職員を除くと、課長級・参事以上への昇任者は3名であった。ただし、2019年8月段階では管理職には昇任をしていないものの、課長補佐職は2名、主任7名のうちグループ主任（総括主任）は6名が就任した。福井県の場合いずれも将来の管理職候補となる職位であるとすれば、2009年版に参加した職員たちもまた着実に昇任をしていると考えられる。

(2) 計画関連部門への異動と計画経験の活用

2つめの特徴には、計画関連部門への異動と計画経験の活用がある。個々人の職員たちの昇任だけでは、計画策定への経験を通じた人材活用を把握したことにはならない。むしろ、『ふくい2030年の姿』を策定した経験が、その後の福井県の計画策定に関わる業務や組織にどれほど活用されているのかを把握することが重要であろう。

当時の福井県では全庁的な長期計画を策定しなかったものの、各種行政分野毎での基本方針や基本計画を策定してきた。例えば、2006年9月段階では「61の中・長期的な基本方針・計画を定めている」[21]と当時の総務部長が県議会で発言した。この「中・長期的な基本方針・計画」に注目することで、「若い」

図表5-1 『ふくい2030年の姿』参加者の職位の推移

		主事	主査	企画主査	主任	課長補佐	課長・参事	企画幹・副部長・室長	部長	退職	出向	不明
2005年版	2004年4月現在	2	5	5	4							
	2019年8月現在					2	1	6	2	1	3	1
2009年版	2009年3月現在	6	1	8	2	1						
	2019年8月現在				2	7	2	4（3）		1（0）	1		1

（括弧の数字は2005年版参加者を除いた数字）
（出典：筆者作成）

---

21)「平成18年第348回定例会　第4号一般質問」（総務部長（杉本達治君）発言）（2006年9月20日）。

時期での計画策定の経験が異動を通じて、他部署、とりわけ事業部門での計画策定にどれほど関与したかを把握すると、計画策定を通じた人材育成と人材活用の実態を把握できるのではないだろうか。

だが、個々の職員の各担当業務は、資料面での制約があり把握ができなかった。そこで、本節では福井県総務部人事企画課が毎年度発行している『福井県職員録』に掲載された「本庁各課等の分掌事務」を基に、各職員が所属した課レベルに分掌された事務に注目した。これにより、所属組織の事務分掌に規定された業務から、『ふくい2030年の姿』に参加した職員たちのその後の業務として把握を試みた。

具体的な作業は、「本庁各課等の分掌事務」の各課内の事務分掌規程の中で、次の2つの事項の有無に着目した。1つめは、特定の計画名の規定の有無である。所属部門の事務分掌内に特定の計画名があれば、当該計画書（plan）を担当又は業務に関連する可能性が高いと考えた（図表5-2）。

2つめは、「企画」「調整」「調査」に関する業務の規定の有無を確認した。計画とは特定計画の計画書（plan）をのみを指すものではない。施策等を企画する行為（planning）もまた計画であろう。つまり、計画（planning）とは、計画書（plan）の実現にむけた調整過程でもある（西尾 1990：207）。また、調査に基づかない計画は存在しないだろう。いずれも計画策定業務に関わる業務であり、当該業務が所属部門の事務分掌と規定されていれば、計画（planning）関連する可能性が高いと考えた（図表5-3）。

以上の作業の結果をみてみたい。2005年版の策定に参加した職員のうち策定時から2019年度までに所属した課数をみると、最多は10課、最少は1課、平均は6.3課であった。なお、途中退職をした2名を除く14名が所属した課数は7.0課であった。そして、16名の職員のうち特定の計画名を分掌された課での業務経験がある職員は8名となる。これらの8名が16年間で計画名を分掌された課に所属した課数をみると、1課が5名、2課が3名である。つまり、特定計画を担当する課に配属された、または、配置され続けているとまでは言い切れない結果であった。

ただし、異動した課数は少なくても特定課に長く勤務した可能性は考えられ

る。これは、計画策定の経験をもつ人材を特定課の業務で長く専門的に活用しているといえるだろう。確かに、計画担当組織に所属した職員のうち16年間の勤務のうち最長11年の職員がいたものの、多くの職員は１～５年間で各課の勤務を終えていた（１年間は２名、２年間は２名、３年間は２名、５年間は１名）。

　他方、上記結果とは対照的な結果がある。それは計画（planning）に関連する課への配属である。16名すべての職員が16年間の間で「企画」「調整」「調査」と規定された課に配属されていた。具体的には、１課が６名、２課から５課がそれぞれ３名、８課を経験した職員は１名であった。つまり、計画を担当する課への配属であるとは断定まではできないものの、計画（planning）に関わる課には配属されたようである。ここからは計画策定での経験を全庁的に活用している様子はうかがえるだろう。

　もちろん１課や２課での勤務者が半数を占めていたため、16年間のうち特定の時点だけに勤務していたおそれもある。そこで、「企画」「調整」「調査」と規定された課での勤務年数をみてみた。その結果、２年間所属した職員は６名であった。６名はいずれも１課のみに配属された職員である。しかし、残り10名の職員は４年が１名、６年が２名、７年が１名、８年が３名、13年から15年が各１名であった。つまり、2005年版の策定に参加した職員の多くは、その後、計画（planning）に関連業務に関与し続けている様子がうかがえた。

　以上の結果は、2009年版の策定に参加した職員の異動結果からも観察できた。2009年版の策定に参加した職員18名では、特定計画名の課での業務経験をもつ職員は８名と半数以下である。2005年版の策定に参加した２名を除くと６名であった。さらに、勤務年数は１年から３年がそれぞれ２名、５年が１名、８年が１名であった。当該課での勤務年数が長期であったとまでとは言い難い状況であった。他方、「企画」「調整」「調査」と規定された課に所属した職員は16名であった。１課が６名、２課と３課がそれぞれ３名、４課が４名である。勤務年数は、２年が３名、３年が２名、５年から８年が各２名、９年から11年が各１名と、2005年版の策定に関わった職員と同様に、2009年版の策定に参加した職員もまた、その後、計画（planning）に関連業務に関与し続けている様子がうかがえた。

第5章　総合計画の職員参加と人材育成

図表5-2　『ふくい2030年の姿』参加者の異動（「計画」規定組織への異動者数と勤務年数）

（人）

課数	0	1	2
2005年版	8	5	3
2009年版	10	7（5）	1

（人）

勤務年	0	1	2	3	4	5	6	7	8	9	10	11	12	13	14
2005年版	8	2	2	2	0	1	0	0	0	0	0	1	0	0	0
2009年版	10	2	2	2（1）	0	1	0	0	1（0）	0	0	0	0	0	0

（括弧の数字は2005年版参加者を除いた数字）
（出典：筆者作成）

図表5-3　『ふくい2030年の姿』参加者の異動（「企画」「調整『調査」規定組織への異動者数と勤務年数）

（人）

課数	0	1	2	3	4	5	6	7	8
2005年版	0	6	3	0	3	3	0	0	1
2009年版	2	6	3	3	4（2）	0	0	0	

（人）

勤務年	0	1	2	3	4	5	6	7	8	9	10	11	12	13	14	15
2005年版	0	0	6	0	1	0	2	1	3	0	0	0	0	1	1	1
2009年版	2	0	3	2	0	2	2	2（1）	2	1	1	1（0）	0	0	0	0

（括弧の数字は2005年版参加者を除いた数字）
（出典：筆者作成）

⑶　官房系統組織への異動と計画経験の活用

　3つめの特徴は、官房系統組織への異動と計画経験の活用がある。2つめの特徴でみたように、『ふくい2030年の姿』参加に関わった職員たちは、特定名の計画が事務分掌に規定された課に必ず配属されてはいない。しかし、「企画」「調整」「調査」と規定された課に多く配属されていた。このことは人材活用という点ではどのような意味をもつのだろうか。

1つめは、各事業部門内での計画（planning）に関連する課に配属され、各事業系組織での政策形成に貢献していることが考えられる。福井県ではマニフェスト県政を導入したことで、トップダウン的な県政運営が徹底されていたかのような理解ができなくもない。他方、上述のように各部ごとでの基本計画等を策定することでマニフェストに基づく施策・事業の具体化は各部単位が担うような仕組みもあわせて採用してきた。つまり、特定名の計画は規定されてはいないものの、各事業部系組織での政策の具体化を担う役割を果たしていたことが考えられるだろう。

　2つめは、1つめとは一見相反するようではあるが、全庁的な計画（planning）に関連する課に配属され、全庁的な政策立案を担う人材として配置されたことが考えられる。具体的には、財務、人事、文書等を担当する官房系統組織への配置である。全庁的な資源管理を担当し、政策の立案に担当する人材として活用することも考えられるだろう。

　これらの2つの見立てのうち、『ふくい2030年の姿』の策定に参加した職員の所属組織の動向から検証する。具体的には、福井県の総務部、総合政策部、地域戦略部を「官房系統組織」として位置付けて、各部内各課に所属した人数を算出した（図表5-4）。その結果、1つめよりも2つめの見立てが観察された。2005年版の策定時から2019年度までには、16名中13名が官房系統組織に所属した。各部の中では1課での勤務者が1名、3課が5名、4課から6課が各1名であった。さらに、勤務年数をみると、2年と3年がそれぞれ2名ではあったものの、6年から8年が各2名、10年以上は3名であった（12年から14年は各1名）。以上の結果は、2009年版の策定に参加した職員でも観察できた。18名中16名は官房系統組織での勤務経験がある。勤務年数も3年以下は5名（1年は1名、2年から3年は各2名）であるが、11名は4年以上勤務していた。

　以上から福井県での2冊の『ふくい2030年の姿』の策定を通じた「将来、20年、30年後に福井県を担い、これから20年、30年を力を尽くしてリード」する人材育成とは、官房系統組織での人材活用を企図としたものであったといえるだろう。

第5章　総合計画の職員参加と人材育成

図表5-4　『ふくい2030年の姿』参加者の異動（官房系統組織への異動者数と勤務年数）

（人）

課数	0	1	2	3	4	5	6
2005年版	3	5	0	5	1	1	1
2009年版	2	6	3	2 （1）	5 （4）	0	0

（人）

勤務年	0	1	2	3	4	5	6	7	8	9	10	11	12	13	14
2005年版	3	0	2	2	0	0	2	2	2	0	0	0	1	1	1
2009年版	2	1	2	2	1	1	1	2	2	1	1	0	2	0	0

（括弧の数字は2005年版参加者を除いた数字）
（出典：筆者作成）

4　自治体計画作成と職員参加のこれから

　本章では次の3点を明らかにした。

　まずは、第1節では、自治体計画の作成への職員参加の目的と期待、さらには、自治体計画策定への自前主義を希求し続けて来た経緯を明らかにした。第2節では、自治体計画策定への職員参加を主張する研究者を中心とした言説を基に、職員参加によって期待された目的と効果として、政策の総合化、内製による信頼性の醸成（外部機関への不信）、人材育成の効果の3つがあることを明らかにした。最後に第3節では、計画策定を経験した職員の人材活用という観点から、福井県の『ふくい2030年の姿』の策定に関わった職員の職務経歴（所属部署）調査を基に、策定後の職員の昇任・異動の特徴を抽出した。具体的には、管理職・幹部職と管理職につながる職へと昇任していること、異動部門では、事業系組織、官房系組織のいずれでも計画（planning）業務に関わることが多いこと、その上で、官房系統組織への異動経験を経た職員が多いことを明らかにした。

　以上から、自治体計画策定への職員参加を通じた人材育成と人材活用は現代では広く定着していることが分かるだろう。松井（2020）でも論じたように、かつての職員参加論が喧伝してきた自主参加よりも、現代では制度化された職

務による職員参加が定着した実態がある。これは、職員参加が主張された60年前に比べると、現代の執務環境が大きく変化したことに関連しているだろう。

「職務の専門家」ではなく「自治体の専門家」（松下 1980：330）となるべく幅の広い知識と経験を取得するために職員参加が謳われた当時は、個々の職員の仕事と生活では仕事が優先され、個々の職員の生活よりも職場での仕事が自らの人生で優先されてきたのかもしれない。私的な生活時間を仕事に関連する職員参加に時間を費やし、自己を陶冶することが期待されていたのだろう。

しかし、現代ではどうだろうか。2010年代に取り組まれた働き方改革を契機に、民間部門と公共部門のいずれでも適正な働き方の実現が目指されてきた。さらに、新型コロナウィルスの感染拡大とデジタル化の進展がこの流れに竿をさし公務での働き方自体が変わりつつある。いわずもがなではあるが、公私の分離は官僚制本来の姿である。「公務の動機付け」の美名の下に私的な生活時間を公務に侵食される必要はない。

さらには、意欲がある職員たちは、職場での参加に限定することなく、自主的に自らの能力とつながりを研鑽するために自治体という組織を越境しながら活動している（岡田 2022：185）。また、第9章の福井県の総合計画の策定経験からも分かるように、自前主義に囚われずに自治体外にも広く開かれた策定方法をとることがある。外部の人材との交流から「若手職員」が組織内の内向きの思考から転換し、真の意味での「自治体の専門家」になり得る機会が広がっている。

職員の範囲も従来のように常勤職には限定されない多様な経験と知識をもった職員が、多様な勤務形態で1つの職場で共に働いている。つまり、職員と執務状況の多様化が日常風景である現在、旧態依然とした職員参加では職員全体の能力向上は期待できない。職員と働き方の現状に即した自治体計画策定への職員参加のあり方の検討が今後の課題であろう[22]。

（松井　望）

---

22) 本研究はJSPS科研費21K01297、20H01456、19K01460、17K03547、17K03545の助成を受けたものである。

第 5 章　総合計画の職員参加と人材育成

〔参考文献〕
・新垣二郎編（2018）『自治のゆくえ「連携・補完」を問う』公人社。
・一條義治（2013）『これからの総合計画 人口減少時代での考え方・つくり方』イマジン出版。
・打越綾子（2004）『自治体における企画と調整 事業部門と政策分野別基本計画』日本評論社。
・宇野重規（2015）「現代的知事の誕生？―西川一誠福井県知事を事例に」宇野重規・五百旗頭薫編
　『ローカルからの再出発―日本と福井のガバナンス』有斐閣：197-215。
・遠藤文夫・苦米地行三（1976）『新訂版　市町村の経営』第一法規。
・岡田淳志（2022）『公務員が人事異動に悩んだら読む本』学陽書房。
・大島太郎（1973）「職員参加の可能性」『岩波講座現代都市政策Ⅲ　都市政治の革新』岩波書店：185-
　208。
・大野矢修（2015）「総合計画の原点としての『武蔵野市長期総合計画』」神原勝・大野矢修編著『総合
　計画の理論と実務 行財政縮小時代の自治体戦略』公人の友社：89-162。
・大橋洋一（2008）『都市空間制御の法理論』有斐閣。
・大森彌（1995）『現代日本の地方自治』財団法人放送大学教育振興会。
・金井利之（2020）『行政学概説』一般財団法人放送大学教育振興会。
・坂本誠（2018）「地方創生政策が浮き彫りにした国―地方関係の現状と課題―『地方版総合戦略』の
　策定に関する市町村悉皆アンケート調査の結果をふまえて―」『自治総研』474号：79-91、76-100。
・坂本誠（2019）「計画策定業務の外部委託をめぐる諸課題」『都市問題』110巻9号：79-91。
・申龍徹（2004）「自治体計画の戦略的改革」武藤博己編著、西尾勝・神野直彦編集代表『自治体改革
　2　自治体経営改革』ぎょうせい：67-99。
・総務省（2021）「地方公共団体における今後の人材育成の方策に関する研究会　令和2年度報告書」
　（令和3年3月）。
・田尾雅夫（2010）『公共経営論』木鐸社。
・田尾雅夫（2015）『公共マネジメント―組織論で読み解く地方公務員』有斐閣。
・竹内直人（2017）「自治体における政策形成と予算編成の関係変化―マニフェストの自治体行政管理へ
　の影響―」『公共政策研究』第17号：52-68。
・竹内直人（2019）「遅い昇進の中の隠れた早い選抜―自治体ホワイトカラーの昇進パターンと組織の機
　能」大谷基道・河合晃一編著『現代日本の公務員人事―政治・行政改革は人事システムをどう変えた』
　第一法規：157-178。
・長野基（2018）「自治体行政計画―仕組みとプロセス」幸田雅治編『地方自治論　変化と未来』法律
　文化社：127-153。
・西尾隆（1995）「自治体総合計画の展開とその意義」辻山幸宣編著『分権化時代の行政計画』財団法
　人行政管理研究センター：107-132。
・西尾隆（2003）「行政のコミュニケーションを担う総合計画」『都市問題』94巻10号：65-90。
・西尾勝（1986）「自治体と市民」西尾勝・大森彌編著『自治行政要論』第一法規：303-335。
・西尾勝（1990）『行政学の基礎概念』東京大学出版会。
・西尾勝（2001）『新版　行政学』有斐閣。

- 西尾勝（2013）『自治・分権再考―地方自治を志す人たちへ』ぎょうせい。
- 本田由紀（2009）『教育の職業的意義―若者、学校、社会をつなぐ』筑摩書房。
- 松井望（2013）「『長期計画』は希望となるか―自治体の行政計画」東大社研・玄田有史編『希望学 あしたの向こうに 希望の福井、福井の希望』東京大学出版会：176-183。
- 松井望（2015）「県庁内のガバナンス変容と持続―マニフェスト導入による政治時間の紀律づけ」宇野重規・五百旗頭薫編『ローカルからの再出発―日本と福井のガバナンス』有斐閣：217-239。
- 松井望（2020）「自治体計画策定への職員参加と人材育成・活用」松井望・荒木一男編『自治体計画の特質および地方分権改革以降の変化と現状』東京大学社会科学研究所研究シリーズNo.70：89-113。
- 松井望（2022）「自治体計画への職員参加と人材育成」『自治大学校からの情報発信』Vol.23：6 -11。
- 松下圭一（1980）「はしがき」松下圭一編著『職員参加』学陽書房：89-113。
- 松下圭一（1980）「職員参加の意義と理論構成」松下圭一編著『職員参加』学陽書房：311-347。
- 松下圭一（1991）『政策型思考と政治』東京大学出版会。
- 山口研悟（2020）「第32次地方制度調査会「2040年頃から逆算し顕在化する地方行政の諸課題とその対応方策についての中間報告」について（下）」『地方自治』No.867：15-40。
- 寄本勝美（1989）『自治の現場と「参加」住民協働の地方自治』学陽書房。
- 立田清士（1982）『計画と財政―地方団体の場合』良書普及会。

第**6**章 総合計画における住民参加

1 はじめに

　1969年の地方自治法改正によって義務付けられた基本構想の策定は、約半世紀が経った2011年の同法改正により義務の廃止となった。一方、2014年には「まち・ひと・しごと創生法」が制定され、5か年の地方版総合戦略の策定が努力義務化された。現状では、総合計画と総合戦略が別々に策定され、併存している状況であるが、今後は一体的に策定する団体が増加する可能性が高いとされる（大塚他 2019：1）。

　総合計画にせよ、総合戦略にせよ、その策定に当たって特に重要視されることの1つが住民参加である。佐藤（2005：111）は、基本構想策定義務化の基礎となった1966年発行の『市町村計画策定方法研究報告』に注目している。その策定過程について「基本構想や基本計画については審議会を設置し、その審議を経たうえで策定することは、きわめて適切である」と論じていることや、審議会設置の主なねらいとして「各界、各層各地域の住民の意見要望をより広く反映させ、住民にとって納得のいく計画を樹立して住民ともども一丸となって計画の円滑な実現を図ること、および各界の衆知をあつめ科学的合理的な計画を策定することにある」と記されている点を引用し、住民から意見を集め、住民の納得のいく計画をつくることが当初から目指されていたことを示した。

　地方版総合戦略においても同様である。『地方版総合戦略策定のための手引き』（内閣府地方創生推進室 2015：3-4）にある「策定プロセス」の最初には、「まち・ひと・しごと創生を効果的・効率的に推進していくためには、住民、NPO、関係団体や民間事業者等の参加・協力が重要であることから、地方版総合戦略は、幅広い年齢層からなる住民をはじめ、産業界・市町村や国の関係行政機関・教育機関・金融機関・労働団体・メディア（産官学金労言）等で構成する推進組織でその方向性や具体案について審議・検討するなど、広く関係

149

者の意見が反映されるようにすることが重要です。」と明記されており、住民
参加に基づく戦略策定が強く期待されている。

このように、半世紀にわたって住民参加による計画策定が志向され、そして
これからも志向され続けるのであるが、実際の住民参加の程度はどのようなも
のであっただろうか。江口（1975：29）は、「従来、各市町村の計画策定につい
ては、行政中心型、委託作成重視型、住民参加推進型などがあるとされてい
る。そして行政中心型は住民不在の計画に陥りがちであり、委託作成重視型は
地域実態軽視の危険があり、また住民参加推進型は多くの時間と労力を要する
との問題が提起されている。」と述べている。行政中心型は自治体単独プレー
型であり市民無縁型、委託作成重視型は自治体・市民共同無責任型と断じ、自
治体（全）・市民（個）・科学（真）がそれぞれの機能を十分発揮し、共に考え、
悩み、討論し、創造する住民参加推進型を改良した自治体・市民・科学協同型
を推奨している。この主張の裏には、住民参加を通じた計画策定が理念論で終
わってしまっている、あるいは不十分なものになってしまっているという警鐘
があったのではないだろうか。

住民参加の度合いの分析については近年、アーンスタインの梯子モデル
（Arnstein 1969：217）が参照されることが多くなった。これは、自治における
住民参加の度合いを、非参加（Nonparticipation）、形式参加（Degrees of
tokenism）、市民自治（Degrees of citizen power）の大きく３段階に分け、さらに
各段階を「操作（manipulation）」「ガス抜き（therapy）」／「情報提供（informing）」
「意見聴取・協議（consultation）」「懐柔（placation）」／「協働（partnership）」
「権限移譲（delegated power）」「市民管理（citizen control）」の８階層で示した
ものである（図表6-1）。

畑田（2003：2）は「今自治体運営に必要な『協働』理論は、第６段の『パー
トナーシップ』から第７段目の『権限委譲』を若干含む段階に位置する」と論
じるが、石塚（2004：15）は「まちづくりの流れでいくと、現在は市民自治の
協働から権限委任への移行期にあるように見える。しかし、行政の施策や事業
に関わっている実感としては、素直に『そうだ』と言い切れない気がする。協
働（パートナーシップ）という言葉は、様々な機会に聞かれるが、実態としては

図表6-1　住民参加の梯子モデル

市民自治 (levels of "citizen power")	市民管理（citizen control）	8
	権限移譲（delegated power）	7
	協働（partnership）	6
形式参加 (levels of "tokenism")	懐柔（placation）	5
	意見聴取・協議（consultation）	4
	情報提供（informing）	3
非参加 (levels of "Nonparticipation")	ガス抜き（therapy）	2
	操作（manipulation）	1

（出典：Arnstein 1969：217を基に筆者作成）

情報提供、意見聴取・協議の段階ですら満足のいく取り組みがなされているか怪しい場合がある。」と述べており、論者によって現状の見解は異なっている。これらの見解は、総合計画の策定における住民参加に限ったものではないが、もし総合計画の策定に限定して問うならば現実はもっと厳しいかもしれない。

　総合計画にせよ総合戦略にせよ、今後の自治体の方向性を考えるための住民参加はこの約半世紀の中でどのように発展してきたのだろうか。現在何ができていて、何が課題として残されているのだろうか。これらの問いに対する考察を３つの観点から述べていきたい。はじめに、都市における全国調査の結果を比較し、その変化を大局的に捉える。次に、福島県と福井県における県内市町村調査の結果を分析し、地方自治体の現状と課題を市と町村を比較し分析する。最後に、これまでの分析を踏まえつつ、総合戦略策定における住民参加の状況と比較し、今後の総合計画における住民参加の課題点を見いだしたい。

2　都市における住民参加方法の変化

　総合計画における住民参加に関する全国調査として、（公財）日本都市センターが行っているものがある（図表6-2）。調査期間の間隔が均等でなく、回

151

第 6 章　総合計画における住民参加

図表6-2　総合計画における住民参加の実態に関する全国調査

No.	調査名	調査期間	調査対象	有効回収数
①	都市における新しい行政のあり方等に関する調査	1996年12月〜1997年1月	全国668市（企画担当課長等）	488市
②	自治体の計画行政に関するアンケート調査	2002年2月〜3月	全国671市、23特別区、47都道府県（総合計画担当課長）	505市18区41都道府県
③	市役所事務機構に関するアンケート（一般アンケート）	2018年6月〜7月	全国814市区	341市区

（出典：筆者作成）

図表6-3　基本計画策定段階における住民参加の方法の推移

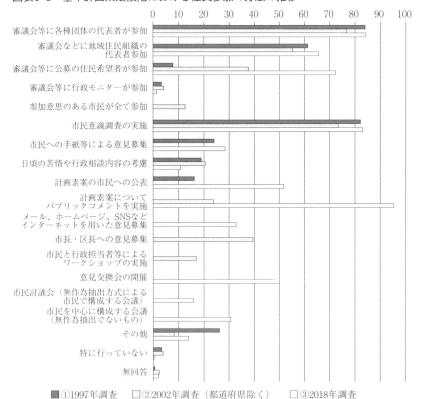

（出典：筆者作成）

152

収率に差があり、質問に対する選択肢も修正されているため、単純に比較することは難しい部分もあるが、1990年代から2010年代までの20年間を大局的に捉えるためには貴重なデータといえる。そして、住民参加の方法について3つの調査結果をまとめたものが**図表6-3**である。

　①～③の各調査で50％以上の実施率となった項目について、実施率が高かった順に並べる。①1997年調査では、「審議会等に各種団体の代表者が参加（84.0％）」「市民意識調査の実施（82.2％）」「審議会などに地域住民組織の代表者参加（61.3％）」となる。②2002年調査[1]では、「審議会等に各種団体の代表者が参加（76.7％）」「市民意識調査の実施（73.4％）」「審議会などに地域住民組織の代表者参加（55.3％）」となり、1996年から2002年までの間に、総合計画策定に関する主たる住民参加の方法は、この3パターンと大きく変わらない。

　1997年調査と2002年調査とに違いがあるとすれば、「審議会等に公募の住民希望者が参加」する割合が1997年の7.8％から37.7％へと大幅に伸びていることと、新しい項目として「計画素案についてパブリックコメントを実施」「市民と行政担当者等によるワークショップの実施」が追加されていることである。代表者だけでなく、広く地域住民と対話しながら計画を立案していこうという試みが進展し始めているといえるのではないだろうか。

　そして、③2018年では実施率の高いものから順に、「計画策定案についてパブリックコメントを実施（95.3％）」「審議会等に各種団体の代表者が参加（84.1％）」「市民意識調査の実施（83.1％）」「審議会等に公募の住民希望者が参加（72.3％）」「審議会などに地域住民組織の代表者参加（65.5％）」「計画素案の市民への公表（51.7％）」「意見交換会の開催（50.0％）」となっている。

　これまでの①や②と大きく異なる点は、第1にパブリックコメントの実施が第1位になった点である。2002年の23.7％から大きく伸びている。これは、2005年に公布された「行政手続法の一部を改正する法律」によってパブリックコメント制度が本格的に導入されたことに伴うものと考えられる。第2に「審議会等に公募の住民希望者が参加」する割合が、7割に上った点である。前述

1）2002年調査は、基本構想、基本計画、実施計画に分けて問うているが、今回は他の調査と同一の比較をするために基本計画の数値のみを参照している。

第6章　総合計画における住民参加

の通り、本項目の実施率推移は、1997年に7.8%、2002年に37.7%となっており、そこからさらに躍進したことが分かる。第3に、公募の住民希望者の参加に加えて、「計画素案の公表」や「意見交換会の開催」が新たに約半数の都市が実施する住民参加の方法になった点である。「計画素案の市民への公表」は、1997年時点では16.2%しかなかったことを考えると、20年で倍以上になっていることが分かる。一方、「意見交換会の開催」については、2018年の調査で初めて追加された項目である。その他にも、「市民討議会（無作為抽出方式による市民で構成する会議）」「市民を中心に構成する会議（無作為抽出でないもの）」が2018年から新しい項目として追加されており、この双方を足すと46.6%となる。さらに2018年に追加された新しい項目に「メール、ホームページ、SNSなどインターネットを用いた意見募集（32.8%）」があることも付記したい。手紙等による意見募集の数値が20年でそれほど大きく変化しない一方で、こうしたデジタルツールを活用した市民参加も推進されていると考えられる。

3　住民参加における市と町村の違い

3.1 総合計画の立案状況

　ここまでは、都道府県あるいは市区に焦点を絞った調査結果であった。しかし、地方に目を向ければ都市ばかりではない。町村も含めた状況を把握し、都市と町村の違いについても検討する必要があるだろう。本調査は2020年1月に、福島県庁ならびに福井県庁の協力を得て福島県内及び福井県内市町村の担当部局に対して行った質問紙調査である。調査の結果、福島県59市町村、福井県17市町村すべてから回答が得られた（回収率100%）。なお、福島県と福井県を合わせると市が22団体、町村が54団体となった。なお、結果は対象全体に占める割合で表示している。例えば、市と町村に分けて表示してあるものは、市全体における割合と、町村全体における割合を指す。

　第1に、総合計画をもっている市町村は全76団体中73団体（96.1%）となり、ほとんどの自治体が総合計画をもっていることが分かる。総合計画をもってい

154

ないとする３つの市町村について検証してみると、２つは総合計画と総合戦略を統合、あるいは総合計画を総合戦略で代替しており、１つは復興計画に置き換えて実施していることが分かった。さらに、総合計画をもっているとする73団体のうち、次期計画の策定予定があるものは56団体（76.7％）であった。策定予定が現状定まっていない17団体を検証すると、現行の総合計画が2021年までに終了する団体は３団体で、残り14団体については時間的な猶予があることが分かる。

　以上のことから、基本構想の義務化が廃止され、総合戦略の努力義務化がなされた現在においても、市・町村の違いにかかわらず７割以上の自治体が今後も総合計画を作り続ける予定がある一方で、今後の動向によっては、総合計画と総合戦略が統合されていく可能性が残されていることが分かる。

3.2　計画策定前及び策定段階における住民参加方法の違い

　最近の長期計画の策定前及び策定段階における住民参加について「特に行っていない」とする回答は全体の2.9％であり、ほとんどの自治体で何らかの住民参加の方法がとられていることが分かる。住民参加の方法として、最も多く上がった方法は、「計画策定審議会等に自治会等や婦人会・商工会などの各種団体の代表者が参加」であり、市は95％、町村でも85％が実施していると回答した。

　しかし、「市民意識調査の実施」については市が95％に対し、町村は63％と７割を切る。さらに、「計画素案についてパブリックコメントを実施」は市が91％に対し、町村は46％、「計画策定審議会等に公募による住民の希望者が参加」となると、市が82％に対し、町村は33％とその割合は半分以下にまで落ち込んでしまう。その他、「計画素案の市民への公表」「手紙・ハガキやメール、ホームページ、SNSなどによる意見募集」「意見交換会・市民討議会・ワークショップ（無作為抽出方式による市民で構成）」について、市の実施率が高いとは言い切れないが、町村は市の実施率の半分程度になっている。

　以上のことから、各種団体の代表者が参加する審議会を通じた住民参加は、市も町村も関係なく進んでいるものの、その他の方法については軒並み町村の

第6章　総合計画における住民参加

図表6-4　最近の長期計画の策定前および策定段階における住民参加の方法

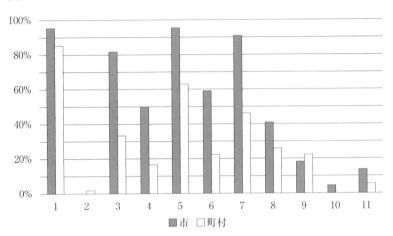

1．計画策定審議会等に自治会等や婦人会・商工会などの各種団体の代表者が参加
2．計画策定審議会等に無作為抽出方式による住民が参加
3．計画策定審議会等に公募による住民の希望者が参加
4．手紙・ハガキやメール、ホームページ、SNSなどによる意見募集
5．市民意識調査の実施
6．計画素案の市民への公表
7．計画素案についてパブリックコメントを実施
8．意見交換会・市民討議会・ワークショップ（無作為抽出方式による市民で構成）
9．市民を中心に構成する会議（無作為抽出方式でないもの）
10．特に行っていない
11．その他
（出典：筆者作成）

方が進んでいないように見受けられる。

3.3　計画策定後の住民参加の違い

　計画策定後に行った住民参加について、「特に行っていない」とする回答は、市が9％に対し、町村は30％となった。一方で、「計画の進捗管理や評価」については市が41％に対し、町村は44％と市のそれをわずかに上回るほどである。「決定された計画に対する意見聴取」や「計画実施の一部を市民が担う協

3　住民参加における市と町村の違い

図表6-5　計画策定後に行った住民参加

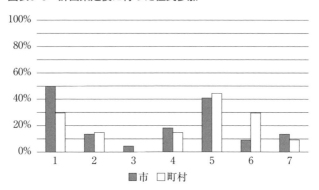

1．決定された計画の説明
2．決定された計画に対する意見聴取
3．計画実施過程への市民モニターの参加
4．計画実施の一部を市民が担う協働
5．計画の進捗管理や評価
6．特に行っていない
7．その他
（出典：筆者作成）

働」についても市、町村ともに20％に届かず実施割合も近しい。
　以上を踏まえると、計画策定後の住民参加についても市に比べて町村の方が進んでいないものの、実施している町村については、市の実施状況とそれほど大きな差がみられないことが分かる。なお、その他の1つとして「計画実施過程のうち、下位計画や事業の企画立案段階から市民の意見を入れる参画」も上がっており、計画策定後の住民参加の方法としてこのような方法の実施状況についても今後検証していきたい。

3.4　住民参加の度合いの違い
　アーンスタインの梯子モデルを基に、簡易的に選択項目を立て、総合計画における住民参加の度合いについて尋ねた。結果、形式参加（Degrees of tokenism）の段階に7割の自治体が集まっていることが分かる。8階層で捉え

157

第6章　総合計画における住民参加

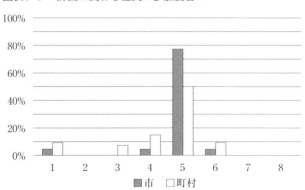

図表6-6　計画に関わる住民の参加度合い

1. 住民参加はあくまでも形式的なものである。
2. 住民参加は不満等の感情をなだめるためのものになっている。
3. 住民参加は行政から住民への一方通行の情報伝達にとどまっている。
4. 意見を聴取するが、それがどのようにプランに反映されたかは（住民に）知らされない。
5. 住民が計画の策定に関わる力をもっているが、判断は策定主体に委ねられる。
6. 計画策定にあたって住民も責任をもっており、決定を変更したい場合は住民と協議する必要がある。
7. 行政よりも住民により大きな決定権が与えられている。
8. 住民が全体をコントロールしている。

（出典：筆者作成）

るならば、5段階目に回答が集中しており、総合計画の策定における住民参加の度合いは、「懐柔（placation）」の段階にとどまっている状況といえよう。「懐柔」の段階は、「形式自治」の中でも最も高いレベルとされている。この段階は、ルール上住民が計画策定に関してコメントすることができるが、決定する権利は権力者が有し続けている段階である。ここから6段階目の「協働（partnership）」にたどり着くためには、議会との関係性の整理や、計画の実行段階における住民の役割などの検討など、より踏み込んだ調整が必要になるだろう。

3.5 住民参加の効果の違い

　住民参加の効果は、高いものから順に「計画内容がより住民ニーズに合うものに変容した」、「行政や自治に関する知識を住民が獲得した」、「住民参加の意識が高まった」となっており、この順序には市と町村で違いがない。

　しかし、3つのいずれも市より町村の方が数値が低くなっており、後者の「行政や自治に関する知識を住民が獲得した」、「住民参加の意識が高まった」については、2割程度の差がある。町村の「その他」が11％となっているが、その内容をみてみると「特に効果はない」「効果があるのかないのかの判断が難しい」「特に変化なし」等が並ぶ。先述の通り、町村の方が住民参加の方法が限られており、住民参加が思うように進んでいないことの表れではないだろうか。

　また、「行政の各種事業への住民参加が増えた」とする効果は、市においても町村においても同様に15％程度しか認められていない。参加の意識は高まっ

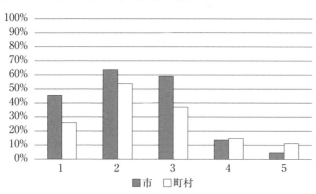

図表6-7　計画に関わる住民参加の効果

1．住民参加の意識が高まった（行政依存意識が低下した）。
2．計画内容がより住民ニーズに合うものに変容した。
3．行政や自治に関する知識を住民が獲得した。
4．行政の各種事業への住民参加が増えた。
5．その他
（出典：筆者作成）

第6章　総合計画における住民参加

ても、実際の実行段階に当たっては住民参加が得られていないという実情が浮き彫りになっている。先の住民参加の梯子モデルに照らした分析でも、「懐柔」と「協働」の間に壁があることを示したが、この実情に通じるものがうかがえる。計画と実行の間にある溝をどのように埋めていくかは、今後の住民参加の課題ではないだろうか。

3.6　住民参加の問題の有無

　最後に、計画に関わる住民参加の問題についてである。大きくは、「1．住民の意識や組織について」、「2．住民の参加度について」、「3．議論の場の様子について」「4．住民参加の結果や成果」「5．その他」の5カテゴリーで、合計22項目の問題の有無を問うた。

　市においても町村においても、問題の1番と2番は「1_1.住民の参画意識が希薄（行政依存意識がある。計画策定主体としての意識が不足）」、「2_4．審議会、委員会、会議等のメンバーが同一になりがち」となった。特に後者については町村の方が割合が大きいが、これはそもそもの住民の少なさに起因したものだろう。一方で最も問題にならないものは、「2_2．公募すると応募が多く、選考に苦労する」こととなっている。以上を踏まえると、行政側が開かれたものになっていったとしても、むしろ住民側に協力する姿勢が欠けるところがあるといえるのではないだろうか。「4_1．住民参加を重視するほど、予算がより多く必要になる」、「4_2．住民参加の結果を行政が活かせていない」についても問題視している自治体が1割程度と少なくなっていることから見ても、いかに住民を総合計画に巻き込んでいけるかが課題になっていると予測される。

　「5_4．その他」について、市の割合が3割程度と高めになっている。内容は、「特になし」を中心にうまくいっている、あるいはうまくいくようになってきたとする回答が散見されており、選択肢以外に特別な問題が市にあるわけではないことがうかがい知れる。

160

3　住民参加における市と町村の違い

図表6-8　計画に関わる住民参加の問題

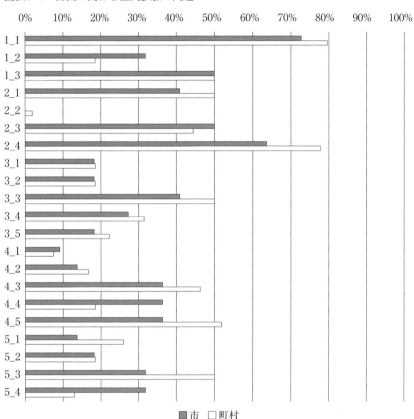

1_1．住民の参画意識が希薄（行政依存意識がある。計画策定主体としての意識が不足）。
1_2．住民に必要な知識が不足している。
1_3．自治会など住民組織力が低下している。
2_1．公募しても住民が集まらない。
2_2．公募すると応募が多く、選考に苦労する。
2_3．住民参加者に年齢層や性別などの偏りがある。
2_4．審議会、委員会、会議等のメンバーが同一になりがち。
3_1．会議等において活発な発言がない。成熟した議論が展開されない。
3_2．偏った意見になりやすく、全体調整が困難である。
3_3．特定の分野に議論が偏る。
3_4．個々の要望やクレームを言う機会にとどまっている。

第6章　総合計画における住民参加

3_5．会議手法や運営の仕方について、ノウハウが不足している。
4_1．住民参加を重視するほど、予算がより多く必要になる。
4_2．住民参加の結果を行政が活かせていない。
4_3．住民意見の反映と反映結果の説明責任について、仕組みが必要である。
4_4．住民参加を行っても、計画内容の違いなどに効果が見えにくい。
4_5．住民参加の成果について、評価が困難である。
5_1．住民参加の専門家から協力を得たいが、適切な人材が見つからない。
5_2．住民参加の必要性について、職員の意識や理解が不足している。
5_3．住民の役割や責任が不明瞭である。
5_4．その他
（出典：筆者作成）

4　おわりに

　計画や計画策定における住民参加の意義に基づき、それが約半世紀の中でいかに発展してきたか、現状はどのような状況か、そしてこれからは何を課題として臨むべきかを検討することを目的として論じてきた。

　改めて整理すると、これまでの総合計画策定における住民参加の成果は、「住民参加の基礎の確立」と「参加者の拡大」といえる。1990年代に、意識調査と市民の代表者による審議会等を通じた住民参加の体制が確立され、2000年代からは公募による参加市民の募集やパブリックコメント制度が広まったこともあり、住民参加のすそ野が代表者だけでなく地域住民全体に広げられた。現在も意見交換会や、ワークショップの開催、メールやSNSなどデジタルツールの活用など、広く住民に計画策定に参加してもらえるよう多様な方法論が模索されている。このことは、最新の調査結果である「平成30年度自治体経営改革に関する実態調査」（大塚他 2019）の中で、総合計画策定プロセスにおける市民参加の取組みの今後の方向性について、示された11の方法[2]すべてについて

2）「広報誌・チラシによる情報提供」「市民説明会・シンポジウムの開催」「出前講座」「市民アンケート調査」「市政モニター制度」「自治会、町内会等からの意見収集」「若年層からの意見収集」「首長への投票箱の設置」「審議会・委員会の委員等の住民公募」「パブリックコメント」「ワークショップ・市民討議会」を指す。

約９割以上の自治体が"実施したい"と回答していることからも理解できる。

　これらの調査結果は都市を中心としたものであった。ここから町村に目をむけると状況は若干異なる。町村においては、市に比べて総合計画に対する住民参加の方法が限定的であり、計画策定後の住民参加についても特に何も行っていないとする自治体が３分の１程度に上ることが分かった。住民参加の効果が市ほどは認識されていない状況も、そもそも総合計画への住民参加が市ほどは推進されていないことに起因していると考えられる。

　市においても町村においても問題点として挙げられるのが、住民の参画意識の希薄さであり、審議会や委員会などのメンバーが同一になりがちであるという点だ。住民参加の結果を行政が活かせていないことはないとする回答結果からも、いかに住民の参画意識を高め、実際に参加してもらうかは重要な課題といえるだろう。このような状況が続けば、多様な住民参加の方法をとったとしても、特定の住民しか参加せず、住民ニーズを計画に反映できたとしても、そのニーズは特定の住民のニーズにすぎないという状況になってしまいかねない。大塚他（2019）の調査においても、ワークショップ・市民討議会の効果において、効果がないという回答が最も多かった項目は「サイレント・マジョリティの声を把握する」であったとされる。町村においても、市のように住民参加の方法を多角的にすることによって今以上に住民の参加を得られる可能性はある。そして、町村だけでなく市においても、より多くの住民参加を得るための観点として、策定段階（"Plan"）だけでなく、実施段階（"Do"）における住民参加の推進が検討されるべきではないだろうか。

　上述の2002年の日本都市センターの調査は、基本構想・基本計画・実施計画に分けて住民参加の度合いを確認している。それによると、基本構想や基本計画においては７割以上の自治体がとっていた住民参加の方法も、実施計画になると１割にも満たないという結果になっている。このことは、住民参加の梯子モデルにおいて「懐柔」から「協働」の間に大きな溝があること、そして「権限移譲」以上の段階へ踏み込んでいる自治体が本調査の範囲内では皆無であったことからも説明がつく。総合計画策定における住民参加の現状は「形式参加」でとどまっており、「市民自治」の段階にはないといえよう。

163

第 6 章　総合計画における住民参加

　実施（“Do”）に関する住民参加意識の低さは、2019年 3 月に報告された「地方版総合戦略等の進捗状況等に関する調査結果」（内閣官房まち・ひと・しごと創生本部 2019）の調査項目からも読み取れる。本調査が明らかにしたのは、計画立案（“Plan”）と効果測定（“Check”）における住民参加の度合いである。ここでは、計画の実行（“Do”）における住民参加については言及されていない。また、同調査結果に基づいて示された「地方版総合戦略等の検証について」（内閣官房まち・ひと・しごと創生本部事務局 2019： 7 ）では、計画立案時は住民の意見を収集できているが、効果測定時には意見を収集できていないということを示す記載となっていた。

　確かにPDCAサイクルにおいて、“Plan”だけでなく“Check”についても住民参加を求めるという点は重要である。しかし、計画を立てるときと、結果を評価するときだけに住民参加を求めているだけでは、結局「行政がなんとかしてくれる」「行政を我々が評価する」という行政任せの意識が住民に根付いてしまい、行政依存意識や計画策定主体としての意識をむしろ低下させかねないのではないかとすら危惧してしまう。今後は、“Do”に関する住民参加の推進についても意識を向ける必要があるのではないだろうか。地方自治研究機構（2013： 45）は、“Do”を予算編成過程と捉えて住民参加の度合いを調査している。ここからは予算についての情報を公開するにとどまり、予算案に対する意見収集や提案・対案の受付といったいわゆる参加型予算制度の導入は 1 割にも至っていないことが分かる。住民参加によって策定された計画を、実行し、評価し、改善するという各過程において、住民参加の度合いを広げることが必要であろう。

　これからの総合計画あるいは総合戦略における住民参加を一層広げていくためには、住民の参画意識を高めていく必要がある。そのために、各自治体は住民参加の方法を多様化することによって、サイレント・マジョリティの声を集めようと努力してきた。今後は、多様な住民参加の方法を都市だけでなく町村にも根付かせていくこと、また計画の策定だけでなく策定後の実行や評価、そして改善に至る一連のプロセスに、多様な形で住民に参加してもらい、自分たちが関わることの意味を、プロセスとして理解してもらうことが重要ではない

だろうか。そのことが結果的に、地方自治における住民自治を「形式参加」から「市民自治」へと発展させていくことにつながっていくものと考える。

（西野毅朗）

〔参考文献〕

・Arnstein, Sherry R. (1969) "A Ladder of Citizen Participation" JAIP、Vol. 35、No. 4：216-224。
・石塚雅明 (2004)『参加の「場」をデザインする―まちづくりの合意形成・壁への挑戦』学芸出版社。
・大塚敬 (2017)「基本構想策定義務付け廃止から5年　自治体総合計画の最新動向」三菱UFJリサーチ＆コンサルティング（https://www.murc.jp/library/column/sn170512/）。
・大塚敬・植野真史・渡邊倫 (2019)「平成30年度自治体経営改革に関する実態調査報告」三菱UFJリサーチ＆コンサルティング（https://www.murc.jp/report/rc/policy_rearch/politics/seiken_190621/）。
・江口清三郎 (1975)「基本構想の立案―理想都市をめざして―」佐藤竺・渡辺保男編著『住民参加の実践』学陽書房：21-50。
・佐藤徹 (2005)「総合計画策定過程における市民参加」佐藤徹・高橋秀行・増原直樹・森賢三『新説市民参加―その理論と実際』公人社：109-131。
・地方自治研究機構 (2013)「市区町村における住民参加方策に関する調査研究」（http://www.rilg.or.jp/htdocs/img/004/pdf/h24/h24_14_01.pdf）。
・内閣府地方創生推進室 (2015)「地方版総合戦略策定のための手引き」（https://www.city.okaya.lg.jp/material/files/group/3/10086.pdf）。
・内閣官房まち・ひと・しごと創生本部事務局 (2019)「地方版総合戦略等の検証について」（https://www.chisou.go.jp/sousei/about/chihouban/chihouban-kensyou.190327.pdf）。
・内閣官房まち・ひと・しごと創生本部 (2019)「地方版総合戦略等の進捗状況等に関する調査結果」（https://www.chisou.go.jp/sousei/meeting/senryaku_kensyou/h31-03-27-sankou2.pdf）。
・畑田和佳奈 (2003)「自治体における計画策定手続―『行政と市民の協働』を軸にした事例分析及び制度設計の試み―」『九州法学会会報』2003：1-5。

第7章 総合戦略における住民参加の機能

1 はじめに

　自治体計画における住民参加は、元来、民主的な価値や決定に対する正統性の観点から推進されてきたが、近年では住民参加の手法や目的が多様化しており、参加は効率的なガバナンスや社会正義の実現にも寄与するとされる。地方版総合戦略の策定においても、国は計画に対して多様なアクターの参加を推奨した。計画の正統性の強化に資するような参加手法だけでなく、地域の知恵と力を結集するという意味合いでの住民参加も推奨された。本章では、この計画への住民参加が地方創生において地域の課題解決を推進したかどうかを、実際に総合戦略の立案に関する住民参加のデータと地方創生関連交付金の採択プロジェクトの分析を通じて検討する。

　本章は次のように進む。まず次節では地方版総合戦略の策定過程の先行研究を確認し、国の強制による計画の策定という先行研究の立場に対して、各自治体のイニシアティブを重視する著者の立場を明確にした上で、さらに計画と住民参加についての先行研究を確認し、住民参加が計画の策定に正統性を与えるだけでなく、計画を動かす原動力としての役割を果たしうることを確認する。第3節では第1期地方版総合戦略についての住民参加状況についてデータから説明し、総合戦略の策定における住民参加がどのように行われたのかを確認する。第4節では住民参加と交付金事業の関係について回帰分析により確認する。最終節では本章の結論を確認し、さらなる課題を説明して終える。

2 計画と住民参加

　地方版総合戦略に関しては、国が計画の立案に際して、複数の参加手法を用

いることを推奨した。本節では、まず地方版総合戦略の策定に関する先行研究を確認した上で、総合戦略の立案に関して求められている参加手法の説明を行い、広く参加の果たす役割に関して先行研究を概観する。

2.1 地方版総合戦略に関する先行研究

　ここでは第 1 期地方版総合戦略策定に関する議論の確認からはじめる。地方版総合戦略の作成に関して、先行研究は 2 つの点を問題としているように思われる。第 1 に、地方は国の意思を押し付けられ、意に反して地方創生に協力させられたという見方である。第 2 に、自治体の財政的な制約と国による交付金事業の審査という制度により地方の選択が拘束されているという観点である。

　まず、地方版総合戦略の立案過程において、国による強制や計画のコントロールの存在を主張し、そのために交付金事業も利用されているというのが今井（2018）である。今井によれば、マニュアルによる画一化、県や文書類を通じた国の真意の伝達、交付金のコントロールという 3 つの手段を用いて国は地方の統制を行うことが可能であり、地方自治体に地方創生という国の政策課題への協力を強制したという。

　同様に、国の影響力を重視するが、国は直接の指示を行うというより財政的な統制を利用して地方をコントロールしているという見解も存在する。金井（山下・金井 2015）は、財政的に困難な状態にある自治体は、交付金のために国の意向に忖度・追従し、結果として自ら首を絞める形になるという。嶋田（2016）でも、金井説を引用し「厳しい資金競争」への参加を促す「巧妙な集権」が行われているとする。国による計画策定の要請を「柔らかな統制」とするのが礒崎（2021）である。礒崎によれば、地方創生では財政面でのメリットにより国の意向に沿った計画が行われる傾向があり、自治体側の負担が大きいとする。これらの先行研究では、地方創生は財政的な誘因により地方を国の意に沿うように動かした統制の強化であると想定している。

　このように地方創生を国からの統制という観点で捉える研究が存在する。確かに地方創生は国が設定した課題であり、また期限内にほぼすべての市町村が地方版総合戦略を策定し、そしておそらくその目的は交付金であったという事

実は、国からの統制が有効に機能したという理解を裏付けしそうにみえる。

　一方で、まず国からの直接の影響を主張する研究に対して、自治体は国の指示に対してそれほど従順なのかという疑問が存在する。また、自治体のもつ財政構造的な制約に焦点を当てた研究は、同じく構造に注目したピーターソンによるCity Limitsが、決定論に陥りすぎており都市の戦略の多様性を見逃しているという批判を集めたように、著者には自治体の反応の多様性を見逃しているようにみえる。そもそも、日本の場合、財政的に困窮している自治体といえども交付税交付金の存在により、自治体運営が立ち行かないという状況ではない。制度を利用するかどうかの選択権は自治体側にある。

　先行研究への批判を具体的にあげれば、例えば松井（2017）、松井（2019）は強制力のない国による「基本方針」により自治体政策が管理されるかどうかに疑問を呈している。松井によれば、国の持ち込んだ地方創生に対して、自治体は、これまで各自治体が独自に発達させてきた政策体系を維持し、それに従った形で対応したという。筆者自身も複数の自治体において聞き取り調査を行っているが、地方創生に適合的な既存のプロジェクトに関連して交付金を申請したという証言を得ることが多い。また、中村・髙松（2021）では、東海三県の市町村に対するアンケート調査を利用し、少なくとも東海地方においては、総合戦略の策定や、総合戦略を機に新規の政策的取組みを行うかどうかという問題に対しては、国よりもむしろ地元の庁外アクターの影響力が強いことを明らかにしている。また、国も地方創生の実績をあげるため、多くの自治体に競争を強いるというより、むしろ交付金事業への参加を促している。中村（2021）では、交付金配分が平等主義的に行われていると解釈している。

　このように、地方創生に関しては国と地方のどちらのイニシアティブを重視するかは見方が分かれている。本章では、中村・髙松（2021）に続いて、地方のイニシアティブを、特に住民参加に注目しながら確認していきたい。

2.2　地方版総合戦略における住民参加

　第1期地方創生の独特な特徴として、国が立案過程に住民参加を求めたことがあげられる。具体的に、平成27年1月に公表された内閣府地方創生推進室に

第7章 総合戦略における住民参加の機能

よる「地方版総合戦略策定のための手引き」（以下、「手引き」という）には、「まち・ひと・しごと創生を効果的・効率的に推進していくためには、住民、ＮＰＯ、関係団体や民間事業者等の参加・協力が重要であることから、地方版総合戦略は、幅広い年齢層からなる住民をはじめ、産業界・市町村や国の関係行政機関・教育機関・金融機関・労働団体・メディア（産官学金労言）等で構成する推進組織でその方向性や具体案について審議・検討するなど、広く関係者の意見が反映されるようにすることが重要です。」という指針が与えられている。同時に、地方創生を担当した石破大臣は、住民や「産官学金労言」の地方創生への参加の重要性を、大臣就任以降早々から各地で精力的に行った講演において強調した。また、国会においても、地方版総合戦略について「それぞれの地域における住民や産官学金労言……の方々に、地方創生をみずからのこととしてお考えいただき、策定に積極的に参画していただきたいと考えております。」（2015-01-27 第189回国会衆議院本会議第2号）と発言し、住民やステークホルダーの参加を要請する姿勢を示した。

　さらに国はその後、実際に地方版総合戦略の策定に際して、どの程度の住民参加が行われたのかに関して、包括的なアンケート調査を行い、「地方人口ビジョン及び地方版総合戦略の策定状況」（平成28年4月19日）という形で公表した。この概要は後に示すが、実際に国の指針に従い、多くの自治体が様々な参加手法を用いて計画策定を行った。

　このように、地方創生においては住民やステークホルダーの参加が地域の総力戦の要と考えられていた。ところで、次項ではより一般的な計画への住民参加の効果という文脈から、どのような参加が計画を動かすのか先行研究を概観してみよう。

2.3　計画における住民参加

　計画において住民参加が求められるのは、もとより日本においてのみではない。むしろ、途上国を含め非常に多くの国において計画への参加が求められている。一般に、市民参加に関してはアーンスタインによる参加の梯子モデルがしばしば引用されている（Arnstein 1969）。このモデルは現在においても参加の

170

レベルを理解するための中心的なモデルとして、いくつかの修正が行われながらも活用されている（IAP 2 2018、Nabatchi 2012、西野 本書第6章）。例えば、International Association for Public Participationによる参加のスペクトラム（IAP 2 2018）では、参加の梯子モデルを修正し、コミュニティでの参加を情報提供から権限付与までの5段階に分けており、日本でも公共施設配置（根本2021）などにおける参加の理論的根拠として用いられている。

　このモデルは簡素であるがゆえに応用がききやすく広く利用できる一方で、市民参加の評価が一次元的になされているモデルであるという問題点がしばしば指摘されてきた。特に、2000年頃から行政計画において様々な市民参加の手法が用いられるようになってきたが、どの手法が望ましいのかを比較検討する際にこの一次元性は大きく問題となるポイントとなった。例えば様々な参加手法の評価に係る論点を比較したBobbio（2019）では、アーンスタインのモデルを参加手法の評価に利用した場合、参加者の政策決定に対する権力のみが参加の成功か失敗かの評価基準となることを指摘している。

　一次元性の問題を克服するため、参加手法の評価に関しては、複数次元を想定したモデルも提案されている。広く利用されているFung（2006）では、参加者の範囲の広さ、コミュニケーションの深さ、市民のもつ権限の3つの軸で既存の参加手法を分類し評価している。この三次元的な理解により、しばしばトレードオフがおこる参加範囲の広さとコミュニケーションの深さを別々の基準として評価することができる。より包括的に様々な参加手法の評価基準を整理した研究としてRowe and Frewer（2000、2004、2005）があげられる。Rowe and Frewer（2000）では、参加手法の評価の基準を大きくAcceptance Criteria（民主性）とProcess Criteria（実効性）の2つに分類し、さらに各々5つと4つのサブ基準を提示した上で、世論調査や市民陪審など様々な参加手法についての評価を行っている。例えば、世論調査は市民の意見を広く代表し、参加のコーディネーターの意見に影響を受けづらいなどAcceptance Criteriaでは総じて優れているが、意思決定における市民の役割や影響力の行使のメカニズムが不明瞭であるため、Process Criteriaではあまり高く評価されていない。このように異なる基準や特性を理解した上で、Rowe and Frewer（2004）では、

第 7 章　総合戦略における住民参加の機能

有効性の定義や評価の基準、指標などを整理し市民参加の実際の有効性についての調査の方法についても検討している。Bobbio（2019）も同様に、市民参加手法を多数の参加により決定の正統性を高めるか、少数の熟議を通じて政策の深化をすすめるかの 2 つに分類している。Fung（2015）では、市民参加を、決定の正統性だけでなく、効率的なガバナンスや社会正義の実現にも寄与するとし、多くのケースを紹介している。このように、海外の先行研究からは、住民参加は民主的な意見の反映というだけでなく、政策の改善と実行に寄与しうることが示唆されている。

　日本においても、このような計画における市民参加手法の多様化が確認され、規範的な意義なども検討されている（田村 2006、木寺 2012、長野 2022）。また、近年では多様化された市民参加の実用的な意義についても指摘されている。長野（2022）によれば、無作為抽出による市民討議会型の参加は「参加者の多様性を確保し、より豊かな『知識』を投入することで計画の質向上に資する」可能性が指摘されており、実際にインタビューにより参加者からその証言を得ている。また、女川での復興過程を検討したAoki（2017）によれば、複数の異なる参加の次元・手法は、それらが相互補完することで、より効果的に復興に作用したという。このように、日本においても市民参加が実用的に政策の改善に効果的であるという知見が得られている。

2.4　本章の仮説

　本章において、地方創生のプロジェクトは国により追い込まれた／強制されたというよりも地方のイニシアティブにより進展したと理解する。地方創生は自治体においては国の資金を利用して自らのプロジェクトを実施するチャンスと考えられるが、このチャンスを実際に使うかどうかは、首長の判断による。首長を動かすのは、首長自身の政治的状況であり、また住民参加など地元の住民の熱意である。そして、先行研究、特にRowe and Frewer（2000）の理解に従えば、日本においても、住民意見の入力は、限られた人数で深い議論を行う形の方が政策の実効性にプラスの影響を与えると想定できる。

　加えて、先行研究だけでなく、地方創生特有の事情を考えたとしても、計画

172

への住民参加が政策実現を後押しする可能性が高い。まず、政策実現のため交付金事業を申請すれば、地元のステークホルダーとの協力や住民の理解などが必要となる。この際、深いコミュニケーションを行う住民参加手法の方が、政策の推進には知識の面、実施への協力等の面から有効だろう。本書においても、第9章（藤丸執筆）が、福井県におけるコミュニケーションを重視した参加の手法の実際について、生き生きとした描写を行っている。

　データから参加と政策の推進の関係の検討に移る前に、次節では実際にどのような参加手法が用いられたのかを、国による調査データから確認する。

3 参加の様態

3.1 住民意見の聴取方法

　この節では、総合戦略における住民参加について国の「策定状況データ」より確認する。策定状況データでは、住民代表が推進組織に参加、パブリックコメントを実施、アンケート調査を実施、自治会等へのヒアリングを実施、住民参加型のワーキンググループ等を設置・開催という5つの参加の方法について実施されたかどうかが調査されている。また、産官学金労言の参加や若者意見の聴取などについても調査が行われている。これを順に検討し、その後、自治体属性と参加のモードについて検討を行う。

　国による策定状況データには、様々な質問項目がありその概要は平成28年版の「地方人口ビジョン及び地方版総合戦略の策定状況」に示されている[1]。この中から、特に重要な参加に関する質問として住民意見の聴取方法に関する

1）内閣官房まち・ひと・しごと創生本部事務局「地方人口ビジョン及び地方版総合戦略の策定状況（平成28年4月19日）」https://www.chisou.go.jp/sousei/about/chihouban/pdf/sakuteijoukyou.160419.pdf
　　なお、この調査では、本章でとりあげる5つの市民参加の方法だけでなく、若者意見の聴取を行ったかどうかや推進組織への産学金労言の参加状況、PDCAサイクルの実施などについての結果も含まれている。本章の主たる論点ではないため詳細は割愛するが、平均差の検定によれば「言（マスメディア）」の参加状況などは推進交付金の獲得件数と関連している。もっとも「言」以外の参加率は非情に高かったため、ここ以外では差がつかなかったということもあるだろう。

173

第 7 章　総合戦略における住民参加の機能

図表7-1　住民意見の聴取方法の実施率

住民意見の聴取方法	実施率
住民が推進組織に参加	82.0%
パブリックコメントを実施	71.2%
アンケート調査を実施	75.1%
自治会等へヒアリングを実施	18.9%
住民参加型のワーキンググループ等を設置・開催	22.6%

（出典：筆者作成）

データを紹介したい。前述の5つの住民参加の方法の1,741市区町村における実施率は図表7-1のようになっている。

採用の多い順でいけば住民代表が推進組織に参加しているというものであり、この手法は80%を超える自治体が採用している。続いて、アンケート調査とパブリックコメントの採用率も双方とも70%を超えている。総合戦略では計画の策定費用が補助されており、コンサルタントに入ってもらった市町村も多いため、やや専門的な知識が必要となるアンケート調査等も使いやすかったという事情もあるだろう。また、パブリックコメントの募集はホームページの運用が制度化されている自治体では比較的容易に行うことができる。

それに対して、自治会等へヒアリングを実施した、あるいは住民参加型のワーキンググループ等を設置・開催したという市町村は限られている。このような対面型の住民参加はそれを開催する行政の負担がある程度高い。この2つのタイプの住民参加のモードはそれまでの3つの方法とは異なり、2割程度の市町村でしか実施されていない。

3.2　意見聴取の方法の関連性

複数の住民参加がどのように行われているのか、相関係数により検討してみた。図表7-2に示されているように、1,741という大きなサンプル数のため有意な関係もある程度得られているが、相関係数の値はそれほど高くない。アンケート調査の実施はすべての変数と相関をもっている。逆にパブリックコメン

3 参加の様態

図表7-2 参加手法の採用に関する相関係数

	住民が推進組織	パブリックコメント	アンケート調査	自治会等ヒアリング	住民参加型ワーキンググループ
住民が推進組織	1.000	0.034	.113**	.059*	− 0.004
パブリックコメント	0.034	1.000	.064**	0.013	0.022
アンケート調査	.113**	.064**	1.000	.061*	.089**
自治会等ヒアリング	.059*	0.013	.061*	1.000	.125**
住民参加型ワーキンググループ	− 0.004	0.022	.089**	.125**	1.000

**相関係数は1%水準で有意（両側）
*相関係数は5%水準で有意（両側）
（出典：筆者作成）

トは他の変数と相関をもっていない。より詳しくみると、アンケート調査以外では、自治会等ヒアリングとワーキンググループ、自治会等ヒアリングと住民が推進組織に参加という2つの組しか有意な相関が存在していない。フェースツーフェースの参加同士にある程度の関連があるというのは分かるが、全体として参加の手法はそれほど明確に相関してはおらず、このようなデータ構造を前提とすれば参加型自治体―非参加型自治体という一次元的な尺度を構成することは、地方創生の研究においては得策ではないだろう。

　計画への参加には地域性のようなものがあるだろうか。都道府県ごとに住民参加手法の実施率を計算した結果が図表7-3に示されている。実施率の高い3つの手法については、パブリックコメントの実施率が都道府県ごとに上下があることが目立つ。福島県・和歌山県の実施率が特に低いが、中四国・九州においては全般的に実施率が低い。一般的に、パブリックコメントに関してはホームページの運用体制が整っていれば比較的容易に実施できるため、ネットでの住民とのやりとりが多い都市部の自治体の方が、実施が容易だと考えられる。都道府県平均でも関東・東海・近畿の都道府県において実施率が高い。

　一方で、自治会等へのヒアリングやワーキンググループ等の設置は、むし

175

第 7 章　総合戦略における住民参加の機能

図表7-3　参加手法の都道府県別実施率

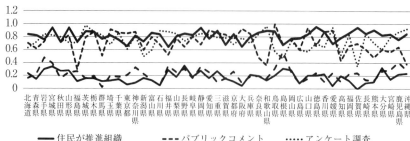

(出典：筆者作成)

ろ、中国地方や東北地方において相対的に多くの市町村で活用されている。これにはおそらく市町村の規模が小さく住民と行政との距離が近い点や、地方創生の政策の内容等が関連している。例えば人口減少対策として移住定住関連の事業を実施する場合、移住者を受け入れる地域の協力は事業の成功に不可欠である。よって、自治会等へのヒアリングや魅力づくりのためのまちづくりワーキンググループ等が必要になると考えられる。

　消滅可能性都市とそれ以外の都市の比較はどうだろうか。結果は図表7-4に示されている。両者の比較であるが、消滅可能性都市は一般的には財政力も限られており、また高齢化率も高い。よって、ホームページによる住民へのアプローチが主体となるパブリックコメントの実施率は低い。しかしながら、住民代表が推進組織に参加している割合や自治会等へのヒアリングという手法については、消滅可能性都市において実施率が高い。これも先ほどの都道府県別の実施率とイメージが共通する。

　第1期地方創生では、早期に総合戦略を策定するインセンティブとして2015年10月までに総合戦略を作成した市町村に対しては1,000万円の交付金が配分された。自治体がこの交付金の獲得を目指して、住民参加をおろそかにしたということがあっただろうか。図表7-5にまとめているが、有意な平均の差があったのはアンケート調査だけであり、その差は約7ポイントであった。アンケート調査は調査の設計・実施・集計まで一定の時間がかかるため実施率に差

3 参加の様態

図表7-4 参加の手法と消滅可能性都市

	住民が 推進組織	パブリック コメント	アンケート 調査	自治会等へ ヒアリング	住民参加型 ワーキング グループ	N
消滅可能性都市 以外の都市	80.1%	77.9%	76.2%	14.5%	20.6%	798
消滅可能性都市	84.3%	67.8%	74.3%	23.3%	24.1%	884
P値	0.024	0.000	0.376	0.000	0.082	

(出典：筆者作成)

図表7-5 参加の手法と総合戦略策定時期

	住民が 推進組織	パブリック コメント	アンケート 調査	自治会等へ ヒアリング	住民参加型 ワーキング グループ	N
10月以降に 戦略作成	80.8%	72.2%	77.5%	18.0%	22.6%	1009
10月までに 戦略作成	83.6%	69.8%	71.7%	20.1%	22.5%	732
P値	0.129	0.287	0.006	0.282	0.978	

(出典：筆者作成)

があったと思われるが、10月までに策定を終わった市町村においてもアンケート調査の実施率は7割を超えている。よって、内実はともかく、形式的には交付金を目当てに、特定の住民参加の手法を避けたケースは限られている。

　本節をまとめる。住民意見の聴取として、純粋に住民の意見を計画に反映させるアンケート調査などは7割以上の自治体で広く行われている。一方で、ワーキンググループの設置や自治会等へのヒアリングなど、コミュニケーションを重視した住民参加の手法も2割程度の少数派ながら行われている。

177

第7章　総合戦略における住民参加の機能

4　住民参加は計画を推進したか？

4.1　交付金事業

　本節では、回帰モデルにより住民参加と計画推進の関係について確認する。まず地方創生に関する交付金事業について説明する。次に、交付金事業と住民参加の関係について回帰分析により検討する。最後に、住民参加を促進する要因についていくつか確認し、本節を終える。

　本章では、地方版総合戦略が進展したかどうかを、獲得した交付金の件数及び金額を用いて計測する。地方版総合戦略の進展に関しては、KPIの進捗状況で測るべきではないかという考え方があるだろう。しかしながら、KPIには具体的な自治体においての指標が共通しているとは限らない上に、行政の活動のインパクトが短期的には小さいと考えられるものもあり、総合戦略の進展をKPIの進捗により測るのは難しい。

　よって、より公平に進捗状況を比較できる交付金事業の獲得件数及び金額を利用することとする。第1期地方創生では、市町村は総合戦略の推進のために地方版総合戦略に位置付けられた事業に対して交付金を申請することが可能であった。この地方創生関連交付金の獲得件数と獲得金額を計画の推進と考え、これを従属変数として、分析を行う。地方創生関連の交付金に関しては、複数の自治体が関連する広域連携事業も存在するが、今回は、市町村が単独で行う事業のみを検討対象とする。

　内閣官房のホームページでは第1期の地方創生に関して設定された交付金を4種類に分類している[2]。まず、先行型交付金、加速化交付金は地方創生がスタートした平成26〜27年度に設定された。この交付金は補助率100%であるため、市町村が獲得を目指すインセンティブは強いと考えられるが、補助率が100%であるため一定程度の平等な配分が想定されており、敗者復活的な配分も行われた。2つの交付金をまとめて本章では先行型等交付金と呼ぶ。内閣官房のホームページに掲載された採択状況のPDFファイルから先行型等交付金

2）内閣官房「地方創生関係交付金」https://www.chisou.go.jp/sousei/about/kouhukin/index2.html

4　住民参加は計画を推進したか？

図表7-6　交付金事業獲得件数

獲得件数	0	1	2	3	4	5	6	7
先行型等交付金	19.5%	46.3%	23.7%	8.0%	2.5%			
推進交付金	39.6%	27.3%	15.6%	8.8%	4.2%	2.2%	1.1%	60.0%
拠点整備交付金	56.3%	24.8%	10.9%	4.5%	2.0%	0.6%	0.6%	20.0%

獲得件数	8	9	19	N
先行型等交付金				1741
推進交付金	0.4%	0.2%		1741
拠点整備交付金	0.1%	0.1%	0.1%	1741

（出典：内閣官房ホームページを基に筆者作成）

の採択データを数値化したところ[3]、獲得件数が０という市町村は全体の20％程度と、先行型等交付金に関しては比較的平等に配分されたということが分かる。

　平成28年度からは地方創生関連の交付金は地方創生推進交付金、拠点整備交付金の２種類に整理された。推進交付金は補助率50％ではあるが、多くの自治体が通常、獲得を目指すのはこちらである。これは平成28年度から最終年度まで設定されたが４割弱の自治体は単独では活用を行っていない。補助率が50％となったため交付金としての魅力が落ち応募が限定されるようになったということに加え、しばしばこの使い勝手の悪さが指摘されており、魅力が十分ではないと考えられたのかもしれない。

　最後に、拠点整備交付金であるが、こちらは地方創生の拠点となる施設の整備のために設定された交付金であり、この交付を受けた市町村は更に少なく、45％程度の市町村に活用されている。このように、補助率の違いもあり、推進交付金、拠点整備交付金となるにつれて獲得できる自治体が限られている。

3）具体的には上述の内閣官房ホームページ「地方創生関係交付金」の地方創生先行型交付金及び地方創生加速化交付金のセクションにある採択一覧PDFファイルよりデータを作成した。推進交付金、拠点整備交付金も同様である。

179

4.2 計画を推進するその他の要素

まず、計画を推進する意思に関して、首長の当選回数と得票率を投入しよう。**2.1**で確認したように、本章では地方創生の機会を利用するかどうかは、自治体の判断によると考える。特に首長にとって地方創生は、政治的には交付金という目に見えやすい成果を、ごく短期間で得られるという意味がある。つまり、目に見える成果を急ぐ当選回数の少ない首長には、交付金の応募は魅力的な取組みだと考えられる。よって2015年4月末での首長の当選回数と、同時点での直近の選挙での得票率を政治変数として投入することとした。

交付金の獲得に関連すると考えられるその他の変数について確認しよう。一般的な政策の導入に関する研究では、政策の導入を内部要因と外部要因、また内部要因を政策の導入を必要とする環境的な要因と、実際に政策を推進する政治的な意思や行政的な能力などの要因とに分類することも行われる（Berry and Berry 1990）。本章の扱う課題でも同様な区分で考えてみる。

まず、市町村の外部要因として、市区町村の存在する都道府県を考えよう。県ごとに地方創生に対する雰囲気や県庁による支援の度合いが異なるだろう。極端な例ではあるが、鳥取県の市町村は多くの地方創生広域連携事業を行うなど、地方創生に積極的な姿勢であったが、これは地元の石破地方創生大臣（当時）を応援する意味を込め市町村が自発的に取り組んだためであるという[4]。また県ごとの支援のスタイルも異なるため、その影響を吸収することを目的とする。ただし、個々の係数の値そのものに興味があるわけではないので以下の分析では推定結果は図表からは抑制する。

次に、内部要因として、対数変換した人口と財政力指数を基礎的な条件として投入しよう。単純に人口が多い市町村は職員数も多いため、多数のプロジェクトを企画できる。また、追い込まれてか自発的にかはともかく、条件が同じであれば、財政力の低い自治体が交付金事業に積極的だろう。これは2015年の国勢調査による総人口及び2015年度の財政力指数を利用した。

地方創生の必要性は消滅可能性自治体やそれに近い自治体ほど高いだろう。

4）2021年に鳥取県庁において行った筆者のヒアリングによる。

4　住民参加は計画を推進したか？

よって、消滅可能性自治体ダミーを投入することを検討したが、その場合、福島県の市町村はまるまる検討の対象外となるなどの問題が生じる。そのため、消滅可能性自治体ダミーではなく高齢化率を地方創生の必要性を示す自治体の属性を表す変数として導入する。これらの変数を住民参加以外に獲得件数や金額に影響を与える要因だと考え、分析を行う。

4.3　推定結果

ここからは、前項のような設定で回帰分析を行った結果を示してゆく。以下のすべての分析には都道府県ダミー変数を投入しているが出力は抑制されている。まず地方創生先行型等交付金、つまり上乗せ交付金、加速化交付金の合計についての獲得件数と金額を分析しよう。単純な線形回帰ではなく、獲得件数に関しては件数のカウントであるためポワソン回帰を、獲得金額に関しては0に大量の市町村が集まるためセンサー回帰を用いている。

まず先行型等交付金の結果をみてみよう。**図表7-7**に結果を示しているが、モデル1は参加変数群と基礎的条件として財政力指数及び対数変換した人口を投入し、これらのデータから件数や金額を説明できるかを検討したものである。モデル2は、モデル1で投入した変数に加えて、首長の当選回数や得票率と高齢化率を投入したものである。

まず本章において関心の高い参加変数群であるが件数や金額をプラスに説明するものは自治会等へのヒアリングである。件数の増加はわずかであり、また金額に関してはおよそ800万円程度と驚くほどの大きさとはいえないが、しかし統計的に有意に獲得件数や交付金額に影響を与えている。また金額に関しては住民参加型ワーキンググループを設置した市町村も、平均してみれば400万円程度設置していない市町村よりも多くの交付金を獲得している。獲得件数に有意な影響を与えていなかったワーキンググループの設置であるが、金額の方が従属変数の分散が大きく有意な結果が得られたと思われる。

一方で、住民が推進組織に加入、パブリックコメント、アンケート調査という参加の方法に関しては、獲得件数や獲得金額に有意な影響を与えなかった。パブリックコメントやアンケート調査は、計画に住民の意見を反映させるとい

181

第7章　総合戦略における住民参加の機能

図表7-7　先行型交付金の分析

	先行型等交付金							
	件数（ポアソン回帰）				金額（センサー回帰）			
	モデル1		モデル2		モデル1		モデル2	
	係数	p値	係数	p値	係数	p値	係数	p値
参加変数群								
住民が推進組織	0.002	0.972	0.003	0.962	− 1078.468	0.640	− 1018.555	0.658
パブリックコメント	− 0.060	0.258	− 0.065	0.221	− 2993.880	0.155	− 3433.811	0.101
アンケート調査	− 0.019	0.711	− 0.018	0.730	− 2705.023	0.195	− 2508.963	0.227
自治会等へヒアリング	0.126	0.023	0.120	0.030	8009.534	0.000	7615.097	0.001
住民参加型ワーキンググループ	0.091	0.080	0.092	0.077	4434.173	0.035	4477.862	0.032
基礎的条件								
財政力指数	− 0.667	0.000	− 0.434	0.014	− 31530.960	0.000	− 19229.000	0.002
人口（対数変換）	0.215	0.000	0.219	0.000	9529.629	0.000	9828.345	0.000
首長要因								
当選回数			− 0.034	0.086			− 1716.298	0.022
得票率			− 0.056	0.593			− 7878.089	0.058
地方創生の必要性								
高齢化率			0.011	0.038			655.328	0.001
var (e)					1.17E + 09		1.16E + 09	
s.e					4.63E + 07		4.57E + 07	
N	1,714		1,714		1,714		1,714	
LL	− 2213.021		− 2208.852		− 16814.218		− 16802.443	
疑似R 2	0.046		0.048		0.009		0.010	
センサーされた市町村					322		322	

注：都道府県ダミーの係数は抑制されている。

（出典：筆者作成）

う意味はもつが、計画の推進力とはならないようだ。先行研究から示唆される予想がデータからも確認できた。

　首長要因に関しては当選回数が金額にマイナスの影響をみせており、当選回数が増えると交付金の獲得に熱心でなくなるという関係があることが分かる。一方で得票率は有意な影響を与えていない。得票率は候補者の人数等にもよるため、システマティックな影響をみづらいということかもしれない。

　コントロール変数について、まず財政力指数や人口などの基礎的な条件に関しては予想通り財政力が弱い自治体が多くの補助事業を獲得し、人口の多い自治体が多くの補助事業を獲得しているという結果が出ている。係数も非常に大

182

きく、これらが変動の多くを説明するということが分かる。高齢化率はやはりプラスで有意な影響を与えている。高齢化が進む地域の方が地方創生に熱心でそれだけ交付金を獲得する熱意が高い上に、実際に国の想定するような地方創生のためのプロジェクト等も組みやすいなどの理由があるだろう。

推進交付金の分析結果は**図表7-8**のようになっている。まず獲得件数に関してはパブリックコメントやアンケート調査はマイナスの影響を示している。実際にこれらの方法で住民意思を確認したとしてもそれが交付金の獲得件数にマイナスの影響を及ぼす理論的な意味合いは存在しないが、4割の市町村がこの推進交付金を獲得していないということを考えた場合、これらの手法が、推進交付金を獲得しなかった4割の側の市町村においてより広く用いられているということだろう。都市部の市町村かどうかに関しては人口や都道府県ダミー、高齢化によりおおよそコントロールされているはずではあるが、十分なコントロールが行えておらず、人口減少地域の自治体の特性を拾った可能性もある。また、首長の当選回数も有意な影響をみせている。やはりチャンスを利用するかどうかは首長の判断によると考えられる。

その他のコントロール変数に関してはおおよそ想定通りの影響をみせていることは先行型等交付金のケースとほぼ同じである。ここでも基礎的条件が非常に大きく推進交付金の件数・金額に影響を与えているということが分かる。

最後に、拠点整備交付金についての分析結果を検討してみよう。**図表7-9**にあるように、参加変数に関してはやはり自治会等へのヒアリングがプラスの影響を与えている。拠点整備交付金は施設整備だけでなくソフト事業と組み合わせなければならないという制約があるため、ソフト事業に関して実際に動いてもらえるステークホルダーとの関係が必要になるということもあるだろう。

また、政治変数に関しては、得票率のみがプラスでの影響がみられるのが予想に反している。この解釈に関しては力のある首長の方が施設をつくるというような大きな計画をつくりやすいということができるかもしれない。他のコントロール変数等に関しては、影響はほぼ予想通りである。

第 7 章　総合戦略における住民参加の機能

図表7-8　推進交付金の分析

	推進交付金							
	件数（ポアソン回帰）				金額（センサー回帰）			
	係数	p値	係数	p値	係数	p値	係数	p値
	モデル1		モデル2		モデル1		モデル2	
参加変数群								
住民が推進組織	−0.044	0.420	−0.048	0.387	−7532.669	0.002	−7494.387	0.002
パブリックコメント	−0.106	0.044	−0.111	0.035	−5718.717	0.012	−6068.586	0.007
アンケート調査	−0.215	0.000	−0.217	0.000	−7016.268	0.002	−6911.864	0.002
自治会等へヒアリング	0.127	0.022	0.120	0.031	5535.624	0.022	5208.334	0.030
住民参加型ワーキンググループ	0.214	0.000	0.211	0.000	6692.166	0.003	6818.842	0.002
基礎的条件								
財政力指数	−1.035	0.000	−0.754	0.000	−28045.780	0.000	−13692.720	0.055
人口（対数変換）	0.431	0.000	0.425	0.000	14168.000	0.000	14641.580	0.000
首長要因								
当選回数			−0.057	0.007			−1827.591	0.026
得票率			−0.176	0.096			−5479.310	0.222
地方創生の必要性								
高齢化率			0.012	0.051			749.261	0.001
var(e)					1.20E+09		1.18E+09	
s.e					5.46E+07		5.39E+07	
N	1,714		1,714		1,714		1,714	
LL	−2483.706		−2474.811		−12841.311		−12831.345	
疑似R2	0.130		0.133		0.015		0.016	
センサーされた市町村					667		667	

注：都道府県ダミーの係数は抑制されている。

（出典：筆者作成）

4.4　分析結果のまとめ

　分析の結果をまとめると以下のようになる。先行型等交付金、推進交付金、拠点整備交付金という3つの交付金の獲得件数及び獲得金額の分析を通じて、自治会等へのヒアリングの影響が一貫してプラスであった。また住民参加型ワーキンググループの影響もプラスの場合がみられた。一方で、住民代表が推進組織に加入している、あるいはパブリックコメントやアンケート調査に関しては、それが交付金事業の獲得へのプラスの影響を与えないどころか、マイナスの相関関係があることが分かった。首長の当選回数等の政治の影響もしっかりと確認できた。変数としては都道府県、人口、財政力などの影響を除いても

184

4　住民参加は計画を推進したか?

図表7-9　拠点整備交付金の分析

	拠点整備交付金							
	件数（ポアソン回帰）				金額（センサー回帰）			
	モデル1		モデル2		モデル1		モデル2	
	係数	p値	係数	p値	係数	p値	係数	p値
参加変数群								
住民が推進組織	−0.085	0.241	−0.098	0.175	−4664.141	0.738	−5231.712	0.707
パブリックコメント	−0.044	0.508	−0.056	0.391	8587.190	0.502	6996.889	0.583
アンケート調査	−0.200	0.002	−0.205	0.001	−47046.800	0.000	−46491.740	0.000
自治会等へヒアリング	0.193	0.005	0.184	0.007	34545.950	0.010	33403.090	0.012
住民参加型ワーキンググループ	0.064	0.333	0.067	0.315	−2242.162	0.862	−2240.902	0.861
基礎的条件								
財政力指数	−0.943	0.000	−0.901	0.000	−132147.000	0.000	−97731.890	0.016
人口（対数変換）	0.160	0.000	0.167	0.000	27183.140	0.000	29252.690	0.000
首長要因								
当選回数			−0.113	0.000			−12874.150	0.005
得票率			0.633	0.000			61292.080	0.015
地方創生の必要性								
高齢化率			0.000	0.953			1490.862	0.223
var(e)					3.32E+10		3.29E+10	
s.e					1.84E+09		1.83E+09	
N	1,714		1,714		1,714		1,714	
LL	−2070.064		−2053.179		−10800.550		−10794.303	
疑似R2	0.082		0.090		0.010		0.010	
センサーされた市町村					953		953	

注：都道府県ダミーの係数は抑制されている。

（出典：筆者作成）

そのような結果が得られた。

　つまり、単に計画に住民意見を反映するというだけではなく、計画の策定過程で意見交換やフェースツーフェースでのコミュニケーションがとれる手法を導入している市町村では、より多くの交付金事業が行われるという傾向がある。先行研究の指摘するように、広範な住民の意見を計画に反映させるというだけでは計画は進まず、代表性では劣っても深い意見交換が行われる参加手法の方が、計画の推進に有利と結論できるだろう。

　また、当選回数が少ない首長が国に忖度しやすいとは考えづらいので、素直に分析結果を解釈すれば当選回数が少ない首長は実績づくりに地方創生の機会

第7章　総合戦略における住民参加の機能

を利用していると考えられる。住民参加や首長属性の影響力からは、自治体の自発的な選択により交付金事業が推進されていると解釈できるのではないだろうか。

4.5　二時点パネルデータによる検討

前項で検討したように、交付金事業は首長の当選回数が少ないという特性をもつ自治体や、自治会等へのヒアリングや住民参加型ワーキンググループの設置を行っている自治体において積極的に行われているということが分かった。しかしながら、人口、財政、都道府県などの基礎的要因をコントロールしているとはいえ、なお参加に関しては、自治会等へのヒアリングを行いやすい特性をもつ地方、より率直には小規模で住民との関係が近い自治体において交付金事業が積極的に活用されているだけの可能性がある。

因果関係について、より厳密に分析を行うために利用される方法として、パネルデータ分析や差分の差分法という方法がある。これは二時点以上のデータを用意することにより、従属変数の「変化」と独立変数の「変化」が関連しているかを検証するものである。第2期地方創生に関しては、コロナ禍による地方創生臨時交付金の設定やデジタル田園都市国家構想交付金への変化など、制度そのものに大きな変更があり、また、第1期計画の計画期間を延長した自治体においては策定過程の住民参加にコロナ禍の影響を受けるなど、必ずしも第1期計画と同等な計画とはいいがたい。しかし、ここでは試論的であるが第2期地方創生推進交付金データ[5]と第2期総合戦略策定に対する住民参加データを利用して、第1期データとの2期間パネルデータを構成し分析を行う。

具体的に、紙幅の関係で分析は推進交付金に限るが、従属変数はプロジェクト採択数と採択金額の第2期地方創生と第1期地方創生との差分を、また、独立変数としては同じく各々の参加手法の実施の有無の差分を利用する。また、その他の変数に関して、政治変数は、2020年4月末における首長の当選回数と

5）具体的には本章の執筆時点（2023年10月）で入手可能な地方創生推進交付金及びデジタル田園都市国家構想交付金（地方創生推進タイプのうち先駆型・横展開型・Society5.0型）の採択結果一覧を内閣官房ホームページより入手し、データ化した。

186

図表7-10　二時点パネルデータの分析

	推進交付金（第2期と第1期の差分）			
	件数		金額	
	モデル1		モデル1	
	係数	p値	係数	p値
参加変数群　第2期と第1期の差分				
住民が推進組織	0.066	0.370	1823.973	0.616
パブリックコメント	−0.155	0.026	−1716.180	0.618
アンケート調査	0.046	0.455	−177.093	0.953
自治会等へヒアリング	−0.043	0.580	1724.639	0.653
住民参加型ワーキンググループ	0.076	0.272	−6496.080	0.059
基礎的条件 第2期と第1期の差分				
財政力指数	0.189	0.851	−85069.932	0.088
人口（対数変換）	−0.100	0.766	−5609.494	0.735
首長要因　第2期と第1期の差分				
当選回数	−0.092	0.000	−358	0.764
得票率	−0.072	0.566	10566.910	0.088
地方創生の必要性 第2期と第1期の差分				
高齢化率	−0.036	0.114	−3999.997	0.000
N	1713		1713	
R2	0.212		0.247	

注：都道府県ダミーの係数は抑制されている。

（出典：筆者作成）

直近の選挙における得票率と2015年のそれらとの差を、また、財政力指数、対数変換した人口、高齢化率に関してもすべて2020年度と2015年度の差を取って回帰分析に投入した。

　この結果は**図表7-10**のとおりである。まず、政治変数に関しては、当選回数が依然として有意な影響をみせており、首長の当選回数が増えると交付金事業の獲得件数が減るということが分かる。第1期と第2期で交付金事業の性質はやや異なるが、当選回数が少ない首長ほど実績作成のために交付金を取りに行くというメカニズムが確認できた。また金額に関しては高齢化率が高くなると金額が減るということも分かった。高齢化の進む地域では金額の大きなプロジェクトをつくりにくいというのも実感と一致している。

　一方で、本章で主として検討している住民参加の変数に関しては、多くが明確な関係をみせていないが、パブリックコメントを選択する自治体がプロジェ

第 7 章　総合戦略における住民参加の機能

クト数を減少させるという関係が確認されている。通常、パブリックコメント
は市民参加の手法としては一番容易で、また市民からの反応も少ない。これま
で行っていなかったパブリックコメントを第 2 期で行う自治体は、むしろ容易
な手法に流れたか、コロナ禍などの影響で他の市民参加手法が利用できなかっ
た自治体だと思われるが、そのような自治体ではプロジェクトを推進する力は
弱いと考えられる。

4.6　二時点パネルデータによる分析結果のまとめ

　本章の分析結果をまとめると次のようになる。まず第 1 期地方創生の期間に
おける交付金の獲得件数・獲得金額のデータを用いた分析では、5 種類の参加
方法のうち、自治会等へのヒアリングやワーキンググループの設置などを行っ
た自治体が多く交付金事業を獲得し、それ以外の住民参加の方法は件数・金額
にプラスの影響を与えないどころかむしろマイナスの影響をみせることもあっ
た。また首長の当選回数が少ない自治体が交付金を獲得する傾向があることも
確認できた。都道府県、人口、財政などの要因を考慮してもこの結論はかわら
なかった。一方で、二時点のパネルデータを用いた分析では、件数に対してパ
ブリックコメントがマイナスで有意な影響を与えていることが分かったがそれ
以外の参加変数は明確な影響を示さなかった。また、住民参加変数以外では首
長要因の影響は一貫しており、当選回数の少ない首長がより多くの交付金事業
を獲得する傾向があった。

　さて、以上の結果から、市民参加の種類とその計画推進への効果について考
慮した場合、限られた人数でも政策実施過程を見据えた上で、深く議論できる
タイプの住民参加手法は、その後の交付金の獲得を増やすという意味で計画を
動かす力になる可能性がある。ただし、2 期間パネルデータを用いた分析では
それほど明確な関係が発見できなかったことから、本研究をもって明確な結論
が出たとまではいえない。一方で、首長の当選回数など政治変数は影響が明確
であった。これは地方にとってチャンスとして与えられた地方創生に対して、
実際に参加するかどうかの選択権は自治体側にあるという本章の理解と一致す
る。

5 まとめ

　本章をまとめると以下のようになる。本章では国から「強制された」計画とされる地方版総合計画であるが、計画の立案過程も実施も、実際には各地域のイニシアティブが重要であるという理解の下で、首長の戦略や計画に対する住民参加が、計画を推進するかという問題を地方版総合戦略に関する交付金事業のデータを用いて確認した。結果として、地方創生に関して、首長の当選回数は明確に計画の推進に影響し、計画段階における自治会等へのヒアリングやワーキンググループの設置も、計画を動かしうる参加となる可能性があることが分かった。一方で、住民参加の中でも世論調査やパブリックコメントは計画を推進しないことも分かった。

　参加に関しては、国も第2期の「手引き」[6]において、「住民・産官学金労言士等の参画と推進組織」という項目に新たに次のような記述を追加している。

　「各地域において設置している『地方移住に係る県民会議』や『子ども子育て会議』といった地方創生に関連する事項を議論する会議体等における議論や取組内容についても、地方版総合戦略の策定に反映させるなど、各地域における「現場の声を聴き実行する」枠組と地方版総合戦略の推進組織を有機的に連携させていくことも重要です。」

　これは、テーマと参加者を絞っての市民参加を通じて議論を深める仕組みが計画推進に重要であるという国の認識の表れだろう。

　本章の分析は以上となるが、残された課題も多い。本章では、交付金の獲得を計画の推進とし、分析を行った。これは形式的には適切な指標だとは思われるが、現実の自治体において交付金の獲得が計画の推進とイコールなわけではない。むしろ逆に予算の獲得が自己目的化し地域衰退に拍車をかけているという指摘は少なくない（木下 2016：第4章）。また、地方版総合戦略に関していえ

6）内閣府地方創生推進室（2019）「地方版総合戦略の策定・効果検証のための手引き（令和元年 12月版）」https://www.chisou.go.jp/sousei/about/chihouban/chihouban-tebiki.1912.pdf

ば市町村のレベルでは住民参加の規模を特定しての意見聴取や情報交換が可能であるが、自治体総合計画のような包括的な計画においては直接に計画を動かすエンジンとなりうる住民や団体を特定し参加を促すのは規模が大きく難しいかもしれない（この工夫に関しては本書第9章を参照）。

　最後に、本章の検討結果はある程度は自治体の計画全体に示唆するところがあるとは思われるが、住民参加を国から求められた地方版総合戦略という特殊な計画を検討対象としている。様々な計画、データから同様の傾向があるかを検討する必要があるだろう。このような限界を認識しつつ本章を終える。

（中村悦大）

〔参考文献〕
・Aoki, Naomi. (2018) "Sequencing and combining participation in urban planning: The case of tsunami-ravaged Onagawa Town, Japan." Cities 72: 226-236.
・Arnstein, Sherry R. (1969) A ladder of citizen participation. Journal of the American Institute of planners, 35 (4): 216-224.
・Berry, Frances Stokes, and William D. Berry. (1990) "State lottery adoptions as policy innovations: An event history analysis." American political science review 84.2: 395-415.
・Bobbio, Luigi. (2019) "Designing effective public participation." Policy and Society 38.1: 41-57.
・Fung, Archon. (2006) "Varieties of participation in complex governance." Public administration review 66: 66-75.
・Fung, Archon. (2015) "Putting the public back into governance: The challenges of citizen participation and its future." Public administration review 75.4: 513-522.
・IAP2 International Association for Public Participation. (2018) IAP2 Spectrum of Public Participation. https://www.iap2.org/page/pillars.
・Nabatchi, Tina. (2012) A manager's guide to evaluating citizen participation. Washington, DC: IBM Center for the Business of Government.
・Rowe, Gene, and Lynn J. Frewer. (2000) "Public participation methods: a framework for evaluation." Science, technology, & human values 25.1: 3-29.
・Rowe, Gene, and Lynn J. Frewer. (2004) "Evaluating public-participation exercises: a research agenda." Science, technology, & human values 29.4: 512-556.
・Rowe, Gene, and Lynn J. Frewer. (2005) "A typology of public engagement mechanisms." Science, Technology, & Human Values 30.2: 251-290.
・礒崎初仁（2021）「地方創生施策の展開と地方分権―『目標管理型統制システム』の有効性―」『自治

総研』47巻511号。

・今井照（2018）「『計画』による国―自治体間関係の変化〜地方版総合戦略と森林経営管理法体制を事例に」『自治総研』44巻477号。

・嶋田暁文（2016）「『地方創生』のこれまでと自治体の現在〜求められる自治体の『軌道修正』〜」『地方自治ふくおか』No.60。

・木寺元（2012）「市民参加とミニ・パブリックス―その類型と可能性―」『北海道自治研究』527号。

・木下斉（2016）『地方創生大全』東洋経済新報社。

・田村哲樹（2006）「規範理論と経験的研究との対話可能性―熟議民主主義論の展開を事例として―」『日本政治学会年報政治学』57巻2号：11-35。

・中村悦大（2021）「『地方創生』は競争淘汰的かバラマキか？：東海地方における市町村アンケート調査と交付金データから」政策科学、28巻3号：233-251。

・中村悦大・髙松淳也（2020）「計画における外部アクターの影響　東海地方における総合戦略の策定を題材に」松井望・荒木一男編『自治体計画の特質および地方分権改革以降の変化と現状』東京大学社会科学研究所研究シリーズNo.70：55-73。

・中村悦大・入江容子・京俊介・髙松淳也（2021）「東海地方における第一期地方創生 地方版総合戦略の立案とその特徴」総合政策学会総合政策研究23巻2号：1-14。

・根本祐二（2021）「インフラ老朽化問題と合意形成の役割」「月刊地方自治みえ」第346号。

・長野基（2022）「自治体計画における住民参加の内実を問う」『都市問題』113巻5号：79-87。

・松井望（2017）「『基本方針による管理』と計画化：総合戦略と総合計画を事例に」『公共政策研究』第17号。

・松井望（2019）「分権改革以降の自治体計画策定 ―国の〈計画信仰〉と自治体の『忖度・追従』」『都市問題』110巻9号。

・山下祐介・金井利之（2015）『地方創生の正体―なぜ地域政策は失敗するのか』筑摩書房。

第**8**章 福島県総合計画の策定と運用過程の特徴
―災害復興過程にある県づくりに総合計画が果たす役割―

1 はじめに（本章の目的）

　本章では、福島県が2021年10月に、県議会9月定例会[1]での議決を経て策定した「福島県総合計画」（現行の総合計画。以下、「現行計画」という。計画期間は2022年度から2030年度まで9年間）の策定と運用過程の特徴について論じる。

　現行計画は、その前の総合計画（ふくしま新生プラン。2012年12月策定。計画期間は2013年度から2020年度まで8年間）の計画期限を見据え、2019年7月に策定を開始してから、途中新型コロナウイルス感染症の影響を見極めるための約10カ月間の策定中断期間を挟み、差し引き約1年7カ月の期間をかけて策定した福島県の10代目[2]の総合計画になる。

　現行計画の策定を進めた時期は、2011年3月11日に発生した東北地方太平洋沖地震とそれに伴う大津波による災害（以下、「東日本大震災」という）と、東京電力福島第一原子力発電所（以下、「福島第一原発」という）の事故による災害（以下、「原子力災害」という）から約10年が過ぎた時期に該当する。

　筆者は、2019年度から2022年度までの4年間、国から派遣されて福島県の企画部門に所属し、現行計画の策定と運用に事務局責任者の立場で携わってきた。その際、特に意識してきたことは、福島県の災害が地震・津波だけでなく、福島第一原発の事故も伴う世界の誰もが経験したことのない未曾有の複合大規模災害からの復興過程にあるということである。福島第一原発の事故で放射性物質が県域に広く拡散した影響を受け、地震・津波による災害からの復興

1）福島県議会9月定例会の会期は、2021年9月21日〜10月8日。
2）初代総合計画は、1959年9月策定の福島県総合開発計画（計画期間：10年間。基本目標：全国水準にキャッチアップ、県内生産と県民所得を倍増し、全国水準に高める）。

193

第 8 章　福島県総合計画の策定と運用過程の特徴

の進捗も遅れていた。役場自体の避難を余儀なくされた市町村もあった。除染や生活環境の確保等を進めた上での避難指示の解除となることから、市町村ごとに復興の進捗が大きく異なるという難しさがあった。現行計画の策定に当たっては、こうした原子力災害の影響を受けながら進めてきた復旧、復興の進捗度合いと、進捗に伴い顕在化してくる新たな課題も踏まえながら、これから中長期に及ぶ復興・再生を展望していく必要があった。一方で、原子力災害によるものを除く、地震・津波による災害からの復興に係る部分については、岩手県や宮城県と同様に、復興の進捗に伴って国の組織的・財政的に特別な対応の段階的な縮小が見込まれ、相対的に福島県が果たす役割が大きくなってくるのではないかという考えも筆者の中にはあった。そのような状況の中での総合計画の役割は何か、県の計画ではあるものの、国・県・市町村はもとより、国内外の福島県に心を寄せるあらゆる主体の力を糾合させ、福島県の復興・再生を成し遂げるための哲学となるべきではないかとの思いで策定を進めた。

　結論を先取りすると、総合計画は、福島県の更なる復興・再生に向け、福島県による復興・再生の進路を示し、県民が幾重もの困難を前にしても心が折れずに、それぞれの生活再建の歩みを引き続き着実に進めていける希望の旗印となることが期待されるのである。その実現に向けては、未曾有の複合災害、とりわけ原子力災害によって大きな影響を受けた県民の精神面の復興や、コミュニティや住民自治を取り戻し徐々に拡大させる取組み、さらには広域自治体である福島県自体の団体自治のパフォーマンスを最大化していく役割も担う必要があると考えた。

　そのためには、本書の主要なテーマにもなっている総合計画の実効性確保が不可欠であり、その実現に資する手段として住民参加と職員参加に熱心に取り組んだのである。

　以下、福島県の現行計画の実効性を確保するための策定と運用過程における取組みについて、第 2 節で実効性確保をめぐる論点や取組みの概略を、第 3 節で現行計画の理解の前提となる福島県の特性を、第 4 節で現行計画の全体像と策定経過を示す。その上で、実効性確保、住民参加や職員参加の具体的な取組みは第 5 節の策定の特徴と第 6 節の運用の特徴において示す。

なお、本章は、福島県が対外的に公表している内容のほか、筆者の実務経験を踏まえての記述となっており、文中の考察や意見にわたる部分には、筆者の私見も含まれていることをあらかじめ申し添える。

2 総合計画の実効性の確保をめぐる論点

2.1 計画の「実効性」の確保とは

斎藤（1994）によると、計画の「実効性」とは、計画によって事前に想定されたものとは関係なく、実際に計画の実行の結果から生み出された効力（効果）であるとし、行政計画にとって実効性を確保するというとき、「実現性[3]」と「有効性[4]」の2つの側面があり、区分することが必要になる。実現性の確保に必要とされるのは計画執行過程の"管理"であるが、有効性の確保に必要とされるのは計画の達成成果に関する"評価"である。計画を運用する段階で、両者はバランスよくどちらも満足ゆくように実現されるのが理想であると指摘している。

つまり、計画の実効性の確保とは、PDCAサイクルに即して言うと、計画策定（Plan）後に、計画に盛り込まれた施策が計画通りに実行（Do）されるかどうかを適切に管理（実現性の側面）した上で、施策の実行により計画に対して成果がどの程度実現されているかを適切に施策評価（Check。有効性の側面）を行うことであり、Doの進行管理とCheckの評価の両方をバランスよく実施していくことが理想だということである。

この論点については、第1章でも、総合計画の評価において、行政が何を実行したかという行政の活動（アウトプット）に関する指標よりも、住民の立場から見た成果（アウトカム）に関する指標を重視する成果指標の設定について

3）計画に規定された内容がいかに実現可能となるかを意味し、計画の内容が計画通り実際に執行されたかどうかが問われる。
4）計画が最終的な目的とした内容が計画の実施によりどこまで実現し達成されたかを意味し、計画のもたらす成果の内容が問われる。

論じられている。Checkで用いる指標の質について、アウトプット指標が多い実情に対し、住民目線から理解されやすいアウトカム指標をできるだけ用いるべきということである。

住民参加についても、「自治」意識や「協働」意識の高まりを背景に、総合計画の策定に際して、あらゆる機会と手段、方法を活用して住民の参加を求めるべき（佐藤 2014）とし、審議会や公聴会に加え、市民アンケート調査、各種団体の個別ヒアリング、シンポジウム、パブリックコメント、審議会の公募委員枠の設定（佐藤 2013）に加え、ワークショップや住民基本台帳等から無作為で抽出された市民で構成する市民討議会の実施等、様々な手法による住民参加の促進が論じられている。

このほか、総合計画の内容に首長が選挙時に掲げたマニフェストと連動させる論点や、総合計画を予算・評価・組織・人事など自治体の様々なシステムと連動させる論点、総合計画を地方版まち・ひと・しごと創生総合戦略と連動させる論点、SDGsを総合計画に反映させる論点等が論じられている。

第5章では、住民参加には総合計画の内容を民主的に統制する目的で議会という1つ目の民主的な回路に加えた2つ目の民主的な回路の役割が期待される一方、職員参加もまた自治体の組織内での民主的な意思決定の実現が目的とされ（大島 1973）、住民参加も職員参加も自治体の政策形成での密室性を危惧し、部門ごとの分立割拠を回避しながら、総合行政主体の名にふさわしく多様な主体による参加を通じた政策形成を期待し提唱されたとしている。その上で、計画策定での職員参加とは、外部委託する外部主義よりも、自前主義の手作りの計画が期待されているのであり、自前主義を希求することで、職員参加による政策の総合化[5)]、内製化による信頼醸成[6)]及び人材育成・活用[7)]の3つの効果が論じられている。

---

5) 特定の部門が集中的に策定する計画が包括的な計画であればあるほど、細部にわたる把握が困難となるため、部門を超えた職員が各分野の情報と知識を集約しながら、個々の職員の専門性を計画策定に反映することで政策の総合化につながるという。

6) 多岐にわたる計画策定の業務は、職員の自前での策定と外部機関への委託が考えられるが、外部機関に対する地域外の事業者への資金移転や自治体の個別性を顧みない計画策定への懸念から、自治体での内製化による計画策定の方に信頼が醸成されるという。

2.2　現行計画の実効性を確保するための取組み

(1)　福島県が総合計画に込めた意義

　災害対策基本法（昭和36年法律第223号）では、災害からの復旧や復興に係る活動の一義的な責任主体は基礎自治体の市町村にあるが、被害規模の大きさや広汎性により広域自治体の都道府県や国に責任主体が移ってくる。

　東日本大震災と原子力災害の被害の規模については、災害対策基本法の言葉を借りれば、著しく異常かつ激甚な非常災害であったことや、従前から原子力政策を推進してきた国の社会的責任から、発災直後の応急期から復旧期、復興期に係る対策の全体の方向性を定め、執行の舵取りの中心的な責任主体は、国が担ってきた。災害対策基本法と原子力災害対策特別措置法（平成11年法律第156号）の既存の枠組みをベースに、官邸に設置された緊急災害対策本部（地震・津波による災害）や原子力災害対策本部（原発事故による災害）、復興対策本部が司令塔となって、政府機関が前面に出て現地事務所も設置しつつ、被災自治体からの支援の要請を待たずにプッシュ型で組織的・財政的に特別な法律の措置を講じながら、応急から復旧、復興に係る対策の取組みを進めてきた。

　復興関係では、東日本大震災復興基本法（平成23年法律第76号）を制定し、復興の司令塔機能を担う復興対策本部、その後継組織の復興庁を設置するとともに、「東日本大震災からの復興の基本方針」を定め、東日本大震災復興特別会計で5年ごと[8]に必要な復興事業の規模を示して復興財源を確保（2025年までの15年間で約32.9兆円）したほか、東日本大震災復興特別区域法（平成23年法律第125号）に基づく復興特別区域制度[9]に伴う「復興推進計画」・「復興整備計画」、福島復興再生特別措置法[10]（平成24年法律第25号）に基づく「福島復興再生計画」等、各種法定計画に基づく規制・手続や税制上の特例措置を講じる仕組みを創設して復興に係る対策の取組みを進めてきた。

---

7 ）職員参加ではこの点が最も強調され、人材育成・活用には、職員の意欲向上、若手職員の能力開発及び計画策定後の人事配置の選抜機会に資する3つの効果があるという。

8 ）2011～2015年：集中復興期間、2016～2020年：第1期復興・創生期間、2021～2025年：第2期復興・創生期間。

9 ）東日本大震災により一定の被害が生じた地方公共団体が、計画を作成し国の認定を受けて規制・手続や税制上の特例を受けられる仕組み。

第 8 章　福島県総合計画の策定と運用過程の特徴

　福島県としても、発災直後から災害対策本部を設置し全庁体制となって、国の対策との整合を図りつつ、応急から復旧、復興に係る対策の取組みを進めてきた。復興関係では、「福島県復興ビジョン」（以下、「復興ビジョン」という。2011年8月策定）と「福島県復興計画（第1次）」（以下、「第1次復興計画」という。2011年12月策定[11]。計画期間は2020年度まで10年間）を策定して取組みを進めてきた。

　こうした中で、現行計画の策定を進めた時期は、東日本大震災と原子力災害から10年を経て福島県の復興・再生は着実に進捗していたが、いまだ途上にあり、地域ごとに進捗に大きな差が生じるとともに、進捗に伴って新たな課題も顕在化してきていることが復興・再生のアジェンダとして重要性が高まってきた時期でもある。一方で、原子力災害の影響を受けて全体的に進捗が遅れているとはいえ、復旧や復興が少しずつでも着実に進展してきたことは、自然災害と原子力災害を厳密に切り分けることは困難ではあるものの、復興庁の設置期限が2030年度までとされているように、地震・津波による災害からの復旧、復興に関する発災直後からの国の組織的・財政的に特別な体制についても段階的に縮小される可能性があるということを、国から派遣されている現行計画の策定の事務局責任者としては意識しておかなければならないと考えていた。

　このため、計画策定と並行して、原子力災害からの復興・再生を先導する取組みである福島イノベーション・コースト構想[12]の推進、福島国際研究教育機構（F-REI）[13]との連携、そしてこれらの効果の発現についての地元はもとより全県的な波及等は、国が原子力災害に対する責任を果たし続けることが前提とはなるものの、福島県の主体的な意志と県民を守るという責任の下、取組みを

---

10) 原子力災害からの福島の復興・再生を推進するための地域特別法で、福島県が計画を作成し国の認定を受けて規制・手続や税制上の特例を受けられる仕組み。

11) 2012年12月に第2次、2015年12月に第3次への改定を経て、2021年3月に「第2期福島県復興計画」を策定。

12) 福島復興再生特別措置法に基づき、東日本大震災と原子力災害で失われた浜通り地域等の産業を回復するため、新たな産業基盤の構築を目指す国家プロジェクト。重点分野に①廃炉、②ロボット・ドローン、③エネルギー・環境・リサイクル、④農林水産業、⑤医療関連、⑥航空宇宙の6分野を位置付け、その実現に向けた産業集積や人材育成、交流人口の拡大、情報発信、生活環境の整備等、多岐にわたる基盤整備を進めている。

強化していく必要があり、その結果として福島県の相対的な役割が高まってくると考え、福島イノベーション・コースト構想の具体化に向け2018年4月から企画調整部企画調整課内に設置していた福島イノベーション・コースト構想推進室を2022年4月に課として独立させる拡充を行う等、将来を見据えた組織体制の強化にも取り組んだ。

また、現行計画の策定過程では、2020年3月からの新型コロナウィルス感染症への対応に加え、2021年2月に福島県内で最大震度6強を観測した福島県沖地震が発生した。県民にとっては東日本大震災と原子力災害からの生活再建が一定程度進捗してきた中での再度の甚大な被害に見舞われ、幾重もの困難への遭遇に心が折れかねない状況にあった。

総合計画の策定は法律に基づくものではなく[14]、福島県の任意の判断で策定できるものである。総合計画を策定すること自体に加え、総合計画に位置付ける内容には、福島県の復興・再生に向けた県づくりに対する姿勢が100％反映されるものである。さらに、総合計画は、福島県がもつあらゆる行政計画の最上位の計画であり、総合計画を行財政運営の中核に据え、総合計画を基に各部局の具体的な取組みを規定するその他の行政計画に横串を刺すことで、福島県の各部局の取組みに統一性をもたせることができる。

このため、総合計画を旗印に、福島県がヒト・モノ・カネ・情報等のあらゆる資源をフル活用して知事を先頭に全部局が目指すべき将来の姿に向かって一致団結して課題に立ち向かい県づくりに本気で取り組む意志と姿勢を、県民に向けた強力なメッセージとして発信することで信頼と共感へつなげ、"県づくりは自分ごとである"との感覚をもつ県民を増やし具体の取組みを喚起するこ

---

13) 福島復興再生特別措置法に基づき、国が2023年4月に特別の法人として新たに設立した研究教育機関（英語名称：Fukushima Institute for Research, Education and Innovation、略称：F-REI（エフレイ））。福島や世界の課題解決を実現するため、研究開発（①ロボット、②農林水産業、③エネルギー、④放射線科学・創薬医療、放射線の産業利用、⑤原子力災害に関するデータや知見の集積・発信）とともに、研究成果の社会実装・産業化や人材育成に取り組む。福島にすでに立地している研究施設等の取組みに横串を刺す調整機能をもった司令塔としての役割も併せもつ。

14) 市町村は総合計画の構成要素のうち基本構想の策定が1969年から2011年まで地方自治法で義務付けられていたが、都道府県はその間も一貫して義務付けられていない。

第8章　福島県総合計画の策定と運用過程の特徴

と、すなわち共感から行動へと結び付けることで県づくりにおいて住民自治を機能させることが重要であると考えた。これは、原子力災害による役場ごとの避難を余儀なくされた福島県だからこそ、総合計画の仕組みがもつ意義を改めて県庁全体として認識してこれをフルに活用することが、住民自治の拡大につながるはずであるとの考えに至ることができたと考えている。

　そして総合計画の旗の下に、多くの県民が県づくりに対する共感を原動力として結集し、目指すべき将来の姿というベクトルを共有しながら県づくりに向けて住民自治を発揮することは、福島県の団体自治がより大きなパフォーマンスを発揮する上での強固な土台の形成へとつながるものと考えられる。

⑵　現行計画の実効性を確保するための各種の取組み

　今後も中長期に及ぶ復興・再生の更なる進展のため、総合計画に込めた意義を実現するためには、総合計画に基づく県づくり、総合計画を中心に据えた福島県の行財政運営の確立が不可欠である。

　そのために必要とされる総合計画の実効性を確保するための各種の取組みについては、福島県においても、最も重要なDoの進行管理とCheckの評価の両方をバランスよく実施していくことについて、現行計画の策定後にPDCAサイクルを適切に回していく進行管理を行うとともに、施策等の取組みの進捗や成果を測る成果指標と目標値を設定して適切な評価を行うようにし、毎年度の事業予算ともできる限りの連動を行っている。

　住民参加の手法については、策定過程において、外部の学識経験者と公募委員で構成する「福島県総合計画審議会」（会長：岩崎由美子福島大学行政政策学類教授。以下、「審議会」という）、その下に「福島県総合計画・復興計画策定検討部会」（部会長：川﨑興太福島大学共生システム理工学類教授。以下、「策定検討部会」という）を設置しての原案作成を主軸に、原案に様々な立場の県民の意見を反映するための地域別懇談会や県民世論調査・アンケート、対話型ワークショップの実施、市町村と連携を図るための意見交換の実施、パブリックコメント等、様々な手法を取り入れている。策定過程の後半には福島県議会に「『新たな福島県総合計画』調査検討委員会」（委員長：矢吹貢一福島県議会議員（自由民主党）。以下、「県議会調査検討委員会」という）を設置して審議を重ね、県議会議

200

員・各会派の意見を原案に反映している。このような形で作り込んだ原案が、福島県議会において福島県長期総合計画審査特別委員会を設置し、原案に対する審査、採決を行い、最終的に県議会の議決を経て成案となっており、現行計画の内容に2つの回路から民主的な正当性が確保できるよう努めた。

　運用過程においても、総合計画に基づく県づくりに対する県民の更なる理解促進や、現行計画の認知度のそもそもの向上を目的に、福島県知事、企画部門職員による出前講座や県民シンポジウムを積極的かつ継続的に実施している。さらに、現行計画よりも相対的に認知度の高いSDGsを入口として県づくりを進める活動の場として「ふくしまSDGs推進プラットフォーム」を設置して多様な主体による連携・共創の機会を積極的に創出している。

　また、職員参加の手法については、審議会の各回の審議に際し、原案の作成は企画部門が自前主義で作成したたたき台を県庁内のすべての部局との間で合意形成を図った上で審議にかけるとともに、実際の審議においてもすべての部局の職員の出席を得て臨むようにした。県庁の組織間での民主的な合意形成の手続に留意して進めてきた。策定初年度の途中で新型コロナウイルス感染症の影響が大きくなってきた頃には、現行計画の策定を一時中断する一方で、新型コロナウイルス感染症が社会にもたらす影響を検討するため、企画部門が音頭をとって庁内横断的な勉強会を主催し、すべての部署の若手・中堅の県職員の参加を得て活発なワークショップを開催して影響の分析を重ねるように努めてきた。

3　現行計画の策定をめぐる福島県の特性

3.1　広大で多極分散型の地域構造

　福島県の取組みの理解の前提となる福島県の人口や地域構造の特徴、東日本大震災と原子力災害からの復興・再生の途上にある特性について示す。

　福島県は、人口が183万3,152人（2020年10月時点、令和2年国勢調査）で全国第21位、面積が13,783,90㎢で北海道、岩手県に次いで全国第3位の広さをもつ。

201

図表8-1 福島県の県域

(筆者作成)

市町村数は59で、51の市町村が過疎・中山間地域（県全体の面積に占める割合：81.9％、県全体の人口に占める割合：19.0％）に指定されている。

図表8-1の通り、福島県の県域は南北に連なる阿武隈高地と奥羽山脈によって、浜通り、中通り、会津地方の3つの地方に分けられ、同じ県内でも気候や文化、風土の大きな違いがみられる。県内は地域性により7つの方部[15]に分けられ、地域ごとに人口30万人規模の中核市3市（福島市、郡山市及びいわき市）を含む中核的な都市が存在し、広大な県域の中で特定の都市に人口と機能が一極集中しない多極分散型の地域構造になっている。

3.2 福島県の将来人口の見通し（地方創生・人口減少対策）

福島県では、地方創生・人口減少対策の推進に当たり福島県の人口の現状や将来の姿を示して構造的な人口減少問題について県民と認識共有を図り「持続

---

15) 7つの方部（（ ）内が中核都市）は、相双（南相馬市：59,053人）、いわき（いわき市：333,202人）、県北（福島市：282,802人）、県中（郡山市：327,872人）、県南（白河市：59,531人）、会津（会津若松市：117,433人）、南会津（南会津町：14,453人）。

3 現行計画の策定をめぐる福島県の特性

可能なふくしまの実現」のため、「福島県人口ビジョン」（以下、「人口ビジョン」という。2015年11月策定。2019年12月更新）を策定している。

この中で、福島県の人口は、2019年10月時点で約184万人であり、1998年の約214万人をピークに減少に転じ、全国的な人口減少の傾向と同様に減少の傾向が続いているが、東日本大震災と原子力災害の影響によって減少のスピードが加速していることを示している。

これまで30万人（14%）以上の人口が減少しているが、この間の日本全体の減少が3%程度であったことを踏まえると、福島県の人口減少がいかに急速に進んだかが分かる。原子力災害の影響による避難者の帰還意向や動態予測を踏まえた福島県独自の将来推計によると、福島県の人口は、2040年に約143万人、2060年に約100万人になると推計している。

これを、現行計画や「ふくしま創生総合戦略」（以下、「総合戦略」という。2015年12月策定。計画期間は2015年度から2019年度まで5年間。2020年3月に2020年度から2024年度まで5年間の計画に更新）では、対策に取り組み人口の減少幅の抑制を進めることで、2030年に167万人程度、2040年に150万人程度を維持することを目標に掲げている。

3.3 総合計画と総合戦略との関係付け

福島県の総合戦略は、まち・ひと・しごと創生法（平成26年法律第136号）に基づく国の「まち・ひと・しごと創生総合戦略」を勘案して、都道府県・市町村が策定に努めることとされている地方版の総合戦略である。人口ビジョンで描く福島県の目指すべき将来の姿に向け、今後5年間の地方創生関連施策の方向性を位置付けており、計画策定と計画への位置付けが政府の地方創生交付金等の財政支援を活用するための要件となっているものであり、第1章で論じられた国による統制の一つの事例でもある。

国の総合戦略は、2022年12月に「デジタル田園都市国家構想総合戦略」へ改められたが、国の総合戦略を勘案して地方の総合戦略の策定に努める法の基本的な枠組みは維持されている。

総合計画と総合戦略との関係付けについては、現行計画の本文に、現行計画

203

第8章　福島県総合計画の策定と運用過程の特徴

の実行計画（アクションプラン）として総合戦略と復興計画を地方創生、復興・再生を推進する両輪として位置付ける旨を記載している。総合戦略の本文においても、総合計画や両輪で進める復興計画との整合を十分に図り、将来像を共有しながら、"しごと"を創り、"ひと"の好循環を生み出し、人口減少に歯止めをかける地方創生関連施策に特化した実行計画（アクションプラン）とすることを記載し、両計画で相互に整合を図っている。

3.4　東日本大震災と原子力災害からの復興・再生

⑴　10年を経た福島県の復興・再生の進捗

　現行計画の出発点となる東日本大震災と原子力災害から10年を経た2021年当時の復興・再生の進捗状況の概略について示す。

　主に浜通りでは、福島第一原発の構内（オンサイト）の事故炉等の事故収束対応においては遠隔ロボットの開発が途上にあり、廃炉（廃止措置）の進め方を検討するための基礎となる燃料デブリ[16)]の状態の確認すらできていなかった。福島第一原発周辺に設置された除染除去土壌の中間貯蔵施設では帰還困難区域[17)]を除く除去土壌等の搬入の概ね完了が2021年度末のことであり、搬入開始の2015年から最長30年間の管理の後の県外最終処分までの見通しは候補地の選定方法の段階からまったく立っていなかった（現在も見通しが立っていない）。

　福島第一原発の構外（オフサイト）では、除染等により空間放射線量が低減した地域では避難指示の段階的な解除が進んでいたが、帰還困難区域の解除は福島復興再生特別措置法の改正により特定復興再生拠点区域制度[18)]ができたのが2017年であり、10年目の時点では解除に至っていなかった。避難指示で役場自体の避難（行政機能移転）を余儀なくされた福島第一原発周辺の9町村[19)]は、

---

16) 事故当時、原子炉内にあった核燃料や構造物が溶け、冷えて固まったもの。

17) 放射線の年間積算線量が50mSv超で原則立ち入ることができないエリア。福島県の面積の2.4％（337k㎡）は、東京都23区の面積の約半分に相当。

18) 帰還困難区域の中に、避難指示を先行解除して居住を可能にする区域を設けるもの。双葉町、大熊町、浪江町、富岡町、飯舘村及び葛尾村において当該区域の復興再生計画を作成し（内閣総理大臣の認定を受け）、帰還環境整備に向けた除染・インフラ整備等が集中的に行われ、2022年6月から2023年5月までの間にすべて避難指示が解除された。

204

3 現行計画の策定をめぐる福島県の特性

一部解除を経て元の行政区域へすべての町村が帰還することができたのが2022年9月のことであり、特に福島第一原発にほど近い富岡町、浪江町、大熊町及び双葉町の4町では元の行政区域でようやく本格的なインフラ整備に着手できる状況になってきたところであった。こうした背景から、福島県の内外で避難生活を続ける県民が約3万5千人[20]おり、解除の時期が遅い市町村ほど避難先での生活が長期化・固定化して解除されても帰還につながらず人口回復が遅れており（同4町の2021年6月時点の居住率は事故前の14.0％以下にとどまる）、県民の帰還や生活再建が進みにくくなってきている新たな課題にも直面していた。

一方、中通り・会津地方では、除染等により空間放射線量はまったく問題ない水準まで低減するとともに、除去土壌等の中間貯蔵施設への搬入も完了したほか、地震で全壊・半壊して使用不能になった庁舎や自宅等の再建等のインフラ整備が概ね完了し、風評による農産物や観光への影響がなお残るものの、製造品出荷額等は事故前の水準に回復してきており、復興・再生はかなり進捗してきている状況にあった。

原発事故に伴う広範囲に及ぶ放射能汚染に端を発した国内外からの「フクシマ」や「FUKUSHIMA」に対する偏見・差別の風評については全県的な課題であったが、根強く継続して県民の心が大きく傷付いていた。

「10年一区切り」という言葉の響きが示すように、時間の経過に従い記憶が薄れていく風化との闘いも顕在化し始めてきていた。

このように、福島県では、広大な県域の中で、浜通りの福島第一原発周辺で復興・再生の入口にようやく立てた地域がある一方、中通り・会津地方を中心に復興・再生には一定の目途がつき地域課題の中心が地方創生・人口減少対策に移り始めている地域も出てきているなど、県内各地で復興・再生の進捗状況に大きな差が開いてきている状況にあった。

このため、現行計画に盛り込む内容の検討の出発点となる県づくりの現状や

---

19) 行政機能移転を余儀なくされた9町村役場の避難期間（（　）内は帰還日）：広野町約1年（2012.3.1）、川内村約1年1カ月（2012.4.1）、楢葉町約3年1カ月（2015.9.5）、葛尾村約5年1カ月（2016.4.1）、飯舘村約5年1カ月（2016.7.1）、富岡町約6年（2017.3.6）、浪江町約6年1カ月（2017.4.3）、大熊町約8年2カ月（2019.5.7）、双葉町約11年6カ月（2022.9.5）。

20) 避難者数のカウントは現行計画に記載する2021年8月時点。

205

第8章　福島県総合計画の策定と運用過程の特徴

課題の認識に当たって、地域課題の中心が復興・再生と地方創生・人口減少対策のどちらに比重が置かれるかが地域ごとに大きく異なっており、必然的に県民が直面する課題の困難度についても地域ごとに大きく異なってきていた。

⑵　国に対して県が自らの意志として発する県づくりの哲学

　2.2⑴で示した復興・再生に係る国の法定計画は、国の認可に際して計画に盛り込みたい復興施策等に国の財源を活用する場合、その裏付けが必要となることから、国の所管省庁との間で事前に十分な調整が必要となり、その段階で施策によっては福島県が要望しても国からストップがかかるケースも散見された。つまり、計画内容に盛り込めるかどうかについて財源を握る国の意向が大きく影響したということである。

　また、国の避難指示が出された地域の将来の姿という意味では、「福島12市町村[21]の将来像に関する有識者検討会提言」が2021年3月に出されている。これは、復興庁と福島県が共同事務局となって、避難地域12市町村の30～40年後の姿をまとめたものである。この作成プロセスは、復興庁と福島県との間で提言の原案を作成し当該市町村の意向を確認した上で有識者会議に諮って提言が固められたものであるが、原案の作成段階で復興庁と福島県との間で記載ぶりの調整が難航した。

　そして、原子力災害による被害の特殊性や、原発事故を引き起こした国の社会的責任を求める福島県側の姿勢によるところが大きいが、東日本大震災と原子力災害からの復興・再生を進めた先の被災地の将来の姿や国の新たな特別な措置、復興施策の検討過程においては、まず被災地の側からこうありたい、こうしてほしいと意向を示すのではなく、国側に先に案を示すように求め、示された案の適否を被災地の側で判断しながら、国の様々な特別な措置や復興施策の内容を固めていくケースが多かった。

　こうした中で、東日本大震災と原子力災害からの復興・再生を進めた先の、福島県の県づくりの将来の姿や実現方策等について、福島県が民主的手続を経て自らの意志として発する意義は大きい。現行計画の策定によって、総合計画

21）浜通り地域等の田村市、南相馬市、川俣町、広野町、楢葉町、富岡町、川内村、大熊町、双葉町、浪江町、葛尾村及び飯舘村。避難地域12市町村という。

206

と恒久法である福島復興再生特別措置法を活用した県づくりを一体的に推進する土台が固まった。

福島復興再生特別措置法には、福島の復興・再生が、その置かれた特殊な諸事情とこれまで国が原子力政策を推進してきたことに伴う社会的な責任を踏まえて行われるべきものであることが規定されており、国は原子力災害に対する社会的責任を果たし続けなければならない立場にある。一方で、復興庁の設置期限が2030年度までとされているように、差し当たっての東日本大震災からの復興・再生、中長期的には原子力災害からの復興・再生についても、相当程度進捗していった先には、国の組織的・財政的に特別な対応が縮小される可能性があるのではないかと考えていた。そのような中で、現行計画は民主的手続を経て策定した県づくりの哲学である。この哲学をもって広域自治体としての自律的な地方行財政運営を目指すとともに、国に対しては原子力災害に伴うハンディキャップに対する責任を果たし続けていくよう対等な立場から求めることができる武器になる。総合計画が、福島県にとってまさに将来に向けた攻めの要でもあり、守りの要としての役割を果たすことができると考えた。

3.5 総合計画と復興ビジョン・復興計画との関係付け

復興ビジョンと復興計画との関係付けについては、復興ビジョンが復興・再生の基本的な方向として基本理念と主要施策を示したものであるところ、復興計画は、復興ビジョンに基づき、さらに具体的な取組みや当該の取組みに基づく主要な事業を示すものと整理している。なお、復興計画では2011月7月に発生した新潟・福島豪雨や同年9月の台風15号からの復旧・復興の取組みについても盛り込まれたものになっている。

その上で、福島県が復興ビジョンと第1次復興計画を策定した2011年当時には、福島県の総合計画としては、2009年12月に策定した8代目の総合計画（いきいき ふくしま創造プラン。計画期間は2010年度から2014年度まで5年間）の計画期間の途上にあったが、東日本大震災と原子力災害によって福島県を取り巻く社会経済情勢が計画策定当時の想定を大きく超えて変化したことから、発災から1年9カ月が経過した2012年12月に計画の全面的な改定を行い、9代目の総合

207

第8章　福島県総合計画の策定と運用過程の特徴

計画（ふくしま新生プラン）を策定している。

　こうした中で、当時の総合計画と復興ビジョン・復興計画との関係付けについては、総合計画の性格は、県の最上位の計画としてあらゆる政策分野を網羅して県づくりの指針や施策を示すものであり、復興ビジョンや第1次復興計画の上位計画として、総合計画では施策レベルまでの取組みを整理し、復興計画では目指す県づくりの将来像を共有しながら事業レベルまでの取組みを整理し、東日本大震災と原子力災害からの復興・再生の視点の反映や施策の整合などを図ったものになっている。計画期間についても、東日本大震災から10年目の節目であり、復興ビジョン・第1次復興計画の目標年度でもある2020年度に合わせる形の整合を図っている。

　こうした関係付けについては、現行計画においても引き継ぐこととし、復興ビジョンの基本理念を継承しつつ、2021年3月に策定した第2期福島県復興計画（以下、「第2期復興計画」という。計画期間は2021年度から2030年度まで10年間）を、総合戦略と両輪で、現行計画の実行計画（アクションプラン）として位置付ける旨、現行計画の本文に記載している。この旨、第2期復興計画においても、総合計画と将来像を共有しながら、福島県の一日も早い復興のために必要な取組みを機動的かつ確実に進めるための計画であると記載し、両計画で相互に整合を図っている。

4　現行計画の概要

4.1　現行計画の構造

　現行計画は、**図表8-2**の通り、2030年に目指す将来の姿を描き、その実現に向けた県づくりの理念や基本目標、すべての政策分野を網羅した分野別の主要施策、主な取組みを示す、福島県に約150ある行政計画の最上位の計画である。前述の通り、計画の推進に当たって実行計画（アクションプラン）として、復興計画と総合戦略を位置付け、復興・再生、地方創生それぞれの視点からの具体的な施策や取組み、事業を示している。さらに各部局において策定する部

208

図表8-2 現行計画の構造

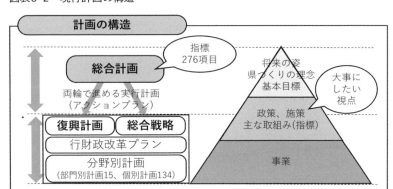

（現行計画を参考に、筆者作成）

門別計画[22]や個別計画では、総合計画と整合を図る形で各部局が具体的に取り組む施策や取組み、事業を位置付けている。

このように、福島県において各部局がそれぞれ取り組む内容は、総合計画を最上位にして整合が図られたものとなっている。

4.2 現行計画の全体構成

現行計画の体系がどのように構成されているか、計画の流れや仕組みの全体構成について示す。

現行計画は、**図表8-3**の通り、全6章から構成されている。

第1章は、総合計画の基本的事項として、福島県の最上位の行政計画としての位置付けや2030年度まで9年間の計画期間、実行計画である総合戦略及び復興計画との関係付けを示している。

第2章と第3章は、県民に対して県づくりの"自分ごと"感覚を醸成し、行動変容につなげていくきっかけを提供するためにメインとなる章である。

「みんなで創り上げるふくしまの将来の姿」と題し、東日本大震災と原子力

---

22) 部門別計画が、個別計画の上位的位置付けの計画であり各政策分野において取り組む施策や取組みを具体的に示した個別計画を包括する計画又は単独の計画となっている。

第 8 章　福島県総合計画の策定と運用過程の特徴

図表8-3　現行計画の全体構成

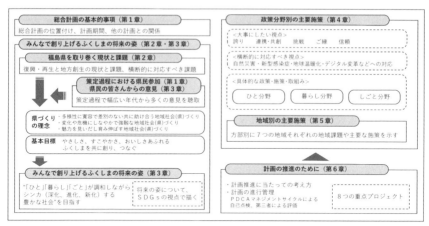

（現行計画を参考に、筆者作成）

　災害の発生から10年程度を経た復興・再生と地方創生に係る「福島県を取り巻く現状と課題」を整理し、施策等の構築に当たっての共通の土台とした上で、審議会や策定検討部会での原案作成に加え、地域別懇談会、市町村との意見交換、県民アンケート、対話型ワークショップ等の住民参加の手法の各種実施を通して幅広い年代の県民に策定過程への参加を募り、寄せられた多くの意見をできる限り反映しながら、2030年の「将来の姿」を描き、計画の根底に据える根本的な考え方である「県づくりの理念」と、福島県のみならずあらゆる主体が連携して県づくりに取り組めるように設定した「基本目標」をまとめている。
　第 4 章は、将来の姿の実現に向け、福島県がその役割の下に取り組む主要な施策を政策分野別に示している。
　県民に県づくりの"自分ごと"感覚を醸成してもらう大前提として、福島県がどんな視点からどのように取り組んでいこうとしているかについて、分かりやすく記載するようにしている。
　加えて、この第 4 章は、福島県職員にとっても、現行計画を行財政運営の中核に据え、その推進を"自分ごと"と感じてもらうためにメインとなる章であ

る。県職員一人ひとりが計画推進に当たって留意すべき2つの視点として、仕事に臨む意識や姿勢に関わる「誇り」「連携・共創」「挑戦」「ご縁」「信頼」の5つの「大事にしたい視点」と、仕事のやり方や進め方に関わる「自然災害」「新型感染症」「地球温暖化」「デジタル変革」の4つの「横断的に対応すべき視点」を整理した上で、将来の姿を「ひと」「暮らし」「しごと」の3つの分野ごとに、18の政策、76の施策、255の取組みと、これらの進捗・成果を測定するための276の指標（基本指標・補完指標）を位置付けている。

第5章は、第4章の主要施策が全県的に取り組む内容になっているのに対し、県内7つの方部別に地域別の主要施策を示している。広大な県域をもつ福島県では、方部ごとに地理的な条件や自然環境、歴史、文化等が異なることから、7つの方部それぞれが抱える課題に対し、県の出先となる7つの地方振興局において進める特色のある施策を「地域別の主要施策」として位置付けている。

第6章は、「計画の推進のために」と題し、計画の進行管理の考え方を記載している。特に重要な行政課題を8つの重点プロジェクトとして展開するとともに、計画を着実に推進し、進行管理を的確に行っていくため、PDCAサイクルや根拠に基づく政策立案（EBPM）を重視して事業効果の適切な評価を行って具体的な成果の創出や成果の見える化を進めることとしている。

4.3 策定体制

現行計画の策定をどのような体制の下で行ってきたのかについて示す。

策定の中心的な役割を担ってきたのが審議会である。総合計画の策定に関する審議とともに、見直しや進行管理等に関する審議についても担っている。審議会は、県の条例[23]に基づき県に設置されている知事の附属機関で、環境、福祉、産業、地域振興等の各分野の学識経験者と公募委員の計29名の委員から構成されている。さらに、総合計画の検討、取りまとめを機動的・効果的に実施するため、審議会の委員と特別委員の計10名で構成する策定検討部会を設置

---

23) 福島県総合計画審議会条例（2002年10月制定）。

し、集中的な審議を行ってきた。なお、策定検討部会の名称に復興計画が入っているのは、当時の復興計画が当時の総合計画と将来像を共有しており、2020年度末の計画期間の終期を見据え、新しい総合計画と整合性を図った新しい復興計画の策定に向けた検討が必要で併せて審議を行うこととしたことによる。審議はともに原則公開で行われ、審議内容を速やかに公表している。

　この審議会や策定検討部会を運営する事務局を担ってきたのが、福島県の企画部門（福島県企画調整部復興・総合計画課）である。復興・総合計画課の総合計画ラインの担当者から企画調整部長に至るラインの8名を主に、復興計画ラインや総合戦略ラインと適宜連携しながら、丁寧な運営に努めてきた。審議会や策定検討部会での審議に付す現行計画の原案に係る各審議事項の内容は、企画調整部において、知事や副知事に適宜諮りながら、たたき台を作成して、その他の総務部、危機管理部、生活環境部、保健福祉部、商工労働部、農林水産部及び土木部の7部と避難地域復興局、文化・スポーツ局、こども未来局及び観光交流局の4局、教育庁、原子力損害対策担当理事のすべての部局等に照会をかけ、それぞれの所掌分野からの確認や加筆修正をしてもらう形での参加を通じて、県庁の組織内での民主的な合意形成の手続を進めてきた。

　また、審議会や策定検討部会の各回の審議に臨む際に企画部門として特に意識をしてきたことは、“予定調和の運営を厳に慎む”ということである。一般的な審議会等の運営では、審議時間の制約や、議論のための議論に終始せず、その都度内容をまとめて結論を出していく必要があることから、事務局で事前に作成した原案に対し、審議を通して委員の意見が発散し過ぎて収集がつかなくなってしまわないよう、事務局であらかじめ想定した結論に審議結果がうまく収束していくよう、つまり審議が予定調和となるように運営に苦慮することも見受けられる。しかし、現行計画の策定の審議においては、委員にも相当な負荷がかかってしまったが、事前に審議資料を送付して内容をしっかり確認してもらう時間を十分に設け、議論が発散してしまう懸念があってもまったく気にせず、気付きのある点はその都度事前・当日・事後含めてすべて意見として出してもらい、事務局としてそのすべてに真摯に回答し、原案にすべて反映していくようにして進めてきた。

福島県議会に設置した県議会調査検討委員会においても、現行計画の原案がある程度まとまってきた段階で、むしろまだ原案としてまとまりきっていない段階でというのが重要なポイントになるが、県議会議員計10名の各会派代表に、計8回にわたり精力的な調査検討を重ねてもらった。もちろん審議会や策定検討部会と同様、審議は予定調和を厳に慎み、出された意見すべてに理事者（事務局）としてできる限り真摯に回答を重ね、原案に丁寧に反映していった。このように、原案の策定体制の中に県議会を含めていることも重要なポイントである。

4.4 策定の経過

現行計画の策定経過について、その概略を示す。

現行計画の策定は、**図表8-4**の通り、2019年7月に、知事から審議会に新たな総合計画の策定を諮問したことをもって開始している。

原案作成の進め方は、まず審議会で審議事項の検討の方向性を定めて策定検討部会に下ろし、集中的に検討を重ねて具体化を進め、結果を審議会にフィードバックして意思決定を積み重ねていくスタイルを基本とした。

2019年度は、計画の基本的な考え方から、全体構成（10年後の2030年度に目指す将来の姿を示し、これらを実現するための今後10年間の基本目標や政策の方向性、主要施策（指標）、7つの地域別の主要施策等）、他の計画（復興計画や総合戦略、部門別計画、個別計画）との関係、県民等への広報や意見聴取の方法等の検討を進めつつ、計画策定の序盤の段階で県民や市町村から今後の県づくりに期待すること等について自由闊達に意見を述べてもらうための市町村との意見交換や県民対話型ワークショップ、地域懇談会の開催を経て、「計画の骨子」までの作成を進めた。

当初の策定スケジュールでは、その前の総合計画の2020年度末の計画期限を見据え、2020年度の県議会12月定例会での議決を目指して策定を進めたが、2020年3月に入り新型コロナウイルス感染症の影響が強くなってきたことから、その影響を見極めるため、約9カ月間、策定を中断した。この間も事務局では、庁内全部局の若手・中堅の県職員を募って、新型コロナウイルス感染症

第8章　福島県総合計画の策定と運用過程の特徴

図表8-4　現行計画の策定の経過

年月日		会議等名	内容
2019年度	7月	総合計画策定審議会（第1回）	・知事から新計画の策定を諮問 ・計画の基本的な考え方、部会設置等を審議
	8月	総合計画・復興計画策定検討部会（第1回）	・計画の基本的な考え方、全体構成、他の計画との関係、県民等への広報・意見聴取方法等を審議
	9月	総合計画策定審議会（第2回）	・計画の基本的な考え方、全体構成、他の計画との関係、県民等への広報・意見聴取方法等を審議
	10月	市町村長との意見交換	・2019年10月～2020年1月の期間に計12回開催
		県民対話型ワークショップ	・2019年10月～2020年1月の期間に計9回開催、176名参加
	11月	総合計画・復興計画策定検討部会（第2回）	・計画の基本的な考え方、留意すべき重要な視点等を審議
	12月	総合計画・復興計画策定検討部会（第3回）	・計画の基本的な考え方、県内7つ地域の考え方等を審議
	2月	総合計画策定審議会（第3回）	・計画の骨子を審議
		地域懇談会	・2020年2月の期間に県内7地域で実施
	～新型コロナウイルス感染症の影響を見極めるため策定中断～		
2020年度	11月	総合計画策定審議会（第4回）	・これまでの議論の整理（計画骨子、将来の姿、基本理念、基本目標、新型感染症影響分析等）を審議 ・2021年度重点施策体系等を審議
	1月	総合計画・復興計画策定検討部会（第4回）	・計画素案（全体構成、将来の姿、県づくりの理念、大事にしたい視点、地域別の主要施策等）を審議
		市町村意見照会	・2021年1月・2月の期間に112件の意見提出
	3月	県議会「新たな総合計画」調査検討委員会	・2021年3月～7月の期間に8回審議
		総合計画・復興計画策定検討部会（第5回）	・計画素案（将来の姿（SDGsの視点）、政策分野別の主要施策、指標等）を審議
	4月	総合計画・復興計画策定検討部会（第6回）	・計画素案（将来の姿（SDGsの視点）、政策分野別の主要施策、指標等）を審議
	5月	総合計画・復興計画策定検討部会（第7回）	・計画中間整理案（基本目標、政策分野別の主要施策、指標等）を審議
		総合計画策定審議会（第5回）	・計画中間整理案（基本目標、政策分野別の主要施策、指標等）を審議

		パブリックコメント	・2021年6月11日〜7月10日の期間に42件の意見提出
	6月	市町村意見照会	・2021年6月の期間に50件の意見提出
		地域懇談会	・2021年6月の期間に県内7地域で実施 43名、212件の意見
	7月	総合計画・復興計画 策定検討部会（第8回）	・計画改訂中間整理案（基本目標、政策分野別の主要施策、指標等）を審議
2021 年度		県議会から知事へ 申入れ	・調査検討委員会の審議結果を意見提出
	8月	総合計画策定審議会（第6回）	・答申案（基本目標、政策分野別の指標等）を審議
		総合計画策定審議会 から知事へ答申	・知事へ新たな総合計画案を答申
	9月	県政策調整会議	・福島県総合計画案を決定
	10月	県議会長期総合計画 審査特別委員会	・福島県総合計画案を審議し採決
		県議会	・福島県総合計画を議決

（現行計画を参考に、筆者作成）

が社会・経済活動に与える影響分析に関する勉強会を開催して県づくりへの反映のあり方について議論を重ねた。

　2020年度に入り、11月に策定作業を再開した際、まず策定スケジュールについて、2021年度の県議会9月定例会での議決を目指して進めるものに修正した。目標期限の2030年度については、政府の「復興・創生期間[24]」後の復興の取組みの動向[25]や福島県の第2期復興計画の計画期限を2030年度までとしていたことから、2030年度の時期を維持して、現行計画の計画期間を10年間から9年間に短縮することにした。

　審議会や策定検討部会での具体的な審議事項は、それまでの議論を整理した

24）2016年度から2020年度まで。

25）「『復興・創生期間』後における東日本大震災からの復興の基本方針」（令和元年12月20日閣議決定）において、2021年度から当面5年間の復興財源が確保されたことや、復興庁の設置期限が2030年度まで10年間延長された。

第 8 章　福島県総合計画の策定と運用過程の特徴

上で、新型感染症の影響分析の結果を反映しながら、2021年1月の策定検討部会からは計画の素案の形に仕上げて、「将来の姿」や「県づくりの理念」、「基本目標」に加え、「政策分野別の主要施策」「指標」と「地域別の主要施策」等の作り込みを順次進めていった。

　なお、2020年10月頃から2021年2月頃までに進める福島県の2021年度当初予算案の編成においては、2021年度以降の県づくりの方向性を示す総合計画が存在しない状態での編成となったことから、現行計画に位置付ける予定であった重点プロジェクトを先取りした「2021年度重点施策体系」を暫定的に作成して予算との連動を確保した。

　2021年度に入り、5月の策定検討部会では、計画策定の終盤に原案の完成形に近い形で県民等から意見を述べてもらう機会として6月にパブリックコメントや市町村意見照会、地域懇談会を予定し、そこで使用するための中間整理案をまとめた。そしてこのパブリックコメント等の実施を経て提出されてきた意見をできる限り反映した改定中間整理案を7月の策定検討部会でまとめ、8月中旬の審議会において、新たな総合計画案に係る答申案がまとまった。

　福島県議会でも、調査検討委員会における2021年3月から7月まで計8回にわたる計画の素案段階からの審議を経て、8月上旬に福島県知事に対して、審議結果に基づく意見提出の申入れが行われた。

　審議会の答申案は、こうした福島県議会の申入れの内容についてもしっかり反映されたものになっており、このようにしてまとめられた答申案が、8月下旬に、知事に対して答申がなされたものである。

　福島県では、この答申を政策調整会議で現行計画案として決定し、県議会9月定例会へ提案した。そして福島県議会において、現行計画案は長期総合計画審査特別委員会と本会議での審議を経て議決され、完成を迎えたものである。

216

5 現行計画の策定の特徴

5.1 住民参加の取組み

⑴ 全体像

　現行計画は、民主的な正当性を確保して策定することは当然の前提として、今後の県づくりに対する県民の"自分ごと"感覚の醸成に資することを重視して作成を進めてきたことから、策定過程では県づくりの方向性に大きく関わる「将来の姿」や「基本目標」、「県づくりの理念」と、その具体的な実現方策となる「政策分野別の主要施策」、その進捗や成果を実感していただく「指標」の作り込みに最も長い時間をかけてきた。このフェーズで住民参加の手法をどのように取り入れてきたのかについて示す。

　現行計画の内容に策定過程において民主的な正当性を確保する住民参加の最も重要な手法は、現行計画の原案について、県条例に基づく審議会と策定検討部会を主軸に作成を進めたことや、作成段階から福島県議会の参画を求めたこと、そして最終的に福島県議会の議決事項としたことである。

　また審議会の委員についても、今回の現行計画の策定に当たり委員29名のうち公募委員の数を２名から４名に増やしている。

　審議会・策定検討部会の各審議事項に係る審議回数については、正味１年７カ月の策定期間で審議会を計６回、策定検討部会を計８回開催したが、新型コロナウイルス感染症の影響を見極めるための中断を経た再開後では審議会を計４回、策定検討部会を計５回開催してきた。中断前の「計画の基本的な考え方」や「全体構成」に係る審議でも「将来の姿」等の計画の中での位置付けの審議を行ってきたが、新型コロナウイルス感染症の影響分析も反映した実質的な審議は再開後になってからである。再開後の審議回数についてみると、「将来の姿」は審議会１回、策定検討部会３回、「県づくりの理念」は審議会１回、策定検討部会１回、「基本目標」は審議会３回、策定検討部会４回、「政策分野別の主要施策」「指標」は審議会２回、策定検討部会６回を充ててきた。

　福島県議会については、現行計画案の提案・議決を予定した2021年９月定例会に先立つ県議会調査検討委員会では、「将来の姿」等に係る審議に３月から

第 8 章　福島県総合計画の策定と運用過程の特徴

7月までの間に 8 回の審議を重ねてもらった。

　住民参加のその他の具体的な方法については、審議会と策定検討部会の 2 回目に、「県民向け（児童、生徒、学生を含む）」と「市町村向け」に分けて広報・意見聴取の方法と実施時期に係る審議を経て実施に移した。

　前者については、①福島県ホームページで審議経過をタイムリーに公表（審議資料及び議事録等の公表）、②県政世論調査（2019年 7 月・8 月）や、少子化・子育てに関する県民意識調査（2019年 5 月・6 月）、県内高校生、県内外大学生を対象にしたアンケート調査（2019年 7 月・8 月）、③小中学生、高校生、大学生を対象にした県民参加型ワークショップ、④地域懇談会（地域別計画の原案作成前の段階（2020年 2 月）と中間整理案の段階（2021年 6 月）の 2 回）及び⑤パブリックコメント（2021年 6 月）を実施した。

　後者については、①各市町村長との意見交換（2019年10月～2020年 1 月）、②市町村意見照会（主要施策検討の段階（2021年 1 月・2 月）と、中間整理案の段階（2021年 6 月）の 2 回）を実施した。

⑵　対話型ワークショップの実施（地域づくりの"自分ごと"感覚の醸成）

　福島県では、現行計画の策定過程における住民参加の手法の一つとして、これまでの総合計画の策定史上で初めて、小学生、中学生、高校生、大学生を対象に、県づくりや総合計画をテーマに対話型ワークショップを実施し、参加者にテーマに対する意見を自分なりに言語化して発表してもらうなど、県づくりを身近に感じ"自分ごと"感覚の醸成に資する機会を積極的に創出した。

　ワークショップの進め方については、3 時間半程度の時間を確保し、最初に福島県の現状について県職員から説明した後、グループに分かれ、テーマに対する意見をそれぞれが付箋に書き出してホワイトボードに貼り、類似意見を集約してグループの意見として可視化し、グループごとに発表を行う形とした。

　対象者ごとに寄せられた意見をまとめたのが図表 8 - 5 である。

　小学生については、2019年11月に郡山市の 1 会場で開催し11名が参加した。「将来も住み続けたい（住みたい）と思う福島県の未来の姿」のテーマに対し、「子どもや高齢者に優しい県になってほしい」や「みんなで協力し合える県にしたい」、「いろいろな人が来てくれる、魅力的な町」等の意見が出された。

218

5 現行計画の策定の特徴

図表8-5 対話型ワークショップで寄せられた意見

【概要】
県内各地で小学生、中学生、大学生を対象に県民参加型ワークショップを開催
　　実施期間：2019年10月〜2020年1月
　　参加者数：合計176名（小学生11名、中学生15名、高校生96名、大学生54名）

テーマ：「将来も住み続けたい（住みたい）と思う福島県の未来の姿」

＜小学生＞
・外国人にも魅力的な県
・子どもがたくさんいる福島にする
・文化やスポーツを発展させ、いい福島にしたい
・風評被害に負けない県
・みんなが健康に住めるような町
・子どもや高齢者に優しい県になってほしい
・交通の便がもっとよくなってほしい
・みんなで協力し合える県にしたい
・いろいろな人が来てくれる、魅力的な町

＜中学生＞
・安全な暮らしができる
・子育てがしやすい環境がある
・他県に福島県のことを知ってもらい、もっと活気のある県にしたい
・交流が広がり理解が深まる
・教育環境が向上し子育てがしやすくなる
・元気な高齢者が活躍している
・世代を超えて交流できる福島にしたい

テーマ：「自分が思う福島の"たからもの"」

＜高校生＞
・豊かな自然（磐梯山、猪苗代湖、尾瀬）
・観光地（鶴ヶ城、アクアマリン、温泉地）
・特産品（果物、米、牛乳）
・伝統（漆器、赤べこ、じゃんがら念仏踊り）
・県民風土（やさしい人柄、親切、偉人）
・文化・スポーツ（合唱、プロサッカー）

＜大学生＞
・人や方言の温かさ、元気な高齢者
・浜・中・会津の多様な人々・文化
・特産品（果物、日本酒、米、郷土料理）
・技術力のある県内企業、工業生産・技術力
・豊かな自然（四季ごとの景色）
・歴史、文化、芸術（合唱、吹奏楽、演劇等）

テーマ：「みんなの力で解決したいこと」

＜高校生＞
・震災復興、風評被害、少子高齢化、地球温暖化
・質の高い教育による学力向上、学習環境の充実
・地域医療を含めた都市機能の充実
・増える災害への対策
・働く場所、職種の充実
・自然や農地の管理、活用

＜大学生＞
・情報発信不足、震災復興、風評払拭
・交通アクセスの改善、充実
・健康づくり（減塩取組み等）
・第一次産業の活性化
・過疎地域の対策
・若者の人口流出抑制、地域の担い手不足解消

テーマ：「福島の未来をつくるために私たちができること・すべきこと」

＜高校生＞
・県について自分たちが理解を深め、福島の良さや正しい情報をSNS等で発信する
・地域PRのCMを高校生で作る
・新しい伝統をつくる
・地域イベントへの参加やボランティア活動
・県内就職、進学して地元を支える
・自然を大事に、自然をアピール

＜大学生＞
・自分たちが地域への理解を深め魅力を情報発信
・子どもに向けた地域愛着形成の活動
・高齢者のケア、若者の集落での活動
・大学生目線による地元愛着を育むイベント開催
・県内大学生同士が魅力を発信するコミュニティを立ち上げる
・地域の担い手不足を補うボランティア活動

（現行計画を参考に、筆者作成）

219

第8章　福島県総合計画の策定と運用過程の特徴

　中学生については、2019年10月に福島市の1会場で開催し15名が参加した。テーマは、小学生と同じとし、「他県に福島県のことを知ってもらい、もっと活気のある県にしたい」や「交流が広がり理解が深まる」「世代を超えて交流できる福島にしたい」等の意見が出された。

　高校生については、2019年12月に郡山市、会津若松市、福島市、いわき市の4会場で開催し合計96名が参加した。「①自分が思う福島の"たからもの"、②みんなの力で解決したいこと、③福島の未来をつくるために私たちができること・すべきこと」のテーマに対し、特に③に関して「県について自分たちが理解を深め、福島の良さや正しい情報をSNS等で発信する」や「新しい伝統をつくる」、「地域イベントへの参加やボランティア活動」、「県内就職、進学して地元を支える」等の意見が出された。

　大学生については、2020年1月に郡山市、福島市、いわき市の3会場で開催し合計54名が参加した。テーマは、高校生と同じとし、福島県の現状説明を受けた後、グループに分かれてワークショップを行ってテーマに対する意見を出し合いとりまとめた。特に③に関して「自分たちが地域への理解を深め魅力を情報発信」や「大学生目線による地元愛着を育むイベント開催」、「地域の担い手不足を補うボランティア活動」等の意見が出された。

　県民向けの対話型ワークショップの設計に当たって当初重要と考えたことは、できるだけ多くの参加者を募ることであった。そこで得られた意見を総合計画の内容に反映することで得られる民主的な正当性について、参加者が多い方が質の向上が期待できると考えたからだ。さらに意見の偏りや恣意性を排除するためには、参加者はできるだけ無作為に選ぶ必要もある。

　しかし、県人口183万人の1％でも1万8千人以上となる。これを県内59市町村ごとの人口で按分し、市町村に依頼して住民基本台帳から無作為抽出することを検討はしたが、費用と運営の両面から実施上の課題が大きく、結果的には、小学校、中学校については新聞広告による一般公募、高校については県内高校（県立・私立）に協力を依頼し、各学校から推薦された者、大学については県内大学の事務局や教授等に協力を依頼し、参加に意欲的な学生を参集した。依頼に当たってこのような児童・生徒・学生を選んでほしいとは一切お伝

220

えせず、どなたを選んでいただくかを学校サイドにすべてお任せすることにより、参加者の偏りや恣意性についてできるだけ排除できるよう努めた。

今回の参加者総数176名は、県人口と比較すれば、かなり少ない人数割合にはなるが、策定過程において初めて対話型ワークショップを取り入れることができた意義は極めて大きいと考えている。この経験によって得られたノウハウは後述する運用過程における出前講座の運営等にしっかりと活かされている。

5.2 将来の姿の実現に向けた取組み

(1) 全体像

福島県では、東日本大震災と原子力災害の1年後の2012年3月11日に、県民一人ひとりが復興・再生に向けて歩み始め、ふくしまから新たな流れを創っていくとの未来への意志を込めたスローガン「ふくしまから はじめよう。」を策定して復興・再生に向けて着実に歩みを進めてきた。

これを、10年目を機に、2021年3月12日からの新たなスローガン「ひとつ、ひとつ、実現する ふくしま」を策定した。復興・再生に向けて歩んできた「これまで」と、新しい未来につなげていく「これから」とに、一人ひとりの力を重ね、想いをつなぎ、共に、一つずつ、しっかりと形にし続けていこうとの、県民一人ひとりの「今」を重ねたメッセージとなることを期待したものである。

この新スローガンと現行計画による2030年の将来の姿の実現に向けた取組みの全体像を整理したのが**図表8-6**である。

左下の福島県が具体的に解決を進めるべき大きく3つ[26]に分けて整理した現行計画の出発地点となる<ふくしま[27]の現在地>から、右上の県民それぞれが思い描く豊かさや幸せを実感できる30年先の将来の姿を見据えつつ、計画期間終期の9年後の2030年に目指す姿を<将来の姿>として描いている。この「福

---

26) ①東日本大震災と原子力災害からの復興・再生、②人口減少対策・地方創生、③横断的に対応すべき課題（頻発化・激甚化する自然災害、新型コロナウイルス感染症、地球温暖化対策、デジタル変革（DX）の推進。

27) 現行計画では、将来の姿をイメージする部分など、福島県のエリアを強調する場合は「ふくしま」と平仮名で表現している。

第8章 福島県総合計画の策定と運用過程の特徴

図表8-6 将来の姿の実現に向けた取組みの全体像

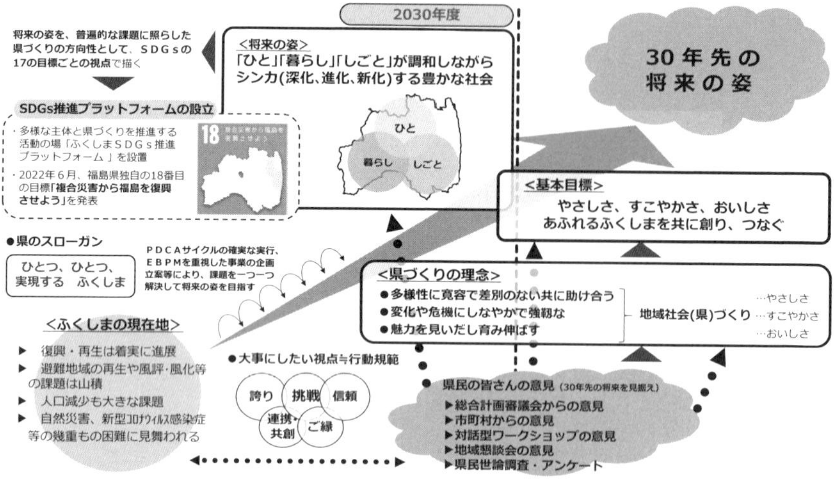

（現行計画を参考に、筆者作成）

島ならでは」の将来の姿を実現するため、総合計画に基づく県づくりの根底に置く根本的な考え方として整理した＜県づくりの理念＞の下、県づくりに関わるあらゆる活動主体が常日頃から頭に置いて連携しながら活動していけるような＜基本目標＞を設定している。日々の活動に当たっては、「誇り」「連携・共創」「挑戦」「ご縁」「信頼」を大事にしたい行動規範としてもちながら、新スローガンの通り、計画の進捗や成果を一つひとつ形にして実感しながら県づくりの歩みを進めていくイメージを描いている。

　こうした将来の姿や県づくりの理念、基本目標については、県民に常日頃から意識していただくことが期待されることから、その文章や言葉一つひとつに、いわゆる"お役所言葉"の使用を極力避け、県民にできるだけ身近で"心に刺さる言葉選び"となるよう、様々な住民参加の取組みを通して寄せられた意見をできるだけ反映するようにする最大限の努力を重ねて導き出してきた。

(2)　県づくりの理念

　「県づくりの理念」については、「多様性に寛容で差別のない共に助け合う地域社会（県）づくり」「変化や危機にしなやかで強靱な地域社会（県）づくり」

222

及び「魅力を見いだし育み伸ばす地域社会（県）づくり」の3つに整理した。

1つ目の「多様性に寛容で差別のない共に助け合う」は、原子力災害による様々な分断、風評、差別・偏見との10年にわたる戦いや新型コロナウイルス感染症による自由や人とのつながりの制限から、県民に不安感や孤独感が増大する等の困難に直面している一方で、復興の軌跡の中で福島県に心を寄せてくださる方々とのご縁と協働から生まれた数多くの絆が生まれた経験から、一人ひとりが互いに認め合い、つながりを広げ、共生できる地域社会を目指して整理した理念である。

2つ目は、福島県が東日本大震災と原子力災害をはじめ、その後も大規模な台風や地震、新型コロナウイルス感染症等、三重、四重の困難な課題に直面し続け、その都度心が折れそうになりながらも諦めずに挑戦を続けてきた経験・知見から、地域の人々が手を取り合って果敢に挑戦を続けている回復力（レジリエンス）等の強みが培われており、この強みを最大限活かしながら様々な変化に対応できる強靱さ、健全さを備えた人と人とが支え合う地域社会を目指して整理した理念である。

3つ目は、地震、津波、原発事故といった未曾有の複合災害からの復興過程にあって福島が誇れる、おいしい食、美しい自然、県民の温かい心等、普段の生活の中では気付きにくい魅力や強みを改めて認識できたことを受け、これらの財産を改めて見つめ直し、地域の魅力や価値に県民一人ひとりが関心をもち次の世代へと育てつなげることができる地域社会を目指して整理した理念である。

(3) 基本目標

「基本目標」については、「やさしさ、すこやかさ、おいしさあふれるふくしまを共に創り、つなぐ」とした。

現行計画の期限である2030年度を見据え、頻発化・激甚化する自然災害や新型コロナウイルス感染症等の困難を乗り越え、東日本大震災と原子力災害、地方創生・人口減少対策等の取組みを着実に進めた先の、"世代を超えてつなぐ、ありたいふくしま"をイメージして「ふくしまを共に創り、つなぐ」を設定した。

その上で、ではどんなふくしまを目指していくのかについて、県づくりの3

つの理念から、県民が端的で分かりやすくイメージしやすいのではないかと考えた「やさしさ」「すこやかさ」「おいしさ」の3つの言葉を導き出した。具体的には、1つ目の「多様性に寛容で差別のない共に助け合う」からは「寛容」「認め合い」「つながり」をキーワードに「やさしさ」を、2つ目の「変化や危機にしなやかで強靱な」からは「回復力」「強靱さ」「健全さ」をキーワードに「すこやかさ」を、3つ目の「魅力を見いだし育み伸ばす」からは「美しさ」「あたたかさ」「魅力・強み」をキーワードに「おいしさ」をそれぞれ導き出し、基本目標に入れ込んだものである。

⑷　将来の姿

「将来の姿」については、「『ひと』『暮らし』『しごと』が調和しながらシンカ（深化、進化、新化）する豊かな社会」とした。

県民から寄せられた将来の姿に関する意見を県づくりの理念に沿って分類すると、「誰もが活躍できる」「ひとりぼっちにしない」「人とのつながり・支え合い」等の"ひとを大切にする"（＝ひと）と、「医療・福祉が充実」「災害や犯罪が少ない」「子どもが育てやすい」「自然豊か」等の"安心・快適に暮らせる"（＝暮らし）、「産業や観光が盛んである」「雇用の受け皿がある」「一次産業の活性化」等の"働きたい場所（仕事）がある"（＝しごと）の大きく3つに集約することができた。

こうして導き出した「ひと」「暮らし」「しごと」の3つの側面は、相互に関連性があり、相乗効果がある場合もあれば、相反する関係にある場合もあると考えられるが、大事なことはこの3つのバランス（調和）をとりながらそれぞれを伸ばしていくことであると考え、「『ひと』『暮らし』『しごと』が調和しながら」を設定した。

「シンカ」の言葉については、知事が「現状維持」つまり「去年と同じ」は「退化」であり、「深める"深化"」「進める"進化"」「新しくする"新化"」の着実な「シンカ」が必要であるとの方針をもっており、現行計画の策定にとどまらず、様々な業務の遂行に当たり日頃から念頭に置いていた考え方であり、加えて、「深化」「進化」「新化」の概念がそれぞれ異なる3つの言葉を状況に応じて的確に使い分けることで、県民が直面する課題に対する改善や解決に貢献す

る県づくりの取組みの方向性を、より立体的に捉え、きめ細かに言語化することもできる。このため、「シンカ（深化、進化、新化）する豊かな社会」を設定したものである。

5.3 SDGsの視点から描いた将来の姿

「将来の姿」については、現行計画を県民にできるだけ身近に感じてもらえるようにするための工夫として、現行計画に比べて県民の認知度や関心が相対的に高いと考えられる、2030年の目標期限が同じ国際社会共通の「持続可能な開発目標」（SDGs）の17の視点を活用している。

SDGsの意義は、企業・行政・NPO等の多様な主体との連携・協働の機会が得られることへの期待と、人口減少・高齢化等の多くの課題を克服するための新たな切り口としての活用が考えられ、福島県が両輪で進める東日本大震災と原子力災害からの復興・再生と地方創生・人口減少対策の取組みの方向性と一致していると考えている。

このため、引き続き国内外の福島に心を寄せる人々との連携・協働を深めていく上で、国内外共通の普遍的な課題に照らして県づくりの方向性を示すこととし、図表8-6の左上に示す通り、SDGsの17の目標と県づくりの将来の姿（「ひと」「暮らし」「しごと」）との対応関係を整理して、SDGsの17の目標を福島県が抱える具体的な課題や地域性のある言葉で表現している。

例えば、「ひと」分野の将来の姿では、SDGsの4番目の目標「質の高い教育をみんなに」に対応させて「震災の記憶の継承や復興の取組みを基に、郷土への理解が進んでいる」といった福島ならではの将来の姿を表現している。同様に、SDGsの10番目の目標「人や国の不平等をなくそう」に対応させて「年齢、性別、国籍、文化など様々な背景を持つ人々が互いに尊重し、自分らしく暮らしている」と表現している。

「暮らし」分野の将来の姿では、SDGsの3番目の目標「すべての人に健康と福祉を」に対応させて「若い世代から高齢者まで県民一人一人が心身ともに健康な生活を送っている」と表現するとともに、SDGsの11番目の目標「住み続けられるまちづくりを」に対応させて「避難解除等区域における生活環境等の

225

第 8 章　福島県総合計画の策定と運用過程の特徴

整備や居住人口の増加が進んでいる」や「過疎・中山間地域においても医療や
生活交通などの生活基盤が安定的に確保されている」と表現している。

　「しごと」分野の将来の姿では、SDGsの 8 番目の目標「働きがいも経済成長
も」に対応させて「本県経済の中枢を担う県内の中小企業などが主役となった
力強い地域産業が成長・発展している」や「福島イノベーション・コースト構
想の進展などにより地域外から人材が還流・定着している」「農林漁業者が他
産業並の所得を安定的に確保している」と表現している。他にはSDGsの 7 番
目の目標「エネルギーをみんなに そしてクリーンに」に対応させて「再生可
能エネルギー関連産業の育成・集積が進み、一大産業集積地となっている」と
表現するとともに、SDGsの 9 番目の目標「産業と技術革新の基盤をつくろう」
に対応させて「福島イノベーション・コースト構想が進展し、地域企業の活力
向上と新産業の集積・育成が進んでいる」と表現している。

　なお、SDGsの17の目標のうち最後の17番目の目標「パートナーシップで目
標を達成しよう」については、「暮らし」分野の将来の姿である「住民、企業、
NPO法人や行政が連携し、住民主役のまちづくりが行われている」や「市町
村とともに、効率的・効果的な行政サービスが行われている」を対応させて表
現しているが、県づくりの理念や基本目標において、多様な活動主体による連
携・共創、絆やつながり等を重視して県づくりに取り組む福島県にとって、他
のすべての将来の姿の基礎となる最も重要な意味合いをもつ目標と捉えてい
る。

5.4　計画の進捗・成果を測る体系（成果指標の増大）

　現行計画に位置付けた指標の特徴を理解するための前提として、現行計画の
政策分野別の主要施策、指標の体系について示す。

　現行計画では、「ひと」「暮らし」「仕事」の政策分野ごとに、目指す将来の
姿（SDGsの視点で表現したものを含む）の実現に向けた課題解決を目指して福島
県が取り組む政策や施策と、その取組みの進捗や成果を測る指標、その指標の
現況値と2030年の目標値の設定まで紐付け、一連の体系を構築している。

　指標は、施策によって課題解決をどれだけ達成したかの成果を測る「基本指

226

5 現行計画の策定の特徴

標（成果指標）」を基本とし、課題解決の達成状況を直接的に測る指標ではないが、課題や取組みの現状分析に資する「補完指標」を活用して、福島県の取組みの進捗や成果をできるだけ定量的に理解できるように努めている。

目標値については、目指す将来の姿の実現に向け、全国との比較、国で定める目標値との整合や、過年度実績、将来予測等を踏まえ、それぞれの指標において設定している。そして、設定した各目標値においては、その設定根拠と、2030年までの毎年度の目標値についても併せて設定するようにしている。

図表8-7は、一連の体系の一例として、将来の姿「ひと」分野の政策5「福島への新しい人の流れづくり」に紐付く施策、基本指標、その取組みによって実現を目指す将来の姿等を示している。

2030年に、「本県の魅力や情報の発信により、福島とつながりをもつ人々が増加し、福島との新たな人の流れが増えている」将来の姿の実現を目指すに当たり、「本県と関わりを持つ人の拡大を図る必要」との課題に対しては、施策

図表8-7　政策分野別の政策、施策、基本指標（成果指標）の例

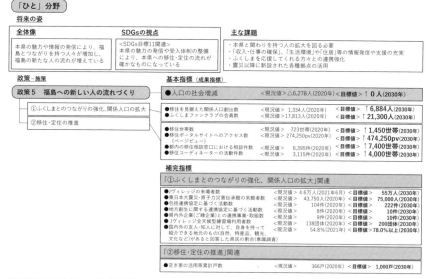

（現行計画を参考に、筆者作成）

第 8 章　福島県総合計画の策定と運用過程の特徴

①「ふくしまとのつながりの強化、関係人口の拡大」の実施を通して課題解決を図ることとし、その取組みの進捗や成果について、「移住を見据えた関係人口創出数[28]」を基本指標（成果指標）に設定している。2020年に1,334人である現況値に対し、2030年に6,884人への増大を目指す目標値を設定している。併せて、現状分析に資する補完指標として、「Ｊヴィレッジの来場者数」や「東日本大震災・原子力災害伝承館の来館者数」を設定している。

　同様に、「震災以降に新設された各種拠点の活用」の課題に対しては、施策②「移住・定住の推進」の実施を通して課題解決を図ることとし、その取組みの進捗や成果について、「移住世帯数」を基本指標（成果指標）に設定している。2020年に723世帯の現況値に対し、2030年に1,450世帯を目指す目標値を設定している。併せて、現状分析に資する補完指標として、「空き家の活用等累計戸数」を設定している。

　また、こうした施策群の実施を通して、上位の政策「福島への新しい人の流れづくり」自体の進捗や成果を測る基本指標（成果指標）には、「人口の社会増減」を設定している。2020年に△6,278人の現況値に対し、2030年に０人を目指す目標値を設定している。

　現行計画には、このような形で、現行計画に位置付ける成果指標を大幅に増やした。福島県の新スローガン「ひとつ、ひとつ、実現する　ふくしま」の下、現行計画の進捗や達成状況を、県民にできるだけ実感してもらえるようにするための工夫として、2030年までの計画の進捗度・達成度を毎年測っていく定量的・定性的な指標の数について、前の総合計画と比較して４割増となる276の成果指標を設定している。

28）県の施策で福島と関わりをもった人数の累計について、毎年度、過去３年の平均増減値の25％増しの555人ずつ増加させることを目指して設定。2030年の目標値まで2022年：2,444人、2023年：2,999人、2024年：3,554人、2025年：4,109人、2026年：4,664人、2027年：5,219人、2028年：5,774人、2029年：6,329人と毎年度の目標値も設定。

5.5 職員参加の取組み

⑴ 県職員の意識と取組みの方向付け

　我が国の行政組織が国―都道府県―市町村の三層構造となっている中で、国と地方公共団体との間には、政策分野別に縦のラインでの強固なつながりが形成されている。国―福島県―福島県浪江町役場を例にすると、中小企業支援分野では中小企業庁―福島県商工労働部―浪江町産業振興課との間で、農業振興分野では農林水産省農村振興局―福島県農林水産部―浪江町農林水産課との間で、道路整備分野では国土交通省道路局―福島県土木部―浪江町建設課との間での縦のつながりが強固に形成されている。

　都道府県の組織が大規模かつ、それぞれの部署で国や市町村との間で政策分野別に縦のつながりが強固に形成されていることにより、各部局における施策等の取組みの指向性が、県知事の県政運営方針等の県庁組織内の横のつながりよりも、関係省庁の意向や取組みの方向性に強く影響を受ける傾向にある。

　地方公共団体において深刻な財政難が継続する中で、国の政策や事業の枠組みに沿って国庫補助事業や国交付金事業などの財政措置を、県の政策や事業の推進に上手に活用することは極めて有意義なことではある。ただし、その場合でも、県職員が担当業務の取組みの方向性を決めるに当たって優先されるべきなのは、知事の県政運営方針に沿って県庁組織内での統一的な横串を刺した県づくりの大方針の方にあるはずである。国の政策や事業の枠組みを、各地域の実情を反映した県仕様となるよう、能動的に活用し尽くす姿勢が重要である。

　こうした中で、現行計画の策定過程における職員参加の最も重要な手法は、4.3の策定体制で示したように、原案の作成を、企画部門主体に県庁の組織内すべての部局の参画を求める全庁体制を敷いて自前主義で合意形成を重ねながら進めてきたことに加え、毎回の審議に全部局の関係職員の出席の下で乗り越えてきたことである。

　これは、企画部門以外のできるだけ多くの県職員に、現行計画の策定、県の重要な政策形成過程に関わっている感覚をもってもらうことを意識したものであり、現行計画の内容を身近に感じる"自分ごと"感覚の醸成に資する機会の創出を狙ったものである。こうした取組みをベースに、現行計画に基づく県づく

229

第 8 章　福島県総合計画の策定と運用過程の特徴

りにおける県の取組みのパフォーマンスを最大化するため、6千人を超える県職員[29]の一人ひとりに、現行計画に基づく県の取組みの全体像の理解を深めてもらうとともに、各担当業務が全体像のどこに位置付けられているかについて意識してもらうことが重要だと考えている。つまり、県職員が各々の職務の遂行により、現行計画の視点からみて現行計画に基づく県づくりのどの部分の取組みのどのような進捗につながっているのかについて、県職員一人ひとりに日頃から繰り返し繰り返し意識付けしていくことが重要だということである。

　このような各職員への意識付けは、各部局が主担当となって進める国の関係省庁の政策や事業の影響を受ける15の部門別計画や134の個別計画等の各種行政計画の策定に当たって、現行計画との整合を図った策定への土台となって取組みの方向付けになることが期待されるものである。

　このように、現行計画の策定を通しては、将来の姿や基本目標、県づくりの理念等、県の取組みを構築する際の土台となる考え方を丁寧に作り込むことで、時の県知事の下での県づくりの統一的な大方針を定め、県職員一人ひとりが国の政策や事業の枠組みを活用して部門別計画や個別計画を策定していく際に、現行計画と整合を図って政策の総合化が図られたものになるように活用しようとしたものである。また、自前主義の原案作成にこだわることで内製化による信頼醸成も図られていると考えている。新型コロナウイルス感染症による影響分析の部局横断的な勉強会の開催を通じては、人材育成・活用面から若手・中堅の県職員の能力開発にも寄与してきたものと考えている。

(2)　すべての県職員に向けたメッセージ

　このような県職員に対する意識と取組みの方向付けをさらに後押しするため、現行計画が県議会で議決された後の2021年11月1日に、知事・副知事と相談の上、すべての県職員宛てに、現行計画の策定に込めた思いも含めてメッセージを送付した。

　まず、県の最上位の計画で今後9年間の県づくりの指針となる総合計画と各部局が所管するすべての計画との整合を図って連動させる必要があることを伝

───────────

29)　2021年4月1日時点の福島県職員数は6,153人（一般行政5,699人と公営企業等会計454人の合計。教育、警察を除く。総務省の地方公共団体定員管理調査より）。

230

えた上で、県職員一人ひとりに総合計画を頭の真ん中に置いて日頃の業務に取り組んでほしいことを強調した。

計画は策定して終わりでなく、県民に総合計画のこと、ひいては県職員の取組みを伝え、知ってもらうこと、共感してもらうことがとても重要であり、そのための3つの取組みを進めてほしいとした。1つ目は、総合計画が何を目指しているか、内容を理解してほしいということ、2つ目は、県職員がそれぞれ担当する業務が、総合計画のどこに位置付けられ、どうつながっているのかを確認してほしいということ、そして3つ目に、掲げた将来の姿や指標を意識し、目標の達成や指標の改善にはどうしたらいいか、常に試行錯誤を繰り返し、具体的な成果を創出してほしいというものである。

県民に総合計画を知ってもらい、共感してもらう上で、県職員が総合計画を理解していることは大前提であり、現行計画の策定に携わっていない県職員も多いことから、こうした考え方を直接メッセージとして分かりやすくかつ率直に伝えることは有効だったと考えている。

6 現行計画の運用の特徴

6.1 PDCAサイクルの全体像

現行計画の運用で最も重視していることは、PDCAサイクルの確実な実行により、事業効果の適切な評価を行って、具体的な成果の創出と見える化を進めることである。

PDCAサイクルについては、具体的には、計画（Plan：方針に基づき予算・組織や事業実施方法等を検討）⇒施策の実施（Do：計画の実行）⇒施策評価（Check：施策の自己点検（指標の分析、課題と方向性の検討））⇒審議会・有識者の意見（Check：審議会の提言、地域懇談会における有識者の意見）⇒方針決定（Action：自己点検と審議会・有識者の意見を踏まえ、翌年度の施策等の方向性を決定）のサイクルを回していくこととしている。

このサイクルの中で、Doの進行管理とCheckの評価の両方をバランスよく

第 8 章　福島県総合計画の策定と運用過程の特徴

実施するようにしているが、審議会が県条例に基づき総合計画の進行管理等の審議を行うことになっており、審議会が主体となって 8 月と 2 月を定例開催として進行管理を実施している。

　進行管理は、現行計画の将来の姿（ひと・暮らし・しごと）ごとに18政策、政策を推進する76施策、及び施策を構成する255の取組みの体系の流れで分析、評価を行い、次年度以降の事業構築に効果的に活用することとしている。

　総合計画の政策・施策が目指す姿と取組みに紐付く事業の方向性が一致していることを確認するとともに、276の指標との乖離状況を定量的に把握し、論理的な説明に基づいた取組みの方向性を基に、各部局各課室が先を見通した事業の構築を行う。

6.2　出前講座の開催

　出前講座は、現行計画の運用過程の特徴の一つとして、県知事を先頭に企画部門の県職員が各回の講師を務め、県内に住所を有する個人、民間団体、事業所、学校、地方公共団体等で概ね10人以上が出席する集会等を対象に精力的に開催しているもので、策定過程では総合計画に接することができなかった県民を含め、現行計画の内容に継続的に接してもらいながら、県づくりを身近に感じ“自分ごと化”の醸成の機会を積極的に創出しているものである。

　出前講座では、主催者の要望に応じ、「総合計画とは」「総合計画の基本目標・目指す将来の姿・主要施策等」「総合計画とSDGs」等の内容について、60分程度の時間で、講義やワークショップ等の形式で実施している（派遣費用無料）。

　これは、総合計画に基づく県づくりに対する県民の更なる理解促進や、そもそもの現行計画の認知度の向上を目的に、県民シンポジウムとともに、継続的に実施しているものである。2022年度には、小学校、中学校、高校、大学、民間企業、市町村等を対象に計49回、2,853名（2023年 3 月末時点）の県民の参加を得ることができた。

　なお、現行計画の周知用教材として、現行計画は本編約200ページと資料編約111ページから構成され、全体で約300ページを超える大変ボリューム豊かな

ものとなっていることから、普及に向けては、10ページでまとめた「概要版」や、より分かりやすい表現や漫画を活用して親近感をもってもらえるような「子ども版」、その他「英語版」「点字版」を作成して活用しているところである。

6.3　ふくしまSDGs推進プラットフォーム

　福島県では、**図表8-6**の左上に示す通り、現行計画の将来の姿について、2030年の目標期限が同じSDGsの視点を活用して「ひと」「暮らし」「しごと」それぞれの分野の将来の姿との対応関係を整理して表現しているが、こうしたSDGsを入口として、福島県内でSDGsの推進に取り組む市町村や企業、団体、教育機関、NPO、個人事業主等、産学官共金労言の多様な主体による連携・共創の機会を創出して県づくりを推進する活動の場として「ふくしまSDGs推進プラットフォーム」を設置している。県全域におけるSDGsの取組みの一層の向上を図り、SDGsを通じた福島県の課題解決に向けた広がりと活性化を促進するため、「ひろがる！」「つながる！」「まなべる！」の3つの視点から様々な活動を行っている。

　具体的には、専用ホームページへの会員情報や取組みの掲載等、会員相互の情報発信・交換（ひろがる！）や、解決したい課題をもつ会員と解決策やノウハウをもつ会員のマッチング支援（つながる！）、セミナー・交流会や出前講座、分科会の設置・参加を通じた知見の共有や異分野連携・官民連携機会の創出（まなべる！）等を行っている。SDGsに関心のある団体であれば、県内外を問わず入会可能（会費無料）としており、2024年3月時点で423団体が加入している。

6.4　SDGsにおける福島オリジナルの18番目の目標

　図表8-6に示した通り、2022年6月13日に開催した「ふくしまSDGs推進プラットフォーム」のキックオフイベントにおいて、知事からSDGsの18番目の目標として**図表8-8**に示すSDGsにおける福島オリジナルの目標である「複合災害から福島を復興させよう」を発表した。

233

図表8-8　福島オリジナルのSDGs18番目の目標

（福島県庁ホームページから引用）

　複合災害からの復興を成し遂げたいとの強い思いを込めて、SDGsという世界共通言語に照らして福島オリジナルの目標を世界に発信することで、県民や福島県に思いを寄せてくださる多くの方々との連携・協働の輪が一層深まることが期待される。

　また、プラットフォーム主催イベントでは、来場者に「自分自身の18番目の目標」を書いていただくコーナーを設け、SDGsの理解促進や行動変容に資する取組みを進めている。

7　おわりに

　これまで、筆者の福島県での実務経験を踏まえ、まだ中長期に及ぶ大規模災害からの復興過程にある県づくりに総合計画が果たす役割とは何かという問いに答える形で、福島県の現行の総合計画の策定と運用過程に係る特徴について、実効性確保や住民参加、職員参加の視点から論じてきた。
　東日本大震災と原子力災害から10年を経て福島県の復興・再生はいまだ途上にあり、地域ごとに進捗の大きな差が生じているが、全体として着実に進展してきたことも事実である。そのような中において、ようやく緒に就いた原子力災害関係を除き、地震・津波に関しては、復興庁の設置期限が2030年度までとされていることに代表されるように、岩手県・宮城県と同様に発災直後からの

国が前面に出た組織的・財政的に特別な体制の段階的な縮小が福島県において
も行われる可能性があると考えている。このことは、その時期の到来に備え、
県民を守る立場から、県として今後の復興・再生の方向性を自ら考え、県民の
共感へとつなげながらよりよい県づくりを進めるとともに、国に対してもその
方向性を実現する上で、原子力災害によるハンディキャップを明確にしなが
ら、国の責任で埋めるよう訴えることを、今から意識的に取り組む必要性を示
唆している。

　福島県全体の地域の実情に精通し、更なる復興・再生の進展はもとより、将
来にわたって安定的かつ効果的な地域づくりを進めていくために、国と対等な
立場に立ち、大きな権限と責任をもつ最も重要な地方自治の担い手は、地元広
域自治体の福島県であるべきであり、実際そのように期待がされていると考え
ている。

　住民との距離感では、住民の最前線に立つ基礎自治体の市町村の方がはるか
に近いが、国全体の時の大きな政策の方向性の中で福島県という地域が全体的
なバランスをとりながら均衡ある発展をしていくためには、基礎自治体の機能
の補完や、基礎自治体同士で利益相反する場合に広域的な視点からの調整、国
全体の時の大きな政策自体に福島県の実情を反映させるために国との必要な交
渉等、広域自治体である福島県が果たすことができる役割は極めて大きい。

　こうした中で、広域自治体の機能を適切に発揮できるようにするために最も
効果的な行政上の手法が総合計画にあるというのが、筆者が実務経験を通して
得た実感である。このため、住民参加を進めて県民による住民自治が機能する
範囲を徐々に拡大させながら、職員参加を進めて地元広域自治体による団体自
治のパフォーマンスを最大化していくための土台を強固にしていくことで、総
合計画がしっかり機能していく好循環が生まれ、総合計画に期待される役割が
しっかり果たされることにもつながる。

　総合計画の実効性確保についても、こうした文脈において必要とされてくる
ものであると考えており、その実現に資する手段として住民参加と職員参加に
熱心に取り組んだのである。

　一方で課題もある。現行計画自体の県民の認知度について、2024年度に認知

度50％の目標を掲げたことで策定翌年度の2022年度の県政世論調査[30]から「あなたは、『福島県総合計画』を知っていますか」と認知度を直接尋ねる設問を新たに加えて調査したところ、「はい」と「どちらかと言えば『はい』」を合わせた「はい」と回答した割合は10.4％と、県民の1割程度（約18万人）にとどまっているという結果であった。

　また、県職員がどの程度認知しているかも重要である。担当している企画調整部に問い合わせたところ、毎年度当初に職員ポータルサイトで意識付けを実施する際に行う簡易調査では、総合計画を読んだことがある職員は約8割程度とみられるのに対し、日頃から意識している職員は5割程度とみられるとしている。

　運用過程で住民参加や職員参加をさらに進めていく上で、県民、県職員ともに伸び代が大いにある現状が明らかになった。

　最も重要なこととして、前述した総合計画策定直後に知事・副知事と相談して発出したメッセージでも強調しているように、総合計画はいったん策定したらそれで終わりではない。むしろ今回相当な労力をかけて策定したので、その労力の実を取りにいく運用過程こそが本番だと考えている。ここにしっかり取り組んでいくこと、つまり、毎年度のPDCAサイクルを確実に実行して、福島県庁の全庁的な取組みと成果指標の適切なリバイスを図りながら、運用過程における住民参加と職員参加の更なる質と量の向上に不断に取り組んでいき、計画の実効性を継続的に確保していった先に2030年度の将来の姿の目標達成、福島県の復興・再生のゴールへの道が拓けてくる。

　筆者が福島県で蒔いた数々の種がこれからどのように芽吹き、成長していくのか、福島県の取組みの動向をこれからも継続的にウォッチしていきたい。

（橘　清司）

30）福島県全域（32市町村抽出）の満15歳以上の県民男女個人2,000人（層化二段無作為抽出）に郵送又はインターネットによる回答を求めた。調査期間：6月27日〜7月11日、回収数：1,287（回収率：64.4％）。

7 おわりに

〔参考文献〕

・荒木一夫（2020）「被災自治体における復興計画と総合計画の関係づけと調整－文献展望と東日本大震災の事例研究－」『社会科学研究』第71巻第2号：155-192。

・大島太郎（1973）「職員参加の可能性」『岩波講座現代都市政策Ⅲ　都市政治の革新』岩波書店：185-208。

・斎藤達三（1994）『総合計画の管理と評価－新しい自治体計画の実効性』勁草書房：1-6。

・佐藤亨（2014）「総合計画とは何か－総合計画を巡る経緯と現状－」玉村雅俊監修・著　日本生産性本部編『総合計画の新潮流－自治体経営を支えるトータルシステムの構築－』公人の友社：43-68。

・佐藤徹（2013）「総合計画策定過程における市民参加」髙橋秀行・佐藤徹編著『新設市民参加（改訂版）』公人社：149-159。

・福島県（2010）「福島県総合計画 いきいきふくしま創造プラン（2010-2014）」。

・福島県（2011）「福島県復興ビジョン」。

・福島県（2011）「福島県復興計画（第1次）」。

・福島県（2012）「福島県総合計画 ふくしま新生プラン」。

・福島県（2020）「ふくしま創生総合戦略（令和2～6年度）【令和4年3月改訂】」。

・福島県（2021）「第2期福島県復興計画」。

・福島県（2022）「福島県総合計画（2022▶2030）」。

・松井望（2020）「自治体計画策定への職員参加と人材育成・活用」松井望・荒木一男編『自治体計画の特質および地方分権改革以降の変化と現状』東京大学社会科学研究所研究シリーズNo.70：89-116。

第9章 みんなで描こう「福井の未来地図」
―県民参加プロジェクトとしての総合計画―

1 総合計画をデザイン

2020年7月、福井県では、5千人を超える県民の皆さんの参加をいただき、新たな総合計画となる「福井県長期ビジョン」を策定した。2040年を目標年次とする長期計画である。

長期ビジョンの策定に当たっては、「県民参加」を最も重要なテーマとして掲げた。有識者会議やパブリックコメントなど、従来型の「形式的な県民参加」ではなく、できるだけ多くの県民に長期ビジョンに関心をもってもらい、ビジョンを「自分ごと」にしてもらうための参加手法を数多く企画実践した。

県民一人ひとりに地域の将来像を共有してもらう鍵は、「策定プロセスのオープン化」と「広報戦略」にある。福井県においては、この2点を徹底して意識しながらビジョンをつくり上げた。「地域の未来」を「自分の未来」と重ね合わせることができれば、一人ひとりの活動に「地域の未来」をつくるという意味が加わる。さらにその活動の積み重ねが、共有された将来像の実現にもつながっていく。

福井県では、2019年から、新たな県政運営スタイル「政策オープンイノベーション」へのモデルチェンジを図っている。県民の主体的な活動を徹底的に応援するとともに、県内外の専門人材との協働を進め、多くの人々の知恵と行動力を結集する県政運営スタイルへの転換である。様々な主体のもつ知見や技術、サービス等を組み合わせ、イノベーションを生み出す手法を行政運営に取り入れようという試みでもある。今回、長期ビジョンの策定において取り入れた様々な手法は、今後の福井県政における政策づくりの基本となる。

本章では、まず、長期ビジョンの策定に当たって、どのように県民参加を促す工夫をしたかを明らかにし（プロセスをデザイン）、次に、ビジョンの内容を

239

第9章　みんなで描こう「福井の未来地図」

どうすれば分かりやすく伝えることができるか、その方法論を述べ（コンセプトをデザイン）、最後に、ビジョン策定後、その将来像を県民が共有し、実現に向けた一人ひとりの主体的な活動を広げていくにはどうすればよいか、その具体的な手法について紹介する（アクションをデザイン）。

　もとより総合計画は「作っておわり」ではなく、いかに実現するか、その実効性が問われている。そのためには、県民に関心をもち続けてもらうための息の長い取組みが必要である。福井県の取組みが、今後、各自治体の総合計画の策定にあたり、何らかの参考になれば幸いである。

2 プロセスをデザイン

2.1 県民参加プロジェクトとしてのビジョン

　2019年4月、福井県では16年ぶりに新知事が誕生した。着任後、杉本達治新知事が最初に表明したのが、新しい「長期ビジョン」の策定である。杉本知事は、新しい県政運営の基本として、「県民主役」「徹底現場主義」「チームふくい」を掲げて当選した。同年6月に新設された地域戦略部（現在は未来創造部）未来戦略課においてその実務を担うことになったが、長期ビジョンの策定は、これらの理念を具現化するプロジェクトにしなければならないと考えた。

　ここで、未来戦略課が発足した初日に打合せを行った際のメモを紹介したい。総合計画策定を「県民参加プロジェクト」と位置付けるという考え方を示している。

【未来戦略課当面のミッション：長期ビジョンについて】
・キーワードは「県民参加」。できるだけ多くの県民に策定に関わってもらう工夫を。「開いた意見交換会の数」「会った人の数」「いただいた意見の数」にこだわる。
・ほとんどの県民にとって行政の長期計画など「興味なし」。いかに関心を高め、「自分ごと」にしてもらうかが鍵。
・徹底的な県民参加の工夫により、真の「チームふくい」として福井県の将来像を

共有し、県民の心を1つにする大きなプロジェクト。(コンセプトは、みんなで描こう「福井の未来地図」)

・そのためのアイデア

◇有識者を招き連続の「特別セミナー」を実施（県民と問題意識を共有）

◇各市町に出向き意見交換会を開催（ワークショップ形式）

◇世代別意見交換会の開催

◇出前講座の実施（広報広聴課と協力）

◇職員が2人1組で現場に出向きミニ意見交換（友人、知人、有識者など）

◇計画策定後ではなく、常時意見を募集する「いつでもパブコメ」

◇セミナー、意見交換会など「マスコミ営業」で情報発信

◇マスコミとタイアップして策定過程をドキュメント風に発信

◇動画、グラフィックレコードなど新たな発信方法

・議論のたたき台の作成（①2040年までの環境変化、②議論の方向性）

・文化とデザインの力

・策定後の活用方針（毎年度の予算・個別計画への反映）

「作っておわり」ではなく、「作ってからが本当のスタート」

　県民と福井の将来像を共有する「長期ビジョン」の策定は、杉本知事の選挙公約であった。他の自治体からすれば、総合計画の策定は当然のことのように感じるかもしれないが、福井県では少し事情が異なる。

　1つ目の背景は、「マニフェスト政治からの転換」である。これまで福井県では、前知事の方針で、各行政分野を網羅した総合計画を策定せず、選挙時のマニフェストを基本として県政を運営してきた。このため、「議会との議論なく県政の方向性が決められている」「4年間の短期的な施策が中心になり長期的展望に欠ける」などの批判があった。このため、新たな県政のスタートに当たっては、まず長期的視点に立って福井県の将来像を描くこと、また、その際には、議会をはじめ、多くの県民と丁寧に議論を重ね、皆が納得・共感できる内容にすることが求められていた。

　2つ目の背景は、「交流新時代の到来」である。2024年3月16日に福井県の長年の悲願であった北陸新幹線が、金沢から福井・敦賀へと延伸した。福井が東京と直結し、さらにその先、新大阪への全線開業が実現すれば、東海道新幹

第9章　みんなで描こう「福井の未来地図」

線と合わせて、日本の中央部をループ状につなぐ大きな新幹線ルートが完成する。2040年頃までには、リニア中央新幹線の全線開業や、福井県と岐阜・長野をつなぐ中部縦貫自動車道の延伸も見込まれ、福井県を取り巻く高速交通ネットワークは、今後20年で大きく整備が進む。この100年に一度のチャンスを活かすためにも、長期的な展望に立った県政運営が求められていた。

　長期ビジョンの策定に当たっては、まず「策定コンセプト」を定めた。先のみえにくいこの時代に、羅針盤となる将来像を描く。これから議論を始めるに当たって、ビジョンの意義と目指す方向を共有する必要があった。

　県民にビジョンを「自分ごと」として捉えてもらい、一緒になって将来像を描いていきたいという思いから、策定コンセプトを「みんなで描こう『福井の未来地図』」とし、副題を「～次世代のために、今わたしたちができること～」とした。「自分たちの子や孫にどういう福井を引き継いでいくのか。そのために今何をすべきか」ということを、大局的な視点で共に考えていこうというメッセージである。

2.2　将来構想ワークショップ

　策定作業を始めるにあたり、最初の1カ月間に、未来戦略課の職員が2人1組で県内外の有識者を訪問し、現在どのような活動をしているか、将来の夢は何か、これからの県政に期待することなどについて意見を伺った。事前の意見交換は、議論を本格化させる前段階において、今後検討すべき課題や将来像のイメージについての整理を行う上で大変有益であった。

　これらの意見も参考にしながら、並行して意見交換の土台となる資料を作成した。1つ目は、議論の前提となる「今後20年間の環境変化」である。「人口減少」「長寿命化」「大交流化」「技術革新」の4点が大きな潮流になることをデータや事例を用いて示した。

　2つ目は、「ビジョン検討の観点」である。議論が拡散し過ぎないよう、将来像を検討する際の方向性を整理した。福井らしさを大切にして地域の魅力を高めるにはどうすればよいか（選ばれる福井）、すべての人が輝き将来にわたって安心して暮らせる福井をどのように築いていくか（誰もが主役の福井）、高速

242

交通網の整備や技術革新などの変化をいかに福井の成長に結びつけるか（成長する福井）の3点[1]である。

　これらの資料を作成した上で、2019年8月から県民との意見交換会をスタートさせた。意見交換については、全市町に出かけて地域住民の皆さんと意見を交わす「市町別意見交換会」、学生や若者、子育て世代などの「世代別意見交換会」、県庁の各部局が福祉や農林水産業、観光など、所管する関係団体等を訪問する「分野別意見交換会」の3本柱で進めた。

　「市町別意見交換会」では、市町の担当課に依頼しメンバーを集め、共同開催とした。進め方も「会議形式」か「ワークショップ形式」かの選択式にして、市町議員や選挙区の県議会議員にも参加を呼びかけた。ワークショップ形式では、グループに分かれて、福井県の良さや課題、目指す将来像などについて意見交換し、まとめた意見を発表してもらう。意見交換には、県内デザイナーに依頼して作成した「長期ビジョンワークシート」を活用した。4つの環境変化と3つの検討の観点を分かりやすく1枚にまとめ、2枚目はアンケートになっていて、質問に順番に答えていくと自分の意見が徐々にまとまっていく。このワークシートは、ワークショップにおける進行ガイドの役割を果たし、参加者からも好評であった。2019年8月7日の高浜町を皮切りに、約1カ月かけて県内17のすべての市町を回った。

　「世代別意見交換会」では、学生、若者、子育て世代の3グループに分けて参加者を募った。1回目は8月10日に開催し、70名が参加した。長期ビジョンの説明の後、参加者全員でカードゲーム「SDGs de 地方創生」[2]を行い、参加者は持続可能な地域づくりについて必要なことを楽しみながら学んだ。2回目は8月30日に開催し、3グループに分かれて、福井県の将来像と自分たちにできることをワークショップ形式で考えた。ワークショップの様子はグラフィックレコーディングの手法を用いてリアルタイムで記録した。参加者からは、

1）この3つの観点は、「自信と誇りの福井」「誰もが主役の福井」「飛躍する福井」と修正が加えられ、将来目指す姿として長期ビジョンに盛り込まれた。
2）ロールプレイング形式で仮想地域の行政職員や観光事業者等を担当し、立場ごとにSDGsに沿ったゴールが設定され、「お金」と「資源」のカードをチームで交換しながら、地域プロジェクトの実行を目指す体感型ゲーム（株式会社プロジェクトデザインが開発・運用）。

第 9 章　みんなで描こう「福井の未来地図」

「三世代同居をしていても、祖父母に頼れることには限界がある。県外から来た人を含め、子育てしやすい地域にしよう」とか、「都会をめざすのではなく、田舎を売りにして都市との差別化を図る。県民が『プロ田舎ニスト』になり、一人ひとりが自発的に福井を自慢しよう」といった意見が出された。また、各グループの発表の際には、杉本知事も参加し感想を述べるなど、和やかな雰囲気の中、前向きで斬新な意見が数多く寄せられた。

「分野別意見交換会」は、県庁各部各課に呼びかけ、各団体の会合時や現地訪問など、機会を捉えて開催してもらった。産業・労働分野、農林水産分野、まちづくり・観光分野、文化・スポーツ分野、医療・介護・福祉分野、防災・環境分野、教育分野など、様々な分野の県民との意見交換会は、230回以上に及んだ。

また、「外からの視点」も大切と考え、県外在住の福井県出身者や、県内で活動する学生グループ、地域おこし協力隊の方々との意見交換も行った。さらに、無作為抽出による県民アンケートも実施し、2,504名から回答をいただいた。アンケート回答率は5割を超え、県民の関心の高さがうかがえた。アンケートでは、県民が大切にしていることや、「豊かさ」をどのように捉えているか、福井県の良いところや課題、必要な政策などについて幅広く意見を把握することができた。また、全体の81.8％の方が「福井県で暮らしてきて良かった」と回答し、県民が現在の暮らしにおおむね満足していることも分かった。

こうした様々な手法により、長期ビジョン策定に関わった県民の数は5千人を超え、有益な意見を数多くいただくことができたと思っている。

2.3　福井の未来を一緒に考えるセミナー

2019年8月には、福井県立大学の進士五十八学長を座長とする「福井県長期ビジョン推進懇話会」を設置し、県内外の有識者による議論を開始した。38名のメンバーは従来のように団体代表のみで構成される会議体ではなく、企業の若手経営者やまちづくりのプレイヤーなど、様々な分野の第一線で活躍している実践者に多く参加してもらった。懇話会は、2020年5月まで計4回開催し、ビジョンの内容について多くの示唆をいただいた。

244

さらに、AIなどの技術革新やSDGs、医療・介護制度など、様々な課題に関する最新の知見を学び、その知見を県民と広く共有するため、各分野の第一人者を招いた公開セミナー「福井の未来を一緒に考えるセミナー」をシリーズ開催した。第1回は2019年8月5日。参加者には、前述の「長期ビジョンワークシート」を配布し、意見をいただいた。職員は専門家からそれぞれの分野の最新の知見を学ぶことができ、県民にも長期ビジョン策定に参加してもらうことができる一石二鳥の方法として極めて有益であった。2020年2月まで計8回開催し、延べ800名が参加した。

2.4 策定過程のオープン化「いつでもパブコメ」

県民に長期ビジョンへの関心をもってもらうため、前述の様々な参加の仕組みを考えると同時に、「策定過程のオープン化」も徹底して実行した。

まず、長期ビジョンの公式Facebookページをつくり、積極的に情報発信を行った。Facebookページの機能を使うと動画配信が可能になることから、「長期ビジョン推進懇話会」の会議の様子や、「福井の未来を一緒に考えるセミナー」の様子をライブ配信し、多くの県民に視聴いただいた。配信した動画は、アーカイブとして残るため後日視聴することもできる。Facebookページでは、コメント機能を活用し、県民からの意見を常時受け付け、いただいた意見に対しても即時コメントするなど双方向のコミュニケーションを図った。これを「いつでもパブコメ」と呼んでいる。

パブリックコメントは、計画の最終案の段階で実施されることが一般的であり、大きな変更が難しく形式的な意見聴取に陥りやすい。今後は、SNS等を活用した常時・双方向型のパブリックコメントの手法が広がるものと考える。

2.5 都市人材の「地方兼業」による広報戦略

長期ビジョンという「行政計画」を、いかに県民に「自分ごと」にしてもらうか。さらに、ビジョンの内容をいかに分かりやすく伝えるか。県民への効果的なアプローチには、広報戦略やマーケティングの視点が欠かせない。このため、都市部で働く広報・マーケティングの専門人材を「兼業・副業」限定で募

第9章　みんなで描こう「福井の未来地図」

集し、「福井県未来戦略アドバイザー」に任命する新たな手法を実施した。都道府県レベルでは全国初の「都市人材による地方兼業」の仕組みである。2019年9月に始めた募集の概要を紹介する。

【福井県未来戦略アドバイザー募集について（概要）】

○募集タイトル

　　都道府県初！福井で「福業」を！

　　長期ビジョンの広報戦略を担う「地方兼業」人材を募集します。

○募集概要

　　福井県では、福井県長期ビジョンの内容や策定状況を県民に分かりやすく伝えるため、ビジョンの広報戦略を担う「未来戦略アドバイザー」の募集を行います。主として都市部の高度な専門人材を採用するため、都道府県では初めて、「兼業・副業」に限定した募集を実施します。

○事業目的

　　都市人材の新たな働き方として注目されている「地方兼業」のモデルとして、「未来戦略アドバイザー」を公募し、福井県長期ビジョン策定に参画してもらうことにより、「関係人口」を拡大します。

　　　・外部人材の持つ多様なアイデアやノウハウを県事業に反映

　　　・「地方兼業」のテストモデルを作り、県全体の関係人口を拡大

○仕事内容

　　未来戦略アドバイザーとして、県長期ビジョンの広報戦略等を担当

　　　・ターゲットごとのメッセージングやイベント等の検討および実施

　　　・オリジナルの広報ツールの検討および開発　など

○求める人材

　　　・「伝える」ことに関し多様なアイデアやノウハウをお持ちの方

　　　・広報やマーケティング戦略の経験や実績のある方

　　　・長期ビジョンの中身や策定プロセスを魅力的に伝えられる方

　募集人員は1～2名程度であったが、1カ月間で421名の応募をいただき、選考の末、2019年11月に4名を「福井県未来戦略アドバイザー」に任命した。初めての試みということもあり、この間、様々なメディアで取り上げられ、福井県が長期ビジョンの策定を進めていることを、県内外に知ってもらう効果もあった[3]。

その後、未来戦略アドバイザーの発案で様々な広報戦略を展開した。アドバイザー就任直後の2019年12月には、長期ビジョンのコンセプトをテーマに、アドバイザーと東京在住の福井県出身者との座談会を行った。2020年1月に開催した「福井の未来を一緒に考えるセミナー」では、告知の手法を一から見直し、セミナータイトルを「『地域の秘密』が未来をつくる〜鍵を握るKNT（小ネタ）理論とは〜」と変え、SNSで「ふくいの小ネタ（KNT）」を連続で紹介するなどの工夫を凝らした結果、8回目にして、過去平均の倍近い200名超の参加者を集めた。

2020年2月からは、アドバイザーの企画による「FUKUI未来トーク」を開始した。長期ビジョンに示した将来像を実現するために、県民自身が何をすべきか考え、発表するワークショップである。県が主催するワークショップへの「参加者」を募集するのではなく、仲間を募って自分たちでワークショップを開催する「主催者」を募集する点がポイントである（「FUKUI未来トーク」については後述する）。

そのほか、Facebookやnoteなど SNSによる情報発信や、小中学校向け出前講座のブラッシュアップ、県内各地で活躍している若者へのインタビュー動画のYouTube配信など、様々な広報戦略を企画・実行してくれた。職員に伴走し協働してくれたことにより、職員の意識改革とスキルアップにもつながるなど、副次的効果も高かった。第5章で指摘する「人材育成」の観点からも、外部専門人材との協働が極めて有効であることを実感として付記したい[4][5]。

2.6 参加意識と満足度

これまでみてきたように、今回の長期ビジョン策定に当たっては、従来には

3）株式会社ビズリーチと連携し、全国初のユニークな採用募集を実施することにより、福井県と長期ビジョンを全国にPRする「採用広報」の側面も意図していた。

4）策定プロセスにこうした外部専門人材の知見を活かす手法は、特に福井県のように、策定業務をコンサルタント会社等に外注せず、職員がすべての策定業務を担うケースにおいては有効と考える。

5）未来戦略アドバイザーは、第1期の広報・マーケティングの専門人材に続き、2020年の第2期はデータサイエンスの専門人材、2021年の第3期はDXの専門人材を「兼業・副業」限定で募集した。応募者も多く、地方に不足する専門人材の知見を取り込むための効果的な手法である。

第9章　みんなで描こう「福井の未来地図」

ない様々な県民参加の手法を企画した。特に留意したのは、できる限り多くの方の参加の機会を確保するとともに、参加者の「満足度を最大化」するための創意工夫である。

例えば、世代別意見交換会では、意見交換に先立って、参加者全員でカードゲームに取り組み、協力することの大切さを学ぶとともに、知らない方同士が親しくなるきっかけをつくった。また、議論の内容は、グラフィックレコーディングの手法を用いて、その結果をリアルタイムで「見える化」するなど、自分たちの意見がまとまっていく過程を楽しく実感できるようにした。さらに、意見交換会への参加者には、後日、長期ビジョンの中間とりまとめの資料を送付し、自身の意見がどのように反映されたかを確認してもらい、さらにアンケートで追加の意見を求めるなど、フォローアップにも力を入れた。

重要なことは、参加者が提供した知恵や時間に見合う価値を適切に「フィードバック」できているか、また、将来構想を一緒につくっているという「実感」を感じてもらえるかどうかではないか。これらが確保できれば、計画策定後も長く関心を持ち続けてもらえる。今後の総合計画策定においては、こうした「参加満足度」も考慮して、対話の場を設計することが求められる。

3　コンセプトをデザイン

3.1　基本理念と将来像

長期ビジョンの内容をいかに県民に分かりやすく伝えるか、多くの方に共感してもらえるように、考えをどのように表現していくか、その鍵はコピーライティングとビジュアル化にある。次に、「コンセプトをデザインする」という観点から、本県の取組みについて紹介したい。

多くの県民参加を得て策定した長期ビジョンの基本理念は、「『安心のふくい』を未来につなぎ、もっと挑戦！もっとおもしろく！」である。

長い歴史の中で先人たちが培ってきた「安心と信頼」の福井をみんなで守り、次世代に引き継ぐ。さらに、その安定した社会基盤を基に、誰もが夢や希

248

望をもって自分らしくチャレンジできる、もっとワクワク・ドキドキする「おもしろい」福井を目指すという趣旨であり、特に「もっとおもしろく！」という言葉に担当者としての思いを込めた。

また、2040年に福井県がどのような社会になっているか、県民共通の将来イメージが必要と考え、福井県の強みを伸ばすことにより実現する「ふくいの未来」をキャッチコピーとイラストで提示している。将来イメージを県民が共有することにより、その実現に向けての推進力を高めることができると考えている。

3.2 実行プラン

今回策定した長期ビジョンでは、2040年を目標年次とする「将来構想」と合わせ、最初の5年間（2020年〜2024年）で実施する具体的な政策を「実行プラン」としてまとめた。長期計画に対する中期計画の位置付けとなる。

数多くの施策を5分野18政策に整理しているが、かなりのボリュームとなり、県民にとってはとっつきにくいものにならざるを得ない。そこで、思い切って、この5年間において重点的に実施する「新時代スタートアッププロジェクト」を定めることにした。新時代スタートアッププロジェクトのコンセプトは、「＼＼とんがろう、ふくい／／」である。

「とんがろう、ふくい」[6]には、一人ひとりが個性を発揮し、変化や失敗を恐れず、お互いのチャレンジを応援し合う福井を目指そうという想いを込めた。従来の枠にとらわれない発想やチャレンジを応援し、ワクワク・ドキドキの「もっとおもしろい福井」を創造することを目指すものである。

また、これらのプロジェクトは、行政だけが担うのではなく、「県民参加」と「市町協働」によって実行することを明記した。県民一人ひとりが参加し「育てるプロジェクト」にしようという考え方も示している。

6）「とんがろう、ふくい」という言葉は、かなりのインパクトがあったようで、議会を含め、様々な場面で議論の対象となった。行政計画としてなじみのない言葉をあえて採用することも認知度を高める一手法と考える。

3.3 政策デザイン

　福井県では、2019年から、長期ビジョンの策定と並行して、「政策デザイン」の仕組みづくりを始めた。「政策デザイン」とは、本県の造語であるが、デザインの発想を政策に取り入れ、課題の本質を把握した上で、解決への道筋を分かりやすくデザインすることを目指すものである。

　具体的には、県庁各課が政策を検討する際に、県内のデザイナーやクリエイターの方々にも参加してもらう「政策デザインワークショップ」を実施している。解決しようとしている課題は何か、その課題の本質は何か、本質的な課題を解決するためのアプローチにはどのような方法があるか、どのような方法が最も分かりやすく、かつ共感を得られるかなど、様々な観点から助言をもらい、一緒に政策を設計していく。ワークショップで出されたアイデアをもとに事業を予算化し、例えばイベントであればそのアイデアを盛り込んだ仕様書を作成した上で企画コンペを実施している。こうしたワークショップから、「光ってこそ、人生。」をモットーに、交通事故防止の反射材グッズをおしゃれに着こなすキャラクター「交通安全家族！」による交通安全プロジェクトや、障がいを持つ方の「しあわせ就労」を実現するため、「福祉に、アクションを」をテーマに、福祉事業所の商品開発や民間企業のビジネスマッチングを進める「フクション」プロジェクトなどが生まれている[7]。

　さらには、政策企画の段階だけでなく、事業実行時にもワークショップを開催している。事業プロセスの再整理に加え、分かりやすく伝えるツールの選択、発信やPRの方法、具体的な表現内容まで幅広く検討し、その上で、例えばポスターのデザインや動画の制作など、具体的な業務を発注している。こうして生まれた成果品は従来のありきたりな制作物とは異なり、センスが感じられターゲットにも刺さりやすい。職員にとっては、政策の企画から実行まで、あらゆる段階でデザイナーの発想や知見を反映させることのできる仕組みとし

7）政策デザインの仕組みを導入するに当たっては、財政当局とも折衝し、予算にデザイン料を計上することや、ワークショップで生まれたアイデアの事業化に協力することなどを事前に申し合わせた。政策立案の実効性を高めるためには、「デザインの価値」を自治体内で共有することが極めて重要である。

て定着してきた。職員だけで政策を考えるのではなく、顧客目線のサービス開発や分かりやすく伝えることの専門家であるデザイナーのアイデアを取り込むことにより、従来にはない新たな政策をつくり出していく。「政策オープンイノベーション」の好例である。

　長期ビジョンの策定過程においても、この「政策デザイン」の仕組みを大いに活用した。意見交換の際に使用したワークシートの作成に始まり、基本理念や新時代スタートアッププロジェクトのビジュアル化、「古き良きを新しいよろこびに『ともに楽しむ千年文化』」など2040年の将来イメージの６つのコピー、ビジョン本冊の表紙デザインなど、様々な場面で県内デザイナーと協働し、分かりやすく伝わりやすい内容となるよう心掛けた。斬新な表紙デザインは、県民からも「手に取って見てみようという気になった」との声もいただいた。これからの総合計画には、「デザイン」の視点も極めて重要であると考える。

4　アクションをデザイン

4.1　FUKUI未来トーク

　もとより総合計画はつくって終わりではない。長期ビジョンに示した将来像の実現に向け、いかに県民一人ひとりの行動を結集していくかが極めて重要である。次に、「アクションをデザインする」という観点から、県民の主体的な活動を引き出すための具体的な手法について紹介したい。

　まず、**2.5**で触れた「FUKUI未来トーク」について紹介する。これは、未来戦略アドバイザーの発案で始めた企画であるが、ポイントは、県が主催するワークショップへの「参加者」を募集するのではなく、仲間を募って自分たちでワークショップを開催する「主催者」を募集する点にある。事業の流れは、次のとおりである。

251

第9章　みんなで描こう「福井の未来地図」

①　福井の未来について自由にアイデアを出したい方を4名以上集める
②　希望日時、会場を検討し、福井県未来戦略課に申し込む
③　開催当日、県から未来トークの趣旨と長期ビジョンの概要を説明
④　グループで自由に意見交換を実施
⑤　最後にアイデアを「私のアクション」フリップに書いて写真撮影
⑥　「私のアクション」は、ご自身のSNS等で発信し、新聞等にも掲載

　未来トークのテーマは、「2040年、福井をおもしろい県ナンバーワンにするには」。2020年2月からスタートし、これまで子育て世代の女性グループやまちづくりに関心のある学生、父親の子育て参加を進めている男性グループ、多文化共生の担い手である外国人など、様々なグループが参加している。自分たちが主催者であるため、参加するマインドは受け身ではなく主体に変化する。また、参加の目的は、単なる「学び」ではなく、具体的な「アクション」の発表になる。

　例えば、子育て世代の女性からは、「福井で育つことのすばらしさを子どもたちに伝え続ける」とか、「子どもたちと福井でワクワクできることを共に体験し、共に成長していく」など、積極的な「私のアクション」が示された。長期ビジョンの理念を「自分ごと」化し、具体的な行動につなげる新たな試みとして、今後もさらに広げていきたい。

4.2　子どもたちと福井の未来を考える

　長期ビジョンを県民に知っていただくため、福井県では、「県政出前講座」を積極的に行っている。中でも特に力を入れているのが、子どもたちとのワークショップである。

　ワークショップでは、県職員からのビジョン紹介に続き、子どもたちが班に分かれ、自分たちに何ができるかを考え発表する。単なる講義形式よりも盛り上がり、自分のやりたいことを地域の未来に重ね合わせるきっかけにもなる。2020年1月に行った福井県立高志中学校1年生90人とのワークショップの様子について、未来戦略アドバイザーが作成したレポートから抜粋して紹介した

い。

【未来戦略アドバイザーのレポートから】

・前半は「福井のこれから」について、福井県庁の職員が講演。後半は、福井の未来に何ができるかを中学生自身が考えるワークショップ形式で行った。

・前半の講師を務めたのは、未来戦略課の若手職員。「人口減少」「長寿命化」「大交流化」「技術革新」の４つのキーワードに沿って、福井の未来をクイズ形式で楽しく紹介。

・福井県の人口減少の予測データには、「えー！そんなにー！！」と驚き。長寿命化で、みんなの半分は100歳を超えても生きられるという説に「やったー！」という喜びの声も。

・北陸新幹線全線開通の「大交流化」で小浜駅から京都駅まで19分で着くことには、「京都までそんなに早く着いちゃうの？」との声が。「技術革新」では、生徒側から「自動運転」「ドローン」と主体的に声があがった。

・未来戦略アドバイザーからの「福井のよいところは？」の質問に、「美味しいものがたくさんある！」「伝統芸能や工芸を今も受け継いでいる」「自然が多くて癒される」などそれぞれが思う大好きな福井を即答。福井への愛が感じられる一幕だった。

・前半の講演をいかして、後半では中学生自身が「今から何ができるか？」「福井県民は、どんなことを心がけたらいいか」をグループで議論。

・「福井県の良さを、もっともっと自分が知らなくちゃいけない」「そのためには、ほかの県のことも、もっと知りたい」「まずは自分自身が、福井の役立つ人材になりたい」「そのためにも勉強したい」「地域のイベントに、もっと自分から参加したい」など、今すぐにもできる意見が。

・さらに、「地産地消を心がけたい」「今ある福井の良い伝統を受け継いで、しっかり伝えていきたい」「福井県の名産を新たに作りたい。例えば『流しそば』」「福井を国内でPRするのではなく、まず、海外で有名にして、その話題を逆輸入する」など、中学生とは思えないアイデアもたくさん登場。発想力に驚かされっぱなしの時間だった。

・終了後、出前講座に参加した生徒に感想を聞くと、「福井県の未来が大きく変わるって知らなかったから、とっても驚いた。家に帰ってからも、自分に何ができるか考えてみたい」「福井県の未来で、自分にできることなんて、はじめは思いつかなかったけど、みんなと話しているうちに、色んなアイデアが出てきて、で

253

第9章　みんなで描こう「福井の未来地図」

> きることはありそうだなって思えた」という意見が。
> ・2時間という長丁場の出前講座だったが、集中がとぎれることなく終了。会が終わったあとの生徒の皆さんの目はキラキラ輝いて、福井県の未来を「自分ごと化」していることが伝わった。

4.3　SDGsパートナーシップ会議

　長期ビジョンの実現を目指す活動を県内の企業や団体、学校などに広げ、定着させる仕組みとして、「福井県SDGsパートナーシップ会議」を2020年8月に創設した。

　SDGs（Sustainable Development Goals）とは、「誰一人取り残さない。多様性と包摂性のある持続可能な社会」の実現を目指し、2015年9月の国連サミットにおいて採択された2030年までの国際目標である。

　長期ビジョンでは、SDGsの理念に沿って、「自信と誇りのふくい」「誰もが主役のふくい」「飛躍するふくい」の3つの姿を実現することを明記するとともに、5年間の実行プランに記載した各施策やKPI（重要業績評価指標）には、関連するSDGs目標のロゴを示すなど、SDGsとの関連付けを強く意識した内容となっている。

　「福井県SDGsパートナーシップ会議」においては、参加する企業・団体等を「SDGsパートナー」と呼んでいる。県が事務局を担うものの、活動の主体はあくまでも各企業・団体であり、自治体もその一員として、新たなパートナーシップの形をつくりたいとの意を込めている。パートナーの活動コンセプトは、「未来のために。次の世代に選ばれる福井へ」と定めた。未来を担う次の世代（子ども、若者、子育て世代）に福井の良さを継承し、希望をもって自分らしくチャレンジできる社会をつくることを目指している。ここでも長期ビジョンとの連動を意識している。

　パートナーの活動テーマとして、①次世代を育てる（福井を愛する子どもを育てる）、②次世代を応援する（若者のチャレンジ応援）、③次世代の社会をつくる（共生・共助社会の実現）、④次世代に引き継ぐ（暮らしと風景の維持・継承）の4

254

つを掲げ、それぞれの具体的な活動例を示している。例えば、次世代を育てるというテーマであれば、子どもたちの工場見学・職場体験の受入れや小中学生のスポーツ・文化活動の応援などが該当し、次世代を応援するというテーマでは、大学生との地域共同研究や結婚を希望する若者の出会いの場づくりなども対象になる。身近な取り組みやすい活動例を示すことにより、多くの企業・団体が参加するきっかけをつくり、さらに、その一つひとつの活動が長期ビジョンに示した将来像の実現につながることを実感してもらうことを狙っている。

創設から3年でパートナー数は1,000を超えた。参加機関は、自らが実行するSDGsの取組みを宣言し、主体的に活動している。また、パートナー登録校がパートナー企業を訪問するSDGs学習や、パートナー大学の学生が中心となってSDGsに関する県内の優れた取組みを表彰する「SDGsアワード」の創設、複数のパートナー企業による環境配慮型の商品開発など、パートナー同士の新たな連携事業も生まれている。

2021年5月には、福井県が国の「SDGs未来都市」に選定された。未来都市計画に示したテーマは、「次世代に選ばれる『しあわせ先進モデルふくい』の実現に向けて」である。2021年10月には、「ふくい未来人材育成プロジェクト」を立ち上げ、17のパートナー機関から参加するメンバーが、子どもたち向けの新たな人材育成プログラムの開発に取り組んでいる。

また、2021年10月に発表された「都道府県SDGs認知度ランキング」[8]において、福井県は「SDGs施策認知度ランキング」で1位、認知度と施策認知度を合わせた「総合認知度ランキング」でも東京都と同スコアの1位となった。「福井県SDGsパートナーシップ会議」の取組みが広く県民に受け入れられていることの証左であり、活動の広がりは、長期ビジョン実現の推進力となる。引き続き、パートナー同士の連携・協働により、全県一体となって持続可能な地域づくりを進めていく。

---

8) 日経BP社が運営するウェブサイト「新・公民連携最前線PPPまちづくり」が、全国20代以上のビジネスパーソン2万4,553人を対象に行った調査。

第9章　みんなで描こう「福井の未来地図」

4.4　県民意識の変化

　福井県では、2019年より毎年、県民アンケートを実施している。長期ビジョンや県の行う施策等について、県民の意見を継続的に把握し、政策立案等に反映させることを目的としている。

　この中で、長期ビジョンに示した基本理念や基本目標などの内容に対し、どの程度共感できるかを質問している。2021年の調査では、例えば基本理念「『安心のふくい』を未来につなぎ、もっと挑戦！もっとおもしろく！」について、「とても共感できる」が11.7％、「共感できる」が35.2％、「まあまあ共感できる」が42.5％と全体の89.4％が共感できると回答した。そのほかの内容についても、それぞれ8割を超える県民から支持をいただいた。

　暮らしの満足度については、「福井県に暮らしてきて良かった」と回答した方が2019年の81.8％から、2020年が86.6％、2021年が88.7％と年々上昇している。杉本知事の下、県庁一丸となって、「県民主役」の県政運営に取り組んでいることへの一定の評価と受け止めたい。

5　未来への扉をひらく

　福井県の長期ビジョンは、これまで述べてきたように、徹底的な「県民参加」をコンセプトに策定した。多くの県民の皆さんのもとに足を運び、率直に意見を交わし、生活者としてのリアルな声をお聞きする中で、福井県の良さに数多く接することができた。

　「越山若水」と称される豊かな自然環境や、「越前がに」や「いちほまれ」をはじめとする里・海・山の幸。住民同士のコミュニケーションも活発で、集落活動や行事に世代を越えて協力し合う風潮が残っている。子育てのしやすさや教育の充実を評価する声も多く聞かれた。子どもたちは長年、学力・体力日本一との評価を受けている。まじめで勤勉な県民性で、進学率や就業率も高く、人材力の高さが福井県の強みとの声もあった。眼鏡や繊維に代表されるように、ものづくり産業が盛んで、1500年の伝統がある越前和紙や越前漆器など伝

256

統工芸が受け継がれている。就業率や正規就業割合も、毎年全国トップクラス
と雇用環境も良好である。こうした産業や雇用の安定が、福井県の暮らしの質
の高さの土台になっていると考えられる。

　県民との意見交換を通じて、先人が築き、守り伝えてきた歴史・文化、豊か
な自然や食、家族や地域のつながり、充実した子育て・教育環境、安定した産
業・雇用環境など、福井県の素晴らしさに改めて気づくことができた。こうし
た「安心と信頼の社会基盤」がしっかりと築かれていることこそが、福井県の
強みである。「安心と信頼の社会基盤」を守り、次世代に引き継ぐとともに、
それを土台に、北陸新幹線開業など100年に一度のチャンスを活かし、県勢発
展につなげていく。長期ビジョンには、こうした考えを反映している。

　2024年3月16日には、北陸新幹線福井・敦賀開業が実現し、まちに新たな賑
わいが生まれている。長期ビジョンで構想したことが、今まさに形になってき
ていることに喜びを感じる。

　長期ビジョンの巻頭には、「未来への扉をひらこう。」と記した。

　引き続き、前述した「県民参加」の様々な手法をさらに広げながら、県民の
皆さんに長期ビジョンを「自分ごと」として捉えていただき、福井の明るい未
来に向かって、一緒に歩んでいきたい。

（藤丸伸和）

第**10**章 越前市総合計画
―ウェルビーイングという戦略―

1 ウェルビーイングとふるさと

1.1 現代における「ふるさと」の定義

　ウェルビーイングの話をする前に、3つほどちょっとお話をしたいと思っています。「ふるさと」の話と、「幸福」の話と、「総合計画」の話という3つの話をいたします。

　今「ふるさと」とGoogleで検索すると、何がトップページに出るか大体想像がつくと思います。ふるさと納税ですね。一ページ全部がふるさと納税のページです。ふるさと納税は、西川一誠という前福井県知事が提唱しました。菅義偉さんが総務大臣の頃に制度化された税制で、西川さんは『ふるさとの発想』という本にも書いているのですけれども、返礼品はするものではないという考え方でした。ですから、ふるさと納税は、なかなか最初の頃は広がらなかったんですね。

　私は市長となって「ふるさと」という言葉を考えました。歴史的には、都会からみた郷里を「ふるさと」と呼ぶケースが多かったと思います。都会からみた「ふるさと」なんです。今回の新しい総合計画では、ウェルビーイング、幸福を実感できる「ふるさと」とか、ふるさと作りとかという言葉をたくさん使っております。それは住み続けている「ふるさと」、あるいは一回出て行っても帰ってきて住んでいる「ふるさと」、今いる「ふるさと」という考えです。これは県庁にいた頃はあまりそういう実感がなかったのですけれども、実際選挙を経験し、いろいろな人とミーティングをしたりすると、例えば越前市の場合、圧倒的に住み続けている人の方が多いと実感します。感覚的には7、8割の人は住み続けている。福井県からは、都会に毎年、同級生が2,000人ずつなくなっているということがあるのですが、彼らからみた「ふるさと」ではな

259

く、残った１万数千人から2,000人を引いた１万人ぐらいの「ふるさと」。これを考えないといけないなと思いました。

　越前市の総合計画は、「幸せを実感できるふるさと～ウェルビーイングの越前市～」としています。はじめは、「ウェルビーイングの越前市」を先に掲げていたのですが、ひっくり返しました。ひっくり返した理由は、議会でも議論があったのですが、カタカナへの反応ですね。ウェルビーイングというカタカナが、一般市民にどう捉えられるかという考えがあってひっくり返しています。上であろうが下であろうが構わないと思うのですが。そういう中で「ふるさと」を考えています。

　ウェルビーイングを考えるときの「ふるさと」とは何かを考えていきましょう。繰り返しになりますが、かつての「ふるさと」は遠いところ、都会からみた、昔は長男以外はいることができなかった場所。「都会に出て行け」と言わ

図表10-1　ウェルビーイングを考えるときの「ふるさと」とは

（出典：越前市資料）

れて、家にいられなかった人たちが思っている場所。あるいは、しがらみの多い村は嫌だと出て行きたかった。そういう都会からみた「ふるさと」だと思います。それは遠くにあるものだと思いますし、「いつの日にか帰らん」という歌詞や、五木ひろしの歌でも、「ふるさと」というのは遠くにあるものとして表現されています。

　総合計画にいうウェルビーイングの「ふるさと」は、生まれ育って住み続けている「ふるさと」。あるいは帰ってきて住んでいる「ふるさと」で、今、現に住んでいる人のことを思って言っています。「ふるさと」のイメージですが、私の家の２階の窓から見える田んぼ、その向こう側に集落がある、裏山にはもみじが見える。こういうイメージが「ふるさと」。ウェルビーイングはおそらく集落とか、こういう住み続けているという具体的なものから発想すべきであるということが前提です。抽象的なものではないということだと思います。

1.2　ウェルビーイングと幸福

　二番目の話です。「幸福」という言葉がよく使われます。「希望学」というのを福井県でやっていたことがあります。希望学というのは、東大の社会科学研究所の玄田有史先生や宇野重規先生たちと一緒に、福井県のプロジェクトとして考えたものです。おそらく幸福と満足と希望とは、ぐるぐる回っていると思うのです。しかし、あまり幸福を根っこから考えると、おそらく宗教的になってしまい、生まれながらに苦を背負って生きているだとか、哲学的に人間の幸福とはなんぞやという話になってきてしまいます。逆に現世利益的な、金儲けをしたいとかうまいものを食べたいとか長生きをしたいとか健康でいたいとか、これもきりがない話です。また、パーソナリティー、要するに満足しやすいタイプと、不満をずっと抱えるタイプの人といろいろといます。幸福を少し限定して考える必要があるというのが、ウェルビーイングを考えるときの２つ目の話です。

1.3　総合計画とウェルビーイング

　３つ目、総合計画の話にちょっと触れます。総合計画、私の福井県庁の現職

第10章　越前市総合計画

時代は、いわゆる伝統的な、網羅的な長期構想がありました。私は担当ではありませんでしたが部分的に関わったものがあります。また、西川前福井県知事の時代、平成15年の統一地方選からは、いわゆるマニフェスト選挙というものが始まって、総合計画は一部マニフェストに変わりました。西川前知事は就任直後の県議会で、マニフェストを県政の指針とすると宣言し、マニフェストが総合計画に当たるものだと言いました。これだけ時代の変化が激しいときに長期構想というのは意味がないという旗を立ててしまったので、政策担当であった私は、ずっとそういう答弁を書き続けてきました。

　長期構想を作るべきという県会議員もけっこういたのですね。作らないといけないという。それをずっと否定し続けていて、『ふくい2030年の姿』という若手職員で夢を描いたものと、あとは個別計画とマニフェストで政策を進めていました。当時のマニフェストは非常に具体的で、明確です。4年間でやることで必ずチェックができるという意味でいうと、総合計画より、検証が明瞭な面がありました。マニフェストというやり方・手法は、賞味期限は10年あまりでした。今は、もう誰もマニフェストとはいいませんし、私も市長選の際には公約といいました。自分がやっていて思うのは、策定手続の中に、県民、市民、あるいは議会を巻き込んで作っていないものは、どうしても独りよがりになるということです。私は今回、議会に総合計画案を提出しましたが、住民とミーティングをしたり、ワークショップをしたり、アンケートをしたり、「何でも言ってください、一緒に作りましょうよ」と。マニフェストは、このような県民、市民を巻き込んだやり方が弱い。この点が問題として顕在化して、議会との関係も難しくなるというのが実際にはあるかと思います。

　西川知事の前に、栗田知事という、4期にわたって知事を務められた方がいました。今回当選後にご挨拶へ行ったときに栗田さんからもらったアドバイスは2つでした。1つは、「議会は大事だから」、もう1つは「長期構想」ということをおっしゃいました。栗田知事という方はあまり細かな指示をしない人でした。大体1つか2つ、ポイントだけいわれました。

　栗田さんのアドバイスに対して「そうだな」と感じているのは、やはり総合計画があった方が、みんなを巻き込んでみんなの声を吸収するスタイルで政治

262

を進めるという意味が、すごくあるのではないかということです。ただし、総合計画について、県庁職員の我々が感じていたのは、「どうしても総花的になる」ということです。なぜかというと、「あれが書いていない」という人が必ずいますから。総合計画を作るときには、いろいろな関係団体、関係者の声を拾わないと、抜けているといわれてしまうのです。しかし、総花的に作ると、逆に夢がないとかポイントがはっきりしないだとか批判を受けるのですね。だから両方のバランスをどう取るかというのは元々の課題としてあったと思います。マニフェストは明瞭なのだけど、抜けだらけで、網羅的には作っていない。せいぜい数ページ、あっても10ページくらいのマニフェストになるので、明瞭であるというメリットはあるけれど、全体性がないという弱点があると思います。

　今回総合計画を作るに当たって、課題解決型がいいのではないかと考えました。総合計画というものが、かつてのように国土計画から来てそれを受けて、あるいは法定の計画だったのですけれども、地方計画という形で作っていた時代は、どちらかといえば上から来るような総合計画でした。そのやり方は国土形成計画あたりから成り立たなくなって、国の計画をみなくなりました。それに基づいて作るのは作るのですが、役に立ちません。そういう上から作るという計画はあまりうまくいかない。そうではなく、課題解決型の時代ではないかと考えたのです。

　ウェルビーイングと課題解決型の総合計画はなじみがいいと思います。なぜかというと課題解決型というのは、市民が日常的に抱えている問題、地域社会が将来を見据えてすでに明らかになっている課題をベースに、このような問題や課題を解決可能な政策であったり、事業であったりを提示することだからです。課題があって、政策があって、その結果というのが、課題が解決できたかどうかという、それが満足という捉え方をするとしますと、課題解決の満足、この満足の部分をウェルビーイングと捉えることができます。ウェルビーイングを実現する上での課題があり、それを解決するための政策があり、その結果としての満足や幸せがあり、それを循環させるのが課題解決型の総合計画というので非常になじみがいいなと思いました。

第10章　越前市総合計画

1.4　大きな課題と小さな課題

　福井県庁にいた頃に「APDC」という仕組みを発明したのです。Aから始まるアセスメントのA、Pは政策ですね、企画・計画です。Dは実行して、Cはチェックする。それを回す。まさにウェルビーイングと課題解決と長期構想、長期計画というのをこの仕組みに乗せられるなと最近思いました。当時、そんなややこしいことは現場でできないと思いましたし、そんな感じで受け止めていました。しかし10数年経って役に立っています。課題の中にも、大きな課題と目の前の課題と両方あります。例えば越前市の人口は8万人です。このうち外国人が6.3％。あるこども園では46％が外国籍の子どもたち。市内の大手企業では、ある部分を委託しているのですが、人材派遣でブラジル人を雇っています。トータル8万人の人口のうち5,000人が外国籍です。人口をみていただいて分かるように、天変地異や大きな経済のクラッシュが起きれば分かりませんが、基本的には2040年で推計すると6万人ちょっと、これは昭和元年と同じ人口になります。これはすでに起きている未来、課題です。これはどこでも一緒だと思いますが、かつて昭和55年の人口ピラミッドが、2040年には完全に逆になるという高齢化が進みます。これも大きな課題です。そういう課題が非常にたくさんあります。

　地区別にみると17の小学校区域があります。高齢化率が一番高いところでは40％を超えている、そういう状況があります。これは、解決がほとんど不可能な課題です。人口減少対策で、一生懸命子育て支援とか、あるいは結婚支援とかいろいろなことをやりましたけれど、日本全体でみれば、全体が減る中での取り合いなので、定住人口増については、それほど大きな効果もありません。人口減少対策は当然一生懸命やりますけれど、人口減少を「前提」として考えなければいけないと思っております。

　高齢化率ももちろん問題ですが、さらにいうと高齢者世帯率の方が実は問題が大きいのです。要するに高齢者がいても、若い人と住んでいるならまだいい。大体は若者が出て行って、高齢者夫婦がずっと高齢になっていく、そのうち一方が亡くなって高齢者の1人暮らしになる。その人が亡くなって空き家になる。これが地方共通の構造だと思います。ですから、例えば集落の機能を考

264

えたときに、各家から人が出て来て、共同作業をしたり、祭りをしたり、獣害対策としてイノシシやシカの電気柵を作ったりというのをやるわけですけれども、高齢者世帯しかなければ、そういう仕事をする人を家から出せなくなります。問題としては高齢化もさることながら、高齢者世帯率が大きいなと思います。

　高齢者世帯が、高齢者単身世帯になり、家が使われなければ空き家になります。これが課題です。空き家ばっかりでどうするんだという話があります。

　また、獣害の問題があります。これは集落の問題ですが、これも高齢化率があり高齢者世帯率があり、人口減少が背景にあります。獣害対策の柵を作るときは、国のお金で材料は供給されます。材料費は出ますが、自分たちで柵を作るというのが前提の補助制度なのですね。だから市が応援して公共事業的にやろうと思うと、国の補助率が下がるという仕組みになっています。自分たちでやりなさいよという自助・共助で成り立たなくなるのが、高齢化集落、高齢者世帯集落です。よく聞く話は、草刈りについてです。若い人たちはエンジンの付いた草刈りを使いますけども、90歳のおばあちゃんが1人でいるような家だと、鎌持って1人で出て行きます。みんなが出てくるので、自分も出ないと悪いといって出てきます。こういった状況が集落の問題になっています。

　一方で、子育てとか働くとかの課題、これもよく客観的指標で出ていますが、子育ての分野でいうと、待機児童0というのは実現できています。次の要求は何かというと、年度途中に職場復帰するとか、あるいは出産するとかいう人たちが、年度途中で預けたいのだけど預けられない、という段階になるわけですね。さらにいうと、ちょっと遠くならあるけれど、近いところに預けたいという要求水準が上がってくるわけですね。だから満足としての幸福という時に、よく満足度調査をやりますけれど、満足度のレベルが土地、地域によって全然違うのです。要求がある程度充足されると、次の段階へいくということにもなります。

　働くというのも同じです。例えば福井県は、50数カ月、有効求人倍率日本一です。越前市も例外ではありません。市内には大手企業があります。処遇がいいので、特に工業高校の生徒は引く手あまたで取り合いです。中小の経営者

第10章　越前市総合計画

は、大手に人手を取られるとか、せっかく育てた人手が取られてしまうとか
いっています。これは私が県庁時代に産業労働部長として、思っていた話です
が、有効求人倍率が「改善された」と労働局は発表するけれども、改善じゃな
いんじゃないかなという話です。むしろ課題はミスマッチなんですね。若い人
たち、特に女性が働きたい仕事がないとか、事務職の仕事がないとか、運転手
が足りないとか、土木現場の専門職がいないとかです。そういう質的なものを
みないといけないのに、有効求人倍率とか失業率とかいう数字をいまだに使っ
ています。つまり満足の内容が全然違うのです。

　よく我々がいっていたのは、Uターン政策で必要なのは、例えば京都でも東
京でも、大学で学んだ内容に関連する仕事がそこにあるかどうかということ
で、仕事がないわけではないのです。自分に合った職場がないというのが、要
求水準になるんです。高齢者も、施設がある程度できてくると、入所したいタ
イミングで入所できないということになります。高齢者の問題は、若い時から
健康づくりをして長生きするだけではなくて、元気な高齢者かという要求水準
です。また、自動車の運転免許証返納に関しても、地方に公共交通機関はあり
ませんから、バスもない、電車ももちろんない、では買い物はどうするんだ、
そういう課題が出てくるわけです。だからこの課題は、公共交通機関に関する
統計データとは全く関係がない状況があるわけです。もちろん自動運転など、
技術が進歩すれば次の段階にいくわけですけども、こういった課題を政策とし
て考えなければいけないという状況になります。

1.5　他と比較できぬウェルビーイング

　今回の総合計画を策定する上で、満足度と重要度、何が大事と思うかという
政策の満足度を聞いています。

　幸福度という指標については、日本総合研究所の幸福度調査があります。福
井県が5回連続1位。2位が東京だったと思います。「幸福度日本一の福井県」
といっており、県庁在職中には、そのブランディングを一生懸命やりました。
しかし、よくインタビューで県民の人たちが、実感がないという風に言ってい
ました。考えてみると、それは当たり前なんです。元々統計全体からデータを

266

選んで、さらにその中からおそらく幸福と関係しそうだというものを選んで、ウエイトをつけて計算をして幸福度を出しているわけです。幸福の基盤となる諸条件みたいなものを拾っていると思うのですが、実際に県民が思っていることと統計データとは全然関係がなく、かつ政策ともあまり連動しないという面があります。

越前市を例に考えましょう。市民は景気が悪いと景気を良くしてほしいと思います。例えば、石油の価格は下がってほしいとなります。新幹線を早く敦賀から京都・大阪までつないでほしい。高速道路を早くつけて。川も溢れるから何とかしてほしい。いろいろな要望がありますけれども、これらについて、越前市がやれることはほとんどないのです。課題は住民の方から出てくるけれども、それを解決可能なものかどうかというところが問題になると思います。福井県の幸福度ランキングについては先ほど話した通りです。学力・体力が上位だというのは、感覚と合うかもしれません。教育現場が頑張っていることの結果です。しかし、幸福度のデータの中身と、住民の課題を解決できるかどうかという点は、他の自治体の場合でも、細かくみていただくとあまり関係がないものが多いのではないかと思います。

2 「ウェルビーイング」という戦略

2.1 客観的指標[1]の限界とくびき

ここから少しウェルビーイングの話に入ります。なぜ、ウェルビーイングという言葉を使うかというと、先ほど申し上げた通り、課題解決とその実現・実行・解決によって、それが住民の満足につながるという関係があるからです。その課題をどう選ぶかというところが、上から来るのではなくて、一人ひとり

1）越前市における客観的指標：市の政策や、特にウェルビーイングに関連するデータからなる項目で構成している。「何をどれだけしたか」というような、事務事業評価、いわゆるアウトプット的な要素ではなく、市民に何がもたらされるのかというアウトカム的な要素を含んだ指標を選んでいる。

の住民なり地域なりから拾い上げるという作業が必要だと思います。ここに客観的指標の限界があると考えています。つまり、統計から引っ張ってくるという出発点に多分限界があるのだと思います。それはランク付けするとか、他と比較をするというような目的でやろうとするからです。国レベルだとブータンが「GNH（グロス・ナショナル・ハピネス）」という考え方を作りました。幸せはGDPでは測れないということで骨格目標を立てて、そちらの方向に国の資源を投入するという形でした。こういう使い方はいけるんじゃないかなと思いますし、ウェルビーイングっていうものも、その客観的指標に関していえば、国レベルでいろいろな政策を打つとき、ウェルビーイングを客観的指標として捉えられると思います。

　しかし、一方で自治体、特に基礎自治体において客観的指標を作って政策を立案することには限界があって、指標の作り方というものをよく考えないといけないと思います。市民の関心との関係、それから評価手法です。自分のもっている手段の限界に目標を下げることを戦略というんだと、確か永井陽之助がいっていたと思いますが、同じことですね。

　市政において、戦略を立てる、目標を立てるというのは、市政の政策だけで実現できることを掲げる必要があります。他方で、新幹線を延ばしてくれといわれても、我々の力で延ばすことはできないわけです。

　従来使っていた幸福度は客観的指標をベースに作られていましたが、ウェルビーイングという言葉を使うことによって、従来考えられていたような、統計から始まる客観的指標というくびきから離れることができるのではないかと考えています。そして、我々がもっている手段に合わせて、指標なり、目標を設定することができると思います。また、ウェルビーイングという指標によって、今まで客観的指標から始まっていたために見落としていた幸せの要素というものを拾い上げることができるのではないかと思います。

2.2 「居場所」と「舞台」
　今回策定した越前市の総合計画には、「居場所」と「舞台」という言葉があります。居場所というのは、例えばみんなと集まる場所があるとか、話せる相

手がいるとかいうことです。舞台というのは、役割や、自分をアピールする場があるかということです。この居場所と舞台があることがウェルビーイングと関係する、という新しい要素を拾い上げることができるというのも、ウェルビーイングの機能だと思います。

　さらに、ウェルビーイングという新しい概念を提示することによって、市民あるいは、市に関わる様々な人に大きな期待をもってもらうことができます。新しい概念に関心が生まれ、新しい展開が生まれることによって市政に対する関心が生まれます。越前市の場合は、市の認知度が高くないのです。実は越前市は、隣が越前町、南側に南越前町があって、どこだか分からなくなるんですよね。福井県の大体北の真ん中にあるのですが、今立町と武生市が合併して、越前市になりました。1500年前の継体大王[2]からの歴史があり、1000年前には紫式部が、越前国の国司となった父の藤原為時とともに過ごした国府「武生（たけふ）」でもあります。そういう歴史のある町ですが、あまり知られていません。

　こういう町に注目をもってもらい、若い人たちを惹きつけるとき、帰ってきてよ、新しく来てよ、住み続けてよというときに、町の雰囲気が大事だと思います。どうしても農村だし、古い町なので、コンサバティブな印象がありますけども、このウェルビーイングというカタカナを使うことによって、そういう印象も少し変わるのではないかと議会でも答えています。

　客観的指標から始まる幸福度というものから少し離れることができるのではないか、新しい幸せという要素を組み込むことができるのではないか、そして対外的なイメージが変えられるのではないか、この3点がウェルビーイングというものを考え、取り入れる理由だと私は思っております。では、そのウェルビーイングを、指標として捉えるときに、どう考えるか。ちょっと先へ行きますが、デジタル田園都市国家構想のウェルビーイング指標があります。ちょっと細かいですね。これも客観的指標、統計がベースになっていますので、この

---

[2]　第26代天皇。507年即位（5世紀中頃〜531）。天皇家の祖。聖徳太子はひ孫。世阿弥作の謡曲「花筐」で知られ、越前市内にはゆかりの地であることを今に伝える数多くの伝説や史跡が残っている。

第10章　越前市総合計画

統計からも若干離れた方がいいのではないかと思います。

2.3　指標と現実

　国レベルだと、デジタル田園都市国家構想のウェルビーイング指標のように、指標ベースにいろいろ考えてもいいと思います。金融資産、生涯賃金、有効求人倍率は高ければいいのでしょうか。実際は、求人倍率はもう十分高くて困っているんだけど……という話です。住宅でも、年寄り１人で住んでいるのに大きい家なんか本当に困りますよね。私も子どもたちが独立すると、２人暮らしです。家があっちこっちにあるので、２人で３軒ぐらいの家を管理するという悲惨な現実になるわけです。家が大きいと掃除も雪かきも草むしりも大変です。

　都会の人は、家は基本的に大きい方がいいと思うかもしれませんが、越前市において、もっと大きい家をほしいと思っている人はあまりいないのではないかと思います。おそらく市職員の家も大きいと思うんですよ。それで、さっきいった高齢者２人暮らしの話です。うちの親も、サービス付高齢者住宅に入っていました。雪かきと草むしりは「どもならん」と。特に雪ですね。福井の場合は雪が降って、雪かきがある。外に出られませんし、大きい家は寒いということがあります。ですから、この住みやすさに関してだけでも、内閣府のウェルビーイングのダッシュボードの延床面積という指標は全然ピンとこない、実感がない人がいるというのは当たり前のことだと思います。

　岩手県は、客観的指標だけでは十分じゃないということで、主観的指標[3]として主観的幸福感というものを取り入れて、客観的指標と組み合わせてやろうとしています。まだおそらく研究段階だと思います。客観的指標の捉え方も、多分これから研究が進むと思います。主観的幸福とどう組み合わせるかという点もこれからの課題だと思いますが、非常に参考になるところです。ただ、岩手県というレベルと越前市というレベルでもまた違います。福井県と岩手県も

---

[3]　越前市における主観的指標：ウェルビーイングに関する項目について、毎年市民アンケート調査を実施し、継続的に状態を把握。一人ひとりの幸福実感、個人がどういう風に考えているのかを捉えている。

多分違うと思うんですね。だから同じように並べて比較して、ランキングを付けるというというのも、学問的にはある手法だと思いますが、論文を書かれるときに追求しても、現場的にはあまり興味を惹かないと思います。それがどうしたのって話になると思います。現場の声として受け止めていただければと思います。

県レベルではないと分からない統計もありますし、政策手段がないものもあります。富山県もウェルビーイング推進課という課の名前を付けました。富山県の場合、総合計画では「真の幸福」という表現を使っています。真の幸福というのは、ちょっと私の感覚としては哲学的にすぎる感じがして、難しいなと思うのですが、多分ウェルビーイングっていうだけではわけが分からないという声に配慮した結果として、真の幸福という言葉を使っていると思います。その「こころ」はよく分かります。

ただ、組織の名称にウェルビーイング推進課と付けたのは、私は大英断だと思います。知事が代わって、新しいことをやろうと、そういう空気があるのだと思います。関わっている職員の中に、将来花開くかもしれんと思って頑張ってやったっていう方がいた、そういうことかもしれません。非常によく考えら

図表10-2　ウェルビーイングの新たな2つの視点

（出典：越前市資料）

第10章　越前市総合計画

れていて発想としては大いに参考になると思います。

　先ほどの居場所と舞台という話でいえば、調査によると、「居場所があるな」と思う人や、「舞台があるな」っていう感じる人ほど、ある程度、主観的なウェルビーイングが高いという相関があることが分かっています。居場所と舞台、役割という要素から、新しい視点を取り入れることが可能ではないかと考えています。

2.4　ウェルビーイングの第三領域

　もう一つ思いますのは、幸福にはミクロの積み重ねとは違うマクロの世界というのがあることですね。冒頭申し上げたように、個人の幸福って本当にバラバラですよね。多分幸福度って、例えばこの間のワールドカップでスペインに勝った時に、アンケートしたとしたらすぐ上がったんじゃないかという、そういうタイプの幸福ですね。一人ひとりで違うものですよね。子どもが進学したとか、結婚したとか、そういう時はピュッと上がるんです。でも人生って上ったり、下がったりがあるわけです。その瞬間、瞬間にやはり個人の幸福度は左右されるので、アンケート調査というミクロの積み重ねだけでは十分とはいえないんじゃないか、と考えてはいます。

　例えば 越前市でいうと、252の集落、町内会があります。そして、小学校区が17あります。17の小学校区には自治振興会[4]という自治組織があります。自治組織には、いろいろな毎年の計画において交付金を渡して、それを自分たちで使って地域の活動をするということがあります。そして、集落があって、区長さんがいる。あとは公民館がある。そういう中間的な団体組織があるわけですよね。単なるパーソナルな要求ではなく、かといって、上から来るような標準的な客観的指標でもなく、その間に一人ひとりの、その時々刻々変化する第3の領域としてのウェルビーイングがあるのではないかなと思います。

　山辺があり、集落があります。それが集まって小学校区があります。そこの

---

[4] 小学校を中心とした市内17地区単位で組織され、地区内の意見や課題を幅広く収集し、地区民の総意を持って事業の検討や地域自治振興（まちづくり）計画の策定を行う。また、地域自治振興計画に基づいて事業を実施する主体的な役割を担っている。

2 「ウェルビーイング」という戦略

図表10-3　市民が実感できる指標の模索

1．国、県の客観的指標
　　統計がなく、**市民の実感**や**政策成果**の連動性に限界
　　　　↓
2．主観的指標の意味
　　　　（1）客観的指標を抽出するための手段
　　　　　　　①市民の関心が強く、満足度への影響の大きいもの
　　　　　　　②政策手段があるもの
　　　　（2）主観的満足度の時系列評価の把握

3．「中間団体」とのミーティング
　　　　↓
　　「わたしたちのウェルビーイング」に関する項目の発見

（出典：越前市資料）

共通的なウェルビーイングがあるはずなんですね。町の中も空き家だらけで、道は狭いとかいろいろな課題があります。田舎の方は病院に行こうと思っても、交通手段がないとかという共通の課題があります。ですから、共通の課題があってそれを解決することに意味があるのです。まずは客観的指標を捉えるときに、全国的な統計をそのまま引っ張るのではなくて、地域の課題なり要求なり満足なりを調査して客観的指標を作る手法を編み出さないといけないと思います。

　全国一律の統計には大きな限界があるとずっと思っています。例えば、観光統計などもそうですよね。入り込み客数には、近所のおじさんが来てもカウントされるんですよね。目分量で去年よりちょっと多いかな、と出しているところもある。時系列でみれば、県レベルぐらいだったら意味があるかもしれないけれど、政策とはあまり関係ないですよね。ですから、いわゆる統計的に処理可能な共通の統計から離れた調査が必要になるのではないか。今までは調査の精度を上げるのには、コスト面のいろいろな制約がありましたけど、これこそDXの出番だろうと思います。

2.5　DXへの期待

　どんな場所に出かけたか、何を使ったか、マイナンバーカードと仮に紐付け

273

第10章　越前市総合計画

すれば、心身の健康もDXで把握できるでしょう。ですから、まずは市民の要求といった、改善されて実感が得られるようなタイプのものに客観的指標を選ぶべきではないかなと思います。そして、主観的な手法についても、当然アンケートという方法もありますけど、DXなどコストのかからない、手間がかからないものを使っていくべきです。特に市町村は職員が少ないですから。県庁と市役所を比べると顕著です。県庁では10人ぐらいでやっていた仕事を、越前市では１人でやっています。そういう状況で手間がかかる方法で調べてほしいといわれても無理があります。

　DXなどの力を借りて調べる方法で客観的指標を作る、あるいは主観的な満足度を調べる。そして中間的団体の声を聴く。この３つを組み合わせることがいいのではないかと思います。中間的団体は足を運んでフェイストゥーフェイスでやることができる範囲ですね。越前市の場合は小学校区で17ですから、年に２回やっても34回。集落の252というとちょっときついかなと思いますが、その集合体としての17だったら私が直接すべての団体に会うことができます。今年も１回ずつミーティングを行いました。そこで私たち、我々のウェルビーイングを見つけられます。

3　市政への展望

3.1　私たちのウェルビーイング

　国や県の客観的指標は実感から遊離しがちで、市民の実態、政策、成果の連動性に限界がある。主観的指標には全く意味がないのではなくて、客観的指標を抽出したり、新たに客観的指標を作ったりするための手段として、主観的指標を用いるべきだと思います。市民の関心が強く、満足度への影響が多いものを客観的指標として選ぶ。あるいは政策手段があるものを選ぶ。さらにいうとアンケートなどによる主観的満足度については、時系列的に追いかけることにはすごく意味があると思います。ウェルビーイングは日本一とかいうべきものではない、他と比較するものではないと私は思っています。

274

中間的団体のミーティングを通じて、「私たちのウェルビーイング」というものを発見できるのではないかなと思います。「私たちのウェルビーイング」については今、京都大学が新しい研究プロジェクトとして、中間的団体といっていた越前市の自治振興会のところにヒアリングに入って、私たちの、我々のウェルビーイングを見つけようとしています。

皆さんもお分かりのように、この近代国家を作ってきた個人至上主義がいろいろな壁にぶち当たっており、アトム化した国家社会がDXも入ってさらにバラバラになり、コロナもあってさらに大きな壁となっています。そこで、どうやってウェルビーイングを「私たち」のものにしようかというのが、京都大学の研究プロジェクトのテーマであるようです。こういった研究を越前市でやってもらって、私たちのウェルビーイングとうまくつなげられるといいなというのがこれからの話です。

3.2 これからの市政の目標

新しい「ふるさと」、これは住み続ける「ふるさと」、今住んでいる「ふるさと」をウェルビーイングなものにする、それが市政の目標だと思います。そのためには、ウェルビーイング、希望とか、あるいは潜在的な欲求というものを引き出して、これが主観的満足度ということになると思うのですが、そこに実現可能な手段があるのかどうかという戦略を結びつけて、さらにそれを時間軸で捉えていく。他の場所と比較するようなランキングにはあまり意味がないと思っています。まだ試作中ですが、主観的な満足度、一人ひとりのウェルビーイングはいろいろなアンケートから捉えることができそうです。その中から、何とかそれに関連する客観的な統計データものを引っ張り出す。その中間に地域のミーティング、私たちのウェルビーイングというのを見つけ出します。この3つを組み合わせることが最初の出口かなと思っているところであります。

越前市では、新しい「ふるさと」という捉え方をします。「まちづくり」というと、私はあまりピンと来ません。まちじゃなくて村づくりもあるのではないかと思うので、「まちづくり」といわずに、「ふるさと」といっているのです。集落があり、そこに小学校区があって、それが集まったところに市があり

275

ます。これがまずベースで、一人ひとりの希望を捉えて、それを総合計画の中
では、課題から始め、解決に向けて分かりやすく示しています。目標には10、
100、1000など切りのいい数字を使いました。10万人の活力と元気。市の人口
は今の8万人がやがて6万人になるけれど、10万人の活力を維持しようという
理想を描いています。

　昔、福井県も「人口100万人県福井」というキャッチフレーズを使ったこと
があります。一時は人口80万ちょっとで100万人になるかなと思ったのですが、
今は約75万人です。交流人口、関係人口もあるので、越前市は定住促進プラス
交流人口、関係人口で10万人です。100は、100年の人生を健康で元気に幸せに
暮らす。1000年未来というのは、1000年の歴史を次の1000年につなげるような
人のつながりだとか、社会基盤の安定を維持していこうということです。その
ために12のチャレンジプロジェクトをつくり、6つのテーマに分けて36の政策
を実行する。今回の総合計画では、もう一度、市の課題を発見・分析して、
我々で実行可能な政策をつくり、検証することによって、循環するシステムと
して総合計画が機能するのではないかと考えています。私がマニフェストと長
期構想の両方を経験したことを、こういう形で生かせたらいいなと思います。

　これらを実現するには、おそらくいろいろな技術開発とか、DXの知恵とか
を使うと効率的にできると思います。

　総合計画のようなものを精緻にやりすぎると、ろくなことがないというのが
私の経験です。誰もついていけなくなるので、市民目線で総合計画が説明でき
るかどうかというところが現場的には極めて大事です。理論的精緻さよりも、
分かりやすさ、伝えやすさを大事にしたいと思っています。私からの発表は以
上です。ありがとうございました。

（山田賢一）

※本章は2022年12月3日に京都橘大学で行われた地方行政実務学会第3回全国
　大会でのスピーチを収録したものです。

あとがき

　最後に、本書出版の経緯について少し書き残すことをお許しいただきたい。

　本書の最初の構想は、第4章の執筆者である荒木が福井県から東京大学社会科学研究所に出向中の2019年度に、中村、西野、松井、竹内と行った共同研究から始まった。その成果の一部は、東京大学社会科学研究所研究シリーズNo.70『自治体計画の特質および地方分権改革以降の変化と現状』(2020) としてまとめられた。同共同研究では、福島県、福井県にご協力をいただき、両県と両県に位置する市町村に対してアンケートを実施させていただいた。同研究にご協力をいただいた両県及び各市町村の皆様には、改めて心から感謝とお礼を申し上げたい。

　同共同研究の後、さらに実務家のメンバーの参加を得て研究を続け、一冊の本にしようという方向に話が進んだのである。研究は着実に進んでいたのだが、ちょうどとりまとめの時期に当たる2021年度と22年度が、新型コロナウイルス感染症拡大の時期と重なった。執筆者の多くが自治体の職員であったこともあり、出版が遅れた。新型コロナ対策のために数か月間打ち合わせが中断するような中で、各執筆者は研究を続けてきた。出版は難しいかもしれないという気分が生じ始めても、一貫して出版に理解を示し、プロジェクトを進めていただいた第一法規株式会社制作局の木村文男様、西島理津子様には、一方ならないお世話になった。この場をお借りして心からの感謝の気持ちをお伝えしたい。

　また、この間には執筆陣にもそれぞれ転機があり、それも出版の遅れの一因となった。実務出身の執筆者の2名、山田と矢口は、相次いで市長に就任した。山田は2021年11月に福井県越前市長に、矢口は2023年9月に山形県酒田市長に就任したのである。また、藤丸は、とりまとめの最終段階2024年度に総合政策担当の部長から県の教育長に就任した。総務省から福島県に出向し企画担当部長として総合計画をまとめた橘は、2023年4月1日付で総務省に戻った。

あとがき

研究会が始まったときには大学に出向中であった荒木（東京大学）と阿部（一橋大学）は、それぞれ現場（福井県、総務省）に戻った。中村はこの間、約1年カナダ（University of Victoria）で在外研究を行っている。

　このような様々な事情が重なり完成には時間がかかったが、結果的にはそれが多様な経験と視点に基づく考察につながり、本書の内容と行間に結実し、結果として実務と理論をつなぐ良い本になったと自負している。

　最後に、本書に繋がる研究会の最初の成果発表の機会をいただいた東京大学社会科学研究所及び本書の出版に当たって手厚い学術刊行物出版助成をいただいた京都橘大学に謝意を表する。

　2024年11月

竹内　直人

松井　　望

索　引

あ行

いつでもパブコメ‥‥‥‥‥‥‥‥‥‥‥‥ 245
ウェルビーイング‥‥‥‥‥‥‥‥‥‥‥‥ 259
打越綾子‥‥‥‥‥‥‥‥‥‥‥‥‥‥‥‥ 125
SNS‥‥‥‥‥‥‥‥‥‥‥‥ 154, 155, 162
SDGs‥‥‥‥‥‥‥‥‥‥‥‥‥‥‥‥‥ 30
SDGsパートナー‥‥‥‥‥‥‥‥‥‥‥‥ 254
大森彌‥‥‥‥‥‥‥‥‥‥‥‥‥‥‥‥‥ 124
大矢野修‥‥‥‥‥‥‥‥‥‥‥‥‥‥‥‥ 127

か行

外部主義‥‥‥‥‥‥‥‥‥‥‥‥‥‥‥‥ 124
課題解決型の総合計画‥‥‥‥‥‥‥‥‥‥ 263
官房系統組織‥‥‥‥‥‥‥‥ 137, 142, 143
企画部門‥‥‥‥‥‥‥‥‥‥‥‥‥‥‥‥ 123
基本計画‥‥‥‥‥‥‥‥‥‥‥‥‥ 100, 163
基本構想‥‥‥‥‥‥‥ 100, 149, 155, 163
基本方針による管理‥‥‥‥‥‥‥‥‥‥‥ 101
客観的指標‥‥‥‥ 265, 267, 269, 270, 272, 274
行政手続法‥‥‥‥‥‥‥‥‥‥‥‥‥‥‥ 153
計画（planning）‥‥‥‥‥‥‥‥‥‥‥‥ 140
計画策定業務に係る都道府県の支援‥‥‥‥‥ 47
計画書（plan）‥‥‥‥‥‥‥‥‥‥‥‥‥ 140
計画担当部門‥‥‥‥‥‥‥‥‥‥‥‥‥‥ 137
計画のインフレ‥‥‥‥‥‥‥‥‥‥‥‥‥ 82
計画の簇生‥‥‥‥‥‥‥‥‥‥‥‥‥‥‥ 73
原子力災害‥‥‥‥‥‥‥‥‥‥‥‥‥‥‥ 204
県と市町村とのまちづくりに関する連携協定
　‥‥‥‥‥‥‥‥‥‥‥‥‥‥‥‥ 53, 55, 60
県民参加プロジェクト‥‥‥‥‥‥‥‥‥‥ 240
広域連携が困難な市町村における補完のあり
　方に関する研究会‥‥‥‥‥‥‥‥‥‥‥ 48
公私の分離‥‥‥‥‥‥‥‥‥‥‥‥‥‥‥ 145
公務の動機付け（Public Service Motivation）
　‥‥‥‥‥‥‥‥‥‥‥‥‥‥‥‥‥‥‥ 130
コロナ禍‥‥‥‥‥‥‥‥‥‥‥‥‥‥ 186, 188

さ行

サイレント・マジョリティ‥‥‥‥‥‥ 163, 164
参加の梯子→梯子モデル
産官学金労言‥‥‥‥‥‥‥‥‥‥‥‥ 170, 173

事業部系組織‥‥‥‥‥‥‥‥‥ 123, 137, 143
自主研究グループ方式‥‥‥‥‥‥‥‥‥‥ 125
事前調整‥‥‥‥‥‥‥‥‥‥‥‥‥‥‥‥ 127
自治会‥‥‥‥‥‥‥ 173, 174, 175, 176, 177, 181,
　　　　182, 183, 184, 185, 186, 187, 188, 189
自治基本条例‥‥‥‥‥‥‥‥‥ 25, 26, 27, 28
自治体の専門家‥‥‥‥‥‥‥‥‥‥‥‥‥ 145
市町村計画策定方法研究報告‥‥‥‥‥‥ 66, 75
市町村総合計画‥‥‥‥‥‥‥‥‥ 43, 44, 66
市町村長サミット‥‥‥‥‥‥‥‥‥‥‥‥ 62
市町村まち・ひと・しごと創生総合戦略‥‥‥ 99
実効性の確保‥‥‥‥‥‥‥‥‥‥‥‥‥‥ 195
自前主義‥‥‥‥‥‥‥‥‥‥‥‥‥ 124, 128
市民意識調査‥‥‥‥‥‥‥‥‥‥‥‥‥‥ 155
市民会議‥‥‥‥‥‥‥‥‥‥‥‥‥‥ 20, 21
市民討議会‥‥‥‥‥‥‥‥‥‥‥‥‥ 20, 21
事務分掌‥‥‥‥‥‥‥‥‥‥‥‥‥‥ 137, 140
住民参加‥‥‥‥‥‥‥‥ 19, 20, 21, 22, 23,
　　　　　　26, 27, 30, 34, 36, 123
主観的指標‥‥‥‥‥‥‥‥‥‥‥‥‥ 270, 274
消滅可能性都市‥‥‥‥‥‥‥‥‥‥‥ 176, 177
将来構想ワークショップ‥‥‥‥‥‥‥‥‥ 242
職員参加‥‥‥‥‥‥‥‥‥ 123, 125, 144, 229
職員のエンゲージメント‥‥‥‥‥‥‥‥‥ 130
職務の専門家‥‥‥‥‥‥‥‥‥‥‥‥‥‥ 145
人口減少‥‥‥‥‥‥‥‥‥‥‥‥‥ 31, 36, 37
人材育成・活用‥‥‥‥‥‥‥‥‥‥‥ 126, 129
申龍徹‥‥‥‥‥‥‥‥‥‥‥‥‥‥‥‥‥ 131
スキル‥‥‥‥‥‥‥‥‥‥‥‥‥‥‥‥‥ 131
ステークホルダー‥‥‥‥‥‥‥‥ 170, 173, 183
成果指標‥‥‥‥‥‥ 16, 17, 18, 19, 22, 30, 36
政策オープンイノベーション‥‥‥‥‥‥‥ 239
政策デザイン‥‥‥‥‥‥‥‥‥‥‥‥‥‥ 250
政策の総合‥‥‥‥‥‥‥‥‥‥‥‥‥‥‥ 126
政策分野別基本計画‥‥‥‥‥‥‥‥‥‥‥ 71
脆弱性‥‥‥‥‥‥‥‥‥‥‥‥‥‥‥‥‥ 70
選抜機会‥‥‥‥‥‥‥‥‥‥‥‥‥‥‥‥ 130
相互依存モデル‥‥‥‥‥‥‥‥‥‥‥‥‥ 72
総合行政主体‥‥‥‥‥‥‥‥‥‥‥‥‥‥ 124
総合計画‥‥‥‥ 69, 99, 123, 149, 151, 153, 154, 155,
　　　157, 162, 164, 189, 190, 193, 259, 261, 266, 268

279

索　引

総合戦略…………… 19, 28, 29, 31, 36, 99,
　　　　　　　149, 151, 155, 164, 167
忖度・追従…………………………… 102

た行

第32次地方制度調査会………………… 49
第32次地方制度調査会答申…………… 44
対話型ワークショップ……………… 218
田尾雅夫……………………………… 129
竹内直人……………………………… 131
地方自治法…………………………… 149
地方創生… 168, 169, 170, 172, 175, 176, 178,
　　179, 180, 182, 183, 184, 185, 186, 187, 189
地方創生加速化交付金………………… 99
地方創生推進交付金…………………… 99
地方創生先行型交付金………………… 99
地方版総合戦略………………… 167, 168, 169,
　　　　　　　　　170, 178, 189, 190
地方版総合戦略策定のための手引き……… 100
地方版総合戦略等の進捗状況等に関するQ＆A
　………………………………………… 121
地方版総合戦略の策定・効果検証のための手
引き………………………………… 100
地方分権改革………… 13, 15, 16, 20, 32, 33, 34
地方分権改革有識者会議……………… 101
トータル・システム………… 24, 26, 34, 36
都市人材による地方兼業……………… 246
都道府県による市町村の補完・支援‥ 44, 48, 49

な行

内製化による信頼醸成……………… 126, 128
長野基………………………………… 128
奈良モデル………………………… 44, 51
西尾隆………………………………… 127
西尾勝…………………………… 71, 126
西川一誠……………………………… 133
能力開発……………………………… 130

は行

ハーバート・サイモン……………… 128
梯子モデル… 150, 151, 157, 163, 170, 171
パブリックコメント… 153, 155, 162, 173, 174,
　　175, 176, 177, 181, 182, 183, 184, 185, 187, 189

PDCAサイクル……………………… 164
東日本大震災………………………… 204
ふくい2030年の姿………………… 132, 136
福井県………………………………… 132
福井県SDGsパートナーシップ会議……… 254
福井県長期ビジョン………………… 239
福井県長期ビジョン推進懇話会……… 244
福井県未来戦略アドバイザー………… 246
福井の未来を一緒に考えるセミナー… 245
FUKUI未来トーク………………… 247, 251
ふくしまSDGs推進プラットフォーム……… 233
復興・再生…………………………… 204
プロジェクト・チーム方式………… 125, 131
包括的地方自治ガバナンス改革……… 70
補完事務……………………………… 48

ま行

まち・ひと・しごと創生総合戦略……… 71, 119
まち・ひと・しごと創生法…………… 149
松井望………………………………… 101
松下圭一…………………………… 71, 124
マニフェスト…………… 23, 24, 25, 26, 27,
　　　　　　　　34, 36, 84, 86, 133
マニフェスト県政…………………… 134
三鷹市………………………………… 130
未来カルテ………………………… 31, 32
未来予測…………………………… 31, 36
武蔵野市……………………………… 127
村松岐夫……………………………… 72

や行

寄本勝美……………………………… 129

ら行

ルーティン業務……………………… 128
連携協約……………………………… 64

わ行

ワーキンググループ… 173, 174, 175, 176, 177,
　　181, 182, 184, 185, 186, 187, 188, 189
ワークショップ……………… 153, 155, 162, 163

【執筆者紹介】

矢口　明子（山形県酒田市長）

1990年慶應義塾大学経済学部卒業。北海道東北開発公庫（現日本政策投資銀行）、神奈川県庁勤務を経て、1999年ニュージーランド・ヴィクトリア大学行政大学院修了。2001年東北公益文科大学専任講師。助教授・准教授、教授を経て、2016年2月〜2022年12月山形県酒田市副市長。2023年9月酒田市長就任、現在に至る。著書に、『ニュージーランドの市民と政治』（明石書店、2000年、駐日ニュージーランド大使賞）、『ニュージーランドの公的部門改革−New Public Managementの検証−』（第一法規、2007年）など。

阿部　辰雄（総務省行政課併任行政経営支援室）

青森県五所川原市出身。2010年3月東北大学法学部卒。同年4月に総務省に入省し、福井県総合政策部政策推進課、総務省選挙部選挙課、奈良県地域振興部観光局観光プロモーション課長、同県総務部財政課長、総務省消防庁地域防災室、同庁消防・救急課を経て2021年4月〜2023年3月まで一橋大学大学院法学研究科。2023年4月に総務省に戻り、内閣官房デジタル行財政改革会議事務局を経て、現職。

竹内　直人（京都橘大学教授）

1987年中央大学大学院法学研究科博士前期課程を経て福井県庁入庁、政策推進課長、ふるさと県民局長等を経て、2017年京都橘大学現代ビジネス学部教授、2021年同経済学部教授、現在に至る。著書『テキストブック地方自治（共著）』東洋経済新報社、『自治体計画の特質および地方分権改革以降の変化と現状（共著）』東京大学社会科学研究所研究シリーズNo.70。論文「人事・給与の観点から考える中央・地方関係の国際比較 アメリカ合衆国1〜3」自治研究2024年4〜6月号、他。

荒木　一男（福井県産業労働部副部長）

1992年福井県庁入庁。金沢大学法学部卒。1999年通商産業省（2001年から経済産業省）出向。その後、主に産業経済の振興や県のブランド発信に従事。2007年神戸大学大学院経営学研究科修了、経営学修士（専門職）。2018年からの2年間は東京大学社会科学研究所に出向し、被災地の震災復興や市町村の地方創生等を研究。2024年から産業労働部副部長（商業・市場開拓）。

執筆者紹介

松井　望（東京都立大学都市環境学部都市政策科学科教授）
富山市生まれ。専門は、行政学・都市行政論。職歴は、財団法人日本センター研究室研究員、首都大学東京都市教養学部都市政策コース研究員、助教、准教授、教授を経て、現職。研究業績は、柴田直子・松井望編著『地方自治論入門』（ミネルヴァ書房、2012年）、稲継裕昭編著『東日本大震災大規模調査から読み解く災害対応 自治体の体制・職員の行動』（第一法規、2018年）、飯國邦明・上神貴佳『人口縮減・移動社会の地方自治　人はうごく、町をひらく』（有斐閣、2024年）等。

西野　毅朗（京都橘大学准教授）
2010年同志社大学政策学部卒業。2016年同志社大学大学院社会学研究科教育文化学専攻博士後期課程修了。博士（教育文化学）。同年京都橘大学現代ビジネス学部専任講師、2021年同経営学部経営学科専任講師を歴任し、現在に至る。こうち人づくり広域連合、兵庫県自治研修所、大分県庁、岡山市役所など様々な自治体で若手職員を対象とした政策立案に関わる研修を担当している。

中村　悦大（愛知学院大学教授）
2006年京都大学大学院法学研究科博士後期課程満期退学、同年愛媛大学法文学部講師、2008年同准教授、2009年学術振興会海外特別研究員（兼任）。2016年愛知学院大学総合政策学部准教授をへて2019年同学部教授、現在に至る。テキサス大学客員研究員（2008-2011）、ヴィクトリア大学客員研究員（2023）等を歴任。松山市入札監査委員会委員長（2016-2020）等を務める。

橘　清司（地方公共団体金融機構経営企画部）
富山県出身。2003年慶應義塾大学卒業後、総務省入省。千葉県市町村課、福井県財務企画課長、消防庁消防・救急課長補佐、総務副大臣秘書官、大臣官房企画課長補佐、自治財政局調整課理事官等を経て、2019年より4年間、福島県へ赴任。企画調整部長等の立場から東日本大震災と原子力災害からの福島県の復興・再生や地方創生等を担当。総合計画や復興計画、総合戦略等の策定に携わる。2023年地方公共団体金融機構経営企画部企画課長、現在に至る。東京大学大学院にも在籍し福島研究に取り組む。

執筆者紹介

藤丸　伸和（福井県教育長）
1989年広島大学教育学部卒業後、福井県庁入庁。人事企画課課長補佐、県民サービス室長、女性活躍推進課長、地域交流推進課長を経て、2019年地域戦略部副部長（未来戦略）。杉本達治知事のもと、「福井県長期ビジョン」の策定に携わる。2021年地域戦略部副部長、2022年地域戦略部新幹線・まちづくり対策監、2023年未来創造部長。2024年5月福井県教育長に就任、現在に至る。モットーは「福井を、もっとおもしろく！」。

山田　賢一（福井県越前市長）
1958年福井県越前市（旧、今立町）生まれ。1983年京都大学法学部卒業、福井県庁入庁、産業労働部長、総合政策部長、総務部長、副知事を歴任、2019年福井県立大学理事長。2021年11月に福井県越前市長に就任、現在に至る。著書『行政ビジネス（共著）』東洋経済新報社、『自治体行政の領域「官」と「民」の境界線を考える（共著）』㈱ぎょうせい、他。

サービス・インフォメーション

―― 通話無料 ――

① 商品に関するご照会・お申込みのご依頼
TEL 0120（203）694／FAX 0120（302）640
② ご住所・ご名義等各種変更のご連絡
TEL 0120（203）696／FAX 0120（202）974
③ 請求・お支払いに関するご照会・ご要望
TEL 0120（203）695／FAX 0120（202）973

● フリーダイヤル（TEL）の受付時間は、土・日・祝日を除く
9：00〜17：30です。
● FAX は24時間受け付けておりますので、あわせてご利用ください。

自治体戦略としての「総合計画」
―職員参加と住民参加を踏まえた策定・実施に向けて

2024年12月30日　初版発行

編　著　　竹内直人・松井　望

発行者　　田　中　英　弥

発行所　　第一法規株式会社
〒107-8560　東京都港区南青山2-11-17
ホームページ　https://www.daiichihoki.co.jp/

自治体総合計画　ISBN 978-4-474-04663-4　C2031　（1）